의료개혁, 누가 어떻게 할 것인가

의료개혁, 누가 어떻게 할 것인가

건강복지정책연구원 기획 | **이규식** 엮음

청년의사

우리나라의 보건·의료체계는 1977년 사회의료보험제도가 도입되면서 형성된 틀을 지금껏 유지하고 있다. 물론 1989년에는 전국민의료보장이 이루어지면서 환자의뢰체계도 도입이 되었고, 2000년에는 건강보험의 통합이라는 변화도 있었다. 1995년에는 〈보건소법〉을 〈지역보건법〉으로 바꾸고, 〈건강증진법〉을 제정하여 국민들의 건강관리에 새로운 변화를 불러일으키고자 노력도 하였다.

그러나 큰 틀에서 보면 여전히 '1977년 패러다임'에서 벗어나지 못하고 있는 현실이다. 국가의 보건·의료에 대한 장기적인 구상이나 5개년 계획이 없다 보니 모든 문제에 그때그때 응급적으로 대처하게 되어 정책들의 일관성 문제가 대두되었다. 더불어 우리나라의 보건·의료체계가 어디로 흘러가는지 아무도 예견할 수 없는 실정에 이르게 되었다. 고령화와 만성병이라는 문제에 더하여 경제의 저성장이라는 '3각파도'가 몰아닥쳐 오고 있다. 그중에서도 고령화는 모든 문제의 근원적인 원인이자 심각한 위협요인이 되고 있다. 지금부터 8년 후인 2025년에 노인인구가 20%가 되며, 그 15년 후인 2040년에는 32.8%에 이를 것으로 예상된다.

유럽의 복지국가들은 1980년대 들어 고령화와 경제의 저성장으로 더 이상 복지국가를 구가하기 어렵다고 판단하고 의료체계를 병원중심에서 지역사회 중심으로 바꾸기 시작하였다. 1990년대 이후에는 의료보장제도의 효율성을 높이기 위하여 보험자의 구매 기능을 수동적 기능에서 전략적 구매자로 전환시키는 노력을 기울이기 시작하였다. 건강관리를 위해서도 공중보건의 기능을 전염병이 창궐하던 시기의 위생역학Sanepid 모형에서 건강의 사회적 결정요인Social determinants of health을 해결하기 위한 모형으로 전환하였다. 보건·의료체계의 목표도 과거의 형평과 효율성 제고라는 틀을 버리고 건강(수준 및 형평), 반응성(수준 및 형평), 재원조달의 형평(재원조달 방법 및 재난적 의료로부터의 보장)으로 바꾸었다. 정책 추진 방법 역시 정부의 명령과 통제command and control라는 직접적인 규제 방법에서 구매자를 활용한 조정steer and channel이라는 간접적인 방법으로 바꾸었다.

유럽 국가들은 이미 1980년대 후반부터 개혁을 착수하였으나 우리나라는 건강보험의료마저 '공공성이 강한 사적재화'라는 시각을 견지하는 바람에 정부가 의료공급자의 행태나 의료이용자의 행태를 바꾸지도 못하고 있는 실정이다. 유럽은 물론 이웃 일본도 1990년대 이후 병상수를 줄이고, 의료이용을 억제하는 노력을 기울이고 있는데, 우리는 병원중심의 의료체계를 견지하여 병상수가 매년 증가할 뿐만 아니라 의료이용 역시 매년 늘어나고 있는 실정이다. 이러한 결과 병상수는 세계에서 일본 다음으로 많으며, 외래 이용은 세계 1등이며, 입원 이용은 일본 다음으로 세계 2등을 차지하고 있다. 일본은 병상수를 매년 줄이고 입원 이용도 억제하고 있으니 조만간 우리나라가 병상수에서나 입원 이용에서 세계 1등을 할 것으로 예상된다. 더구나 현 정부의 보장성 확대정책은 과잉된 병상수나 높은 의료이용을 더욱 부채질할 우려도 있다.

이러한 현실을 방치할 경우, 2025년이 되기 이전에 의료공급체계와 건강보험제도뿐만 아니라 요양보험제도까지 재정난으로 붕괴되어 '의료 난민'이나 '돌봄 난민' 문제가 대두되는 끔직한 결과를 초래할 것이다. 이러한 문제에 봉착하기 이전에 대책을 마련하는 것이 학계의 책무가 아닌가 여겨 건강복지정책연구원은 2016년 9월《이슈 페이퍼》제19호부터 〈보건·의료체계 전면적인 새판이 필요하다〉는 취지에서 의료개혁시리즈를 발간하였다. 이 시리즈로 발간된《이슈 페이퍼》를 묶어 이제 의료개혁을 위한 보고서라는 단행본을 발간하기에 이르렀다.

이 개혁 보고서에는 공중보건사업의 개혁에서부터 의료공급체계의 개혁과 의사인력의 양성 방안, 건강보험의 급여 확대와 재정관리, 공공병원의 정체성 확립, 의료의 질 관리, 그리고 의료체계의 스튜어드십, 규제개혁과 이러한 개혁을 실행하기 위한 의료계획의 수립에 이르기까지 다양한 내용을 수록하였다. 각 제목별로 필자가 초안을 작성하면 두 명의 전문가가 지상토론을 통하여 비평하였고, 필자들은 이러한 비평을 반영하여 최종 원고를 작성하였다. 과제별로 집필과 토론에 참여한 여러 전문가들에게 감사의 말을 전한다. 다만 지면의 부족으로 과제별 토론문을 게재하지 못하였음을 아쉽게 생각한다. 과제별 토론문은《이슈 페이퍼》를 참고하기를 부탁드린다. 그리고 이 책의 출간을 맡아 준 청년의사 이왕준 대표와 편집을 책임져 준 박재영 편집주간에게도 감사의 마음을 보낸다.

이 개혁 보고서가 향후 우리나라의 의료개혁을 위한 좋은 참고 자료가 되기를 기원하면서 다시 한번 집필에 참여해 준 전문가 여러분에게 고맙다는 말을 전하고 싶다.

2017년 9월 30일
이 규 식 건강복지정책연구원장 겸 연세대학교 명예교수

| 토론 참여자 |

왜 의료개혁이 필요한가?
이규식 | 건강복지정책연구원장 겸 연세대학교 명예교수

토론자   **한달선** | 전 한림대학교 총장, **이선희** | 이화여대 의과대 교수, **최병호** | 전 한국보건사회연구원장
조재국 | 건강보험심사평가원 상임감사, **김 윤** | 서울대 의과대 교수

공중보건사업의 개혁
박재용 | 경북대학교 의과대학 명예교수

토론자   **배상수** | 한림대 의과대 교수, **이주열** | 남서울대 보건행정학과 교수

지역사회중심 통합서비스체계
이규식 | 건강복지정책연구원장 겸 연세대학교 명예교수

토론자   **신영석** | 한국보건사회연구원 선임연구위원, **김찬우** | 가톨릭대 사회복지학과 교수

ACO 모형의 도입
김 윤 | 서울대학교 의과대학 의료관리학교실 교수

토론자   **전기홍** | 아주대 의과대 교수, **신영석** | 한국보건사회연구원 선임연구위원

의료체계 개편과 1차의사 양성의 개혁
이규식 | 건강복지정책연구원장 겸 연세대학교 명예교수, **조희숙** | 강원대학교 의학전문대학원 의료관리학교실 교수

토론자   **박재현** | 성균관대 의과대 교수

건강보험급여구조와 비급여 관리
지영건 | 차의과학대학교 예방의학교실 교수

토론자   **윤석준** | 고려대 의과대 교수, **서인석** | 대한의사협회 보험이사

건강보험 재정의 조달과 관리
정형선 | 연세대학교 보건과학대학 보건행정학과 교수

토론자   **최병호** | 전 한국보건사회연구원장, **신영석** | 한국보건사회연구원 선임연구위원

가치기반 의료공급체계와 공공병원의 정체성 정립
이상규 | 연세대학교 보건대학원 병원경영학과 교수

토론자   **지영건** | 차의과학대학교 예방의학교실 교수, **서영준** | 연세대 보건행정학과 교수

의료의 질 관리
이상일 | 울산대학교 의과대학 예방의학교실 교수

토론자   **석승한** | 전 의료기관평가인증원장, **민인순** | 순천향대 보건행정경영학과 교수

의료체계와 스튜어드십
이규식 | 건강복지정책연구원장 겸 연세대학교 명예교수

토론자   **최병호** | 전 한국보건사회연구원장

의료 분야의 규제개혁
이규식 | 건강복지정책연구원장 겸 연세대학교 명예교수

토론자   **사공진** | 한양대 경제학부 교수, **박형욱** | 단국대 의과대 교수

의료개혁과 의료계획
이규식 | 건강복지정책연구원장 겸 연세대학교 명예교수, **이신호** | 차의과학대학교 건강과학대학 보건의료산업학과 교수

토론자   **신현웅** | 한국보건사회연구원, 연구기획조정실장

CONTENTS

발간사 ··004

보건·의료체계 전면적인 새판이 필요하다! ············011
이규식 | 연세대학교 보건행정학과 명예교수

공중보건사업의 개혁 ·······························040
박재용 | 경북대학교 의과대학 명예교수

건강보험급여구조와 비급여 관리 ····················075
지영건 | 차의과대학교 교수

지역사회중심의 통합서비스체계 ·····················089
이규식 | 연세대학교 보건행정학과 명예교수

책임의료조직 도입 방안 ····························123
김 윤 | 서울대학교 의과대학 의료관리학교실 교수

의료체계 개편과 1차의사 양성의 혁신 ··················154
이규식 | 연세대학교 보건행정학과 명예교수
조희숙 | 강원대학교 의학전문대학원 의료관리학교실 교수

CONTENTS

건강보험 재정의 조달과 관리 ·······························191
정형선 | 연세대학교 보건행정학과 교수

병원산업의 가치 기반 의료공급체계로의 전환과
공공병원의 정체성 정립 ·······························212
이상규 | 연세대학교 보건대학원 교수

의료의 질 향상을 위한 정책 방향·······················229
이상일 | 울산대학교 의과대학 예방의학교실 교수

의료체계와 스튜어드십 정립 ·····························262
이규식 | 연세대학교 보건행정학과 명예교수

의료 분야 규제제도의 개혁 ·····························298
이규식 | 연세대학교 보건행정학과 명예교수

의료개혁과 의료계획의 수립 ·····························331
이규식 | 연세대학교 보건행정학과 명예교수
이신호 | 차의과학대학교 보건의료산업학과 교수

보건·의료체계
전면적인 새판이 필요하다!

이 규 식 연세대학교 보건행정학과 명예교수

● 우리는 지금 고령화, 만성질병, 저성장경제라는 '3각 파도' 속에서 허우적대고 있는 꼴임. 그럼에도 불구하고 우리의 건강보험제도나 의료공급체계 및 공중보건제도도 사회의료보험제도가 도입된 1977년 당시의 틀('77 패러다임)을 유지하고 있어 이대로 간다면, '3각 파도'에 모든 것이 휩쓸려 들어가 건강보험제도와 장기요양보험제도뿐만 아니라 의료공급체계도 모두 붕괴될 우려가 있음.

● 불과 8년 후인 2025년부터 시작될 초고령사회를 대비하기 위해서는 의료보장제도를 포함한 의료체계 전반에 걸친 '77 패러다임[1]'을 바꾸어야만 한다는 관점에서 건강복지정책연구원에서 이 분야의 전문가들을 중심으로 미래를 대비하는 개혁보고서를 발간하였음.

---

1 발제자는 이것을 2002년부터 1977 패러다임이라 부르고 있음(이규식, 2002). 1977 패러다임은 당시의 경제적 여건으로 인하여 저보험료를 토대로 사회의료보험의 도입이 불가피하였고, 저보험료는 저급여와 저수가로 연결되었으며, 농촌의 의료문제 해결을 위하여 1979년 공중보건의제도의 도입과 함께 보건지소에서 진료를 제공하였는데, 이러한 틀이 1인당 국민소득 1만 달러를 상회한 이후에도 지속되고 있어 발제자가 명명한 것임.

● 현재 우리나라의 보건·의료체계health care system는 1960-70년에 형성된 '77 패러다임을 그대로 유지하여 그간의 사회·경제적인 변화에 제대로 부응하지 못하고 있음.

  - 공중보건시스템은 1960년대 전염병이 창궐하던 시대에 이를 극복하기 위하여 동원된 위생·역학적 모형sanitary-epidemiology, sanepid model이 수명을 다하였음에도 불구하고 새로운 모델을 찾지 못하고 있음. 급성질병에서 만성질병 중심으로 바뀜에 따라 유럽이나 캐나다, 미국 등에서는 건강의 사회적 결정요인social determinants of health을 해소하기 위한 신공중보건으로 나아가고 있는데 우리는 건강증진을 공중보건 프로그램의 하나로 간주하는 한심한 모습을 보이고 있음.

  - 의료공급은 급성질병에 부합하는 병원중심체계에 안주하여 만성질병을 관리하는 데 적합한 지역사회중심체계는 꿈도 꾸지 못하고 있어 의료비 증가만 부채질하는 모습을 보이고 있음.

  - 의료보장제도는 국민의 기본권 보장을 이념으로 한 것이 아니라 1977년 당시의 1인당 소득 1,000달러 수준에 부합하는 시혜施惠라는 차원을 벗어나지 못하여 소득 3만 달러를 눈앞에 두고도 보장성 타령이나 하는 한심한 수준에 있음.

● 유럽의 산업화 국가들은 〈표 1〉에서 볼 수 있는 바와 같이 꾸준히 의료체계나 의료보장제도의 틀을 사회경제 환경의 변화에 대응하여 개혁을 유지하여 왔음.

  - 1880년대 시작된 비스마르크 건강보험은 산업혁명 이후 근로자들의 생활 불안을 해결하기 위한 방도로 도입되어, 근로자들에게 병이 나면 상병수당을 주는 제도로 시작되었음.

  - 그러다 의료기술이 발전하여 의료비가 근로자만이 아니라 모든 국민들에게 부담이 됨에 따라, 의료를 인간의 기본권의 하나로 규정하는 '1948년 세계인권선언'을 바탕으로 의료개혁을 통하여 근로자 중심 제도를 전 국민에게 확산시키는 개혁을 이룸과 동시에 복지국가를 지향하였음.

- 그러다 1979년 두 차례의 '오일쇼크'에 따른 저성장경제와 함께 고령화와 만성질병으로 복지국가를 유지하기 어렵다고 판단함. 이에 따라 1990년대부터 개혁을 시작하여 전통적인 정부의 명령과 통제에서 벗어난 경쟁적인 보험자의 구매 기능을 활용한 스튜어드십을 통하여 효율성을 제고하고, 반응성과 같은 소비자 중심주의와 함께 의료공급에서는 지역사회중심의 통합적인 서비스 제공을 통한 만성질병의 관리를 기하고 있음.

● 이제 우리나라도 고령화, 만성질병, 저성장경제라는 새로운 사회경제 환경에 부합할 수 있도록 보건·의료체계의 전면적인 전환이 필요한 시점이라 하겠음.

발전 단계	1단계	2단계	3단계
기간	1880년대–1940년대	제2차 세계대전 종전–1980년대	1990년대 이후
시대적 특징	산업혁명 이후 근로자 동요	경제성장golden age과 복지국가의 등장, 개인의 의료비 부담 증가	저성장 경제, 고령화, 복지국가의 종언과 신자유주의 등장, 의료개혁 대두
지배적 이념	근로자 생활안정	기본권으로서의 의료보장	효율성, 형평성, 반응성
제도의 특징	상병수당 중심, 동일위험군에 의한 질병금고 설립	의료서비스 중심, 보편적 적용, 포괄적 급여, 공영의료제(NHS, RHS) 등장	중앙금고를 통한 재정통합, 보험자의 전략적 구매자 역할, 통합의료 등장, 지속가능성, Semashko 모형 폐기와 SHI 도입(구공산권)
규제 전략	보험원리에 따른 수지상등원칙	command and control에 의한 직접적인 규제, 전통행정학	steer and channel에 의한 구매기능을 통한 규제, 스튜어드십 강조

표 1 . 의료보장제도의 발전 단계별 제도 개혁(자료: 이규식, 2017)

● 현재 우리나라 보건·의료체계는 많은 장점을 갖고 있어 세계적인 부러움
을 받고 있음. 우리나라 의료체계의 장점을 몇 가지 소개하면 다음과 같음.
첫째, 의료체계의 가장 큰 장점은 우리나라의 건강지표가 〈표 2〉에서 볼 수
있는 바와 같이 미국이나 영국에 비해 양호함에도 국민의료비 지출이 적다는
점임(이규식, 2016a).
- OECD 평균에 비해서도 건강지표는 양호한 데 반하여 국민의료비 지
출이 적음.
- 우리나라와 건강지표가 유사한 국가들과 비교할 때도 국민의료비 지
출이 적음.
- 의료이용도가 세계에서 가장 높음에도 불구하고 국민의료비 지출이
적음.

국가	평균수명	건강수명('12)	영아사망률	외래진료일수	경상국민의료비/GDP(%)
미국	78.8세	70세	6.0('12)	4.1('11)	16.4
영국	81.1세	71세	3.8	5.0('11)	8.5
스웨덴	82.0세	72세	2.7	2.9	11.0
독일	80.9세	71세	3.3	9.1	11.0
프랑스	82.3세	72세	3.6	6.4	10.9
일본	83.4세	75세	2.1	12.9('12)	10.2
한국	81.8세	73세	3.0	14.6	6.9
OECD 평균	80.5세	-	4.1	6.8	8.9

표 2. 2013 주요 국가의 평균수명 및 영아사망률(영아사망률은 출생아 1,000명당 1세 미만 어린아
이의 사망 수를 뜻함 ‖ 자료: 평균수명 및 영아사망률은 보건복지부·한국보건사회연구원, 〈OECD
Health Data 2015〉, 14-20, 건강수명은 WHO, 2014, 〈World Health Statistics〉)

둘째, 의료이용에서 소득계층 및 지역 간에 거의 형평을 이루고 있음.

- 〈표 3〉에서 소득계층 간의 의료이용 집중도 계수는 마이너스 값을 보임. 저소득층의 이용도가 더 많은 것으로 나타나고 있음.
- 지역 간 의료이용 집중도 계수는 거의 0(제로값)에 접근하고 있어 지역 간 의료이용에서도 형평을 보이고 있음(이용재, 2008).

	1998*	2001*	2005*	2007*	2010**
2주간 외래이용	−0.0228	−0.1097	−0.0879	−0.0545	−0.1066
1년간 입원이용	−0.0564	−0.1857	−0.1212	−0.0251	−0.0944

표 3. 소득계층 간 의료이용 집중지수 분석(소득계층을 10분위로 나누어 분석 ‖ 자료: *이용재, 박창우, 2011, 건강상태에 따른 소득계층별 의료이용의 형평성 연구, 사회복지정책, 38(1): 33-55., **김도영 (2012), 소득수준별 건강상태에 따른 보건의료서비스 이용 격차 분석, 사회과학연구, 23(3): 105-125)

셋째, 우리나라는 병원에서 진료를 받기 위해 대기하는 일이 거의 없음. 우리나라는 몇몇 개의 상급종합병원을 제외하고는 진료 대기가 거의 없어 매우 편리하게 의료를 이용할 수 있는 장점이 있음(이규식, 2016a). 의료기술 측면에서 복강경이나 내시경을 이용한 수술과 로봇수술 등에서 어느 국가보다 뛰어난 기술력을 보이고 있음.

III. 보건·의료체계의 문제점

1. 공중보건분야의 문제점

첫째, 위생·역학적 모형에 의존하던 공중보건사업은 1980년대 들어 전염병이 퇴치되고, 출산율이 떨어짐에 따라 할 일이 없어지게 되었음. 이러한 때 농촌지역 주민의 의료적인 욕구 충족을 위하여 보건지소에서 진료서비스를 제공하게 되었고, 이것이 오늘날 의료자원이 충분한 도시지역 보건소까지 진료기능에 치중하는 문제를 낳게 되었음.

둘째, 보건소에서 진료서비스를 제공하자 주민들은 당장 효과를 보는 의료를 환영함에 따라 공중보건이 위축되어 메르스와 같은 신종전염병에 제대로 대처하지 못하는 문제가 생김.

셋째, 보건소마저 의료공급을 중시하는 것은 국민들을 건강관리에서 의료에 의존하게 만드는 문제가 있음. 건강수준의 향상에 의료가 기여하는 정도는 10% 정도에 불과한 반면 생활습관 등이 훨씬 중요한데 〈표 4〉에서 볼 수 있는 바와 같이 소득 수준이 낮을수록 의료에 건강관리를 의존하는 문제가 있음.

넷째, 건강관리를 지나치게 의료에 의존한 결과 의료이용의 형평성은 앞에서 설명한 바와 같이 매우 높지만, 건강형평성은 지역 간에 그리고 소득계층 간에 큰 차이가 나고 있음(이규식, 2016b).

다섯째, 건강증진은 공중보건과 함께 건강의 사회경제적 결정요인을 해결하는 방향에서 추진되는 신공중보건으로 나아가야 함에도 불구하고 건강증진이 금연과 같이 생활습관을 바꾸는 단순한 프로그램으로 간주되어 건강증진사업이 제대로 효과도 거두지 못하고 있음(이규식, 2016b).

- 공중보건에서 다루어야 할 새로운 과제들은 생활안전을 위시하여 노인 학대, 성폭력, 가정폭력, 술이나 약물 중독 관리와 같은 다양한 영역에 걸쳐 있음.[2]
- 스웨덴의 경우, 2003년에 〈공중보건의 목표Public Health Objectives〉라는 법안을 채택하여 ⓐ 사회 참여와 영향력 발휘, ⓑ 경제적·사회적인 선행조건, ⓒ 어린이와 청소년기의 조건, ⓓ 일하는 생애기간의 건강, ⓔ 환

---

2 안전이나 가정폭력 업무는 여성부와 국민안전처에서 관리해야 하는 것으로 간주할 수 있지만 이와 같은 정부 부처는 지방조직이 없기 때문에 보건소가 국민의 건강관리를 위하여 담당해야 할 업무라 하겠음.

경과 생산물, ⓕ 건강증진서비스, ⓖ 감염병으로부터 보호, ⓗ 성생활과 생식보건, ⓘ 육체적 활동, ⓙ 식습관과 음식물, ⓚ 담배, 알코올, 불법 약물, 금지 약물 복용, 도박 관리와 같은 11개 항목에 목표를 두고있음(Anell, Glenngård and Merkur, 2012).

	상	중상	중하	하
현재 흡연율*	18.5	21.6	22.2	23.8
운동 실천율(걷기포함)**	54.8	49.0	50.8	49.3
스트레스 인지율	30.0	30.6	28.9	34.7
건강검진 수검률	70.7	62.7	58.5	52.6
인플루엔자 예방접종률	38.0	33.4	35.0	33.0
연간 입원율	10.6	12.4	11.6	13.6
2주간 외래이용률	30.7	32.3	28.9	31.3
미충족 의료***	8.8	14.2	12.1	15.5

표 4. 2015 소득계층별 주요 국민건강통계(*평생 담배 5갑/100개비 이상 피웠고 현재 담배를 피우는 분율 | **일주일에 중강도 신체활동을 2시간 30분 이상 또는 고강도 신체활동을 1시간 15분 이상 또는 중강도와 고강도 신체활동을 섞어서 각 활동에 상당하는 시간을 실천할 분율 | ***최근 1년 동안 본인이 병의원에 가고 싶을 때 가지 못한 분율 ‖ 자료: 2016 보건복지부·질병관리본부, 2015 국민건강통계)

2. 건강보험제도상의 문제점

첫째, 건강보험에서 제공하는 보험급여가 포괄적이지 못함에 따라 의료기관은 소위 3대 비급여(일반비급여, 선택진료, 상급병실)를 활용하는 영리적 활동 공간이 넓어 국민들의 신뢰를 얻지 못하고 정부 정책이 걸핏하면 의료민영화로 매도당할 소지를 만들었음.

- 3대 비급여로 인하여 의료보장률이 OECD 평균에 비하여 크게 낮음(〈표 5〉).
- 건강보험환자를 보는 의료기관에 비급여서비스가 허용됨에 따라 의료기관은 통제 받지 않는 비급여 시장을 선호하여 영리화를 부채질하게 되었음.

- 공공병원도 민간병원에 뒤지지 않을 정도로 비급여 시장을 활발히 개
설하여 민간병원과 구분하기 어려울 정도로 영리적으로 활용하고 있음.
- 이와 같은 결과는 비급여 시장을 개설하기 어려운 의원이나 중소병원과
비급여 시장 개설이 용이한 대형병원 간의 격차를 더욱 벌어지게 만들고
있음.

	2005	2007	2009	2011	2013
한국	54.9	56.7	57.6	57.2	55.9
OECD 평균	71.3	71.8	73.2	73.1	72.7

표 5. 경상의료비 중 공공부문지출 비율(단위: % ‖ 2013년 기준 네덜란드 87.6%; 영국 86.6%; 노르웨이 85.0%임 ‖ 자료: 보건복지부·한국보건사회연구원, 2015)

둘째, 진료비 지불 방식이 행위별수가로 되어 의료공급체계의 개혁을
뒷받침하지 못하는 문제가 있음.
- 행위별수가는 서비스가 분절적으로 제공되는 급성질병에서는 유효하
지만 연속적인 서비스가 요구되는 만성질병구조에서는 문제가 있음.
셋째, 입원관리료가 충분히 보상되지 못하여 입원 환자의 간병을 환자
가족이나 간병인이 하여 의료의 안전성이 보장되지 못하고 있음.
넷째, 의료수가에 환자 안전관리나 감염관리를 위한 비용이 보상되지 못
하여 병원이 제대로 된 의료관리를 하기 어려운 문제가 있음(이규식, 2015).
다섯째, 의료기술의 발전에 따라 새롭게 개발되는 의료서비스나 의약품
급여와 관련되어 신의료기술의 관리가 미흡한 문제가 있음(이규식, 2015).
- 특히 신의료기술 관리에서 문제는 신의료기술을 요양급여로 신청함과
동시에 법정비급여로 인정하는 것이 문제임.
· 급여 등재판정을 받지 못한 기술 가운데 진료수가표상의 비급여 목
록으로 등재되면 자율적으로 수가를 책정하여 서비스 제공이 가능한
문제도 있음.
· 신의료기술을 시행할 수 있는 의료기관에 대한 기준이 없어 신기술
이 쉽게 확산되는 문제도 있음.
- 고기장비 도입이 쉬워 상대가치가 높은 고가장비가 빨리 보급되는 문
제도 있음.

여섯째, 의약품과 치료재료의 관리시스템이 미흡하여 국민의료비 관리에 허점이 있음(이규식, 2015).

- 의약품이나 치료 재료는 보험등재 여부와 함께 시장 진입 가격이 결정되며, 그 이후에는 실거래가제도를 통하여 가격이 조정되고 있음.
- 그런데 일반적인 재화와는 달리 의약품이나 치료 재료는 환자가 아니라 의사 처방에 의하여 구매가 결정되기 때문에, 의약품이나 치료 재료의 공급자와 의료공급자 간의 담합 가능성이 있어 실거래가제도가 실효성을 갖기 어려운 문제가 있음.
- 전문의약품의 약국 조제와 관련하여 기술료 및 관리료로 5가지 항목이나 인정하고 있어 비용 부담이 과다해지는 문제가 있음.

일곱째, 건강보험제도 아래서는 의료의 구매자는 이용자가 아니라 보험자임. 그리고 보험수가는 의료이용을 억제하는 가격 기능을 하지 못함. 그럼에도 불구하고 이용자가 구매자인 양 착각하여 의료이용의 관리를 시장에 맡겨 이용자의 도덕적 해이가 심각한 수준임(이규식, 2015).

여덟째, 의료이용자에게는 보험수가가 큰 의미가 없으나 의료서비스의 공급자에게는 수가가 생산과 직결되기 때문에 매우 중요한 기능을 수행함(이규식, 2015).

- 수가가 원가에 미치지 못하면, 의료공급자는 비급여서비스나 의약품 또는 치료재와 같이 원가 개념이 적용되지 않는 항목의 공급에 집중하여 의료제공 행위가 왜곡되는 문제가 있음.
- 의료수가를 상대가치로 책정하면서 상대가치가 균형을 취하지 못함에 따라 의료행위가 왜곡되는 문제가 있음.
  · 상대가치 구조의 불균형은 의사의 진료에 크게 의존하는 1차의료나 외과계 의료의 위축을 초래하는 문제가 있음.
- 상대가치가 낮은 전문 분야에는 전문의 지원이 없어 전문 분야 간 의사 공급의 불균형 문제가 초래되고 있음.

아홉째, 2000년 건강보험을 통합한 후 보험재정은 전 국민이 같이 사용하면서 재정을 조달하는 방법인 보험료 부과 방법이 근로자와 지역주민이 달라 재정 조달의 형평성 문제가 제기되고 있음(이규식, 2016b).

- 재정을 통합하여 사용할 경우, 재정 조달 방법이 같아야 한다는 것은 기본 원칙임.

- 재정통합의 이점은 사회연대의 범위를 전 국민으로 확대하는 것이며 생애재분배가 가능하여 고령사회를 대비할 수 있다는 점임.

· 그러나 보험료 부과체계가 이원화되어 통합의 이점이 반감되고 있는 문제가 있음.

열째, 비급여서비스가 존재하는데 보완형민영보험complementary의 가입 확대는 건강보험급여로 제공되는 의료이용을 증가시키도록 작용하고 있음(이규식, 2016b).

- 한국보건사회연구원의 설문 조사에 따르면 국민의 72%가 민영보험에 가입되어 있음(김남순 외, 2015).

열한째, 보험재정을 통합하고 제도를 단일화하게 되면 제도의 관료화에 따른 제도의 경직성이나 비효율성 문제가 제기됨(이규식, 2016b).

- 유럽의 일부 국가들은 고령화에 대비하여 보험재정을 통합하였으나 질병금고를 폐쇄하지 않고 보험자의 구매자 기능을 활용하여 질병금고로 하여금 보험급여 관리를 할 수 있도록 분권화하여 제도의 효율성을 제고하고 있음.

· 국민들에게 구매자(질병금고)를 선택할 수 있는 권리를 부여하여 구매자가 경쟁을 통해 제도의 효율을 높일 수 있도록 제도를 개혁하였음.

· 이러한 노력의 결과 전략적 구매strategic purchasing가 가능하도록 거버넌스 구조를 확립하고 있음.

- 우리나라는 건강보험의 통합이 보험자(구매자)에게 독점적 지위만 부여하여 경쟁이나 전략적 구매는 생각할 수도 없는 비효율을 초래하는 모순을 낳고 있음.

3. 의료공급체계상의 문제점

첫째, 인구고령화와 생활습관의 변화 등으로 질병구조가 복합만성질병으로 바뀌어 연속적인 서비스continuum of care가 요구됨에도 불구하고 의료공급체계는 여전히 급성기질병에 부합되는 분절적 서비스 제공체계로 되어 환자들이 의료기관을 많이 이용할 수밖에 없는 구조를 만들고 있음(이규식, 2016b).

- 유럽에서는 만성질병에 대처하기 위하여 지역사회중심의 통합서비스 제공체계를 도입하는 등의 노력을 하는데 우리는 시범적인 사업조차도

엄두를 내지 못하고 있음.

- 특히 진료비 지불 방법이 분절적 서비스 제공에 부합하는 행위별수가제로 되어 있어 공급체계의 개혁을 어렵게 만들고 있음.

둘째, 지역사회중심의 통합서비스 제공체계가 없다 보니 임상적으로 개선 효과가 전혀 없는 환자도 병원에 장기 입원시키는 일이 벌어지고 있음.

- 그러한 결과 〈표 6〉에서 볼 수 있는 바와 같이 1990년대 이후 대부분의 OECD 국가들은 병상수를 줄이고 있는데 우리나라는 병상수를 증가시키는 시대 역행적인 일이 벌어지고 있음.

국가	1990	2000	2013
일본	12.3(1993)	9.6	7.9
한국	2.0	3.9	6.2
독일	7.1(1991)	6.1	5.3
프랑스	4.4(1997)	4.1	3.4
핀란드	3.1(1993)	3.5	2.8
OECD 평균	4.6	4.1	3.3
네덜란드	3.7	3.1	3.3('12)
호주	4.4(1991)	3.6	3.4('12)
덴마크	3.9(1997)	3.5	2.5
노르웨이	3.8	3.1	2.3
미국	3.7	3.0	2.5('12)
캐나다	4.1	3.2	1.7('12)
스웨덴	4.1	2.5	1.9

표 6. 주요 국가의 인구 1,000명당 병상수(급성기 ‖ 자료: OECD Health Data)

셋째, 의료서비스 제공에서 가장 중요한 역할을 하는 의사에 대한 교육이나 훈련 방법이 1977년 당시와 큰 변화가 없어 만성질병에 대처하기 위한 연속적인 서비스 제공을 어렵게 하고 있음(이규식, 2015).

- 만성질병 구조에서 의료의 연속적 제공을 위해서는 1차의사의 조정자

역할care coordinator이 중요한데, 이러한 역할은 훈련 과정에서도 찾아 볼 수 없음.

넷째, 의료보장제도를 도입한 국가들은 의료계획을 수립하여 의료자원의 수급에 대한 장기 방향은 설정하고 있는 데 반하여 우리나라는 〈보건의료기본법〉에 규정된 보건의료계획도 사문화시키고 있음(이규식, 2015).

- 그 결과, 병상수는 매년 증가하는 데 반하여 의사수는 통제하는 등 의사인건비 상승과 함께 지방 병원들은 의사를 구하기 어려운 문제에 처해 있음(〈표 7〉).

다섯째, 공공병원은 민간병원과 동일하게 건강보험의료를 제공하여 민간병원과 역할에서 거의 차이가 없음에도 공공의료 생산자로 우대를 받고 있어, 공공병원의 정체성에 부합하는 독자적인 역할을 찾지 못하는 문제가 있음.

- 공공병원은 민간병원과 같은 보험급여 서비스를 제공하면서 공공의료 생산자라는 정체성이 상실된 역할에 안주하게 됨에 따라 공공병원의 입지가 오히려 위축된 결과를 초래하게 되었음.

여섯째, 요양기관 당연지정제를 유지하여 환자 보호에 역행하는 문제가 있음.

- 요양기관 당연지정제는 의료기관을 보호하는 장치에 불과할 뿐, 환자들의 권리 보호와는 거리가 먼 규제에 불과함.

일곱째, 의료체계의 중요한 목표의 하나가 반응성 제고improvement of responsiveness인데 우리나라에서는 반응성은 거론조차도 되지 않고 있음(이규식, 2016b).

- 반응성responsiveness은 WHO(1996)가 〈류블랴나 헌장〉에서 '시민 중심의 원칙'을 발표한 이후 주요한 의료개혁의 과제로 등장하고 있음.

구분		한국	OECD		
			평균	최소	최대
인구 1천 명당	의사수	2.2	3.2	2.2 (멕시코)	5.0 (오스트리아)
	간호사수	5.2	9.8	2.6 (멕시코)	17.4 (스위스)

표 7. 2013 한국과 OECD 간 의료인력 비교 (단위: 명 ‖ 의사에는 한의사 포함, 간호사에는 조무사 등 포함 ‖ 자료: 보건복지부·한국보건사회연구원, 2015)

우리나라의 보건의료체계가 많은 장점에도 불구하고 문제점이 많은 것은 사회의료보험제도를 처음 도입하던 당시부터 사회보험제도의 이념을 제대로 설정하지 못하고, 단순히 시혜적인 차원으로만 간주하여 형편이 되는 대로 문제를 고쳐 나가는 방식으로 오늘에 이르기까지 제도를 운영하였기 때문이라 하겠음. 앞으로 제도 개혁을 위해서는 문제가 왜 발생하였는지 원인 진단부터 하는 것이 중요하다고 판단됨.

1. 사회의료보험제도 도입의 이념 부재

- 건강보험제도를 처음 도입한 비스마르크 시대의 제도는 근로자를 보호하기 위한 목적이었음. 따라서 당시에는 근로자 이외의 다른 국민은 의료보장에서 제외되어 있었음.

- 1935년 〈사회보장법〉의 등장, 1942년 〈베버리지 보고서〉의 발간, 그리고 1948년 〈세계인권선언〉에서 인간의 기본적인 권리로서 의료(건강)를 강조함에 따라 기본권 보장은 정부의 책임이 됨.
  - 영국을 위시한 일부 국가는 국가공영제NHS로, 스웨덴을 위시한 북유럽 국가들은 지방정부 공영제RHS 또는 LHS로 제도를 전환하여 전국민의 의료를 보장하게 되었으며,
  - 독일과 같은 국가는 비스마르크 모형을 개혁하여 전국민의료보장을 서두르게 되었음.

- 기본권으로서 의료보장을 위해서는 3가지의 기본 원칙이 있음. 첫째는 보편적인 적용universal coverage, 둘째는 포괄적인 보험급여 서비스 제공comprehensive services, 셋째는 제공되는 서비스가 국민이 부담할 수 있을 정도의 최소수준national minimum이 원칙임(이규식, 2013).
  - 보편적인 적용은 전국민의료보장을 의미하며, 우리나라는 1989년 전국민 적용으로 달성하였음.[3]

---

3 건강보험의 보편적 적용(universal health insurance coverage)의 달성은 WHO가 주장하는 보편적 건강보장(universal health coverage, UHC)의 달성과는 의미상 차이가 있음.

- 포괄적인 급여란 임상적으로 효과가 있는 서비스는 건강보험의 급여로 제공되어야 한다는 원칙임(Ettelt et al., 2009).
- 최소수준 원칙이란 선택진료나 1인실 같은 서비스는 건강보험에서 제외하는 것임.

● 우리나라는 1977년 사회의료보험을 기본권 보장 차원에서 도입한 것이 아니라 시혜적인 차원에서 도입함[4]에 따라 보험료는 낮게 책정하여 당초부터 포괄적 급여를 불가능하게 하였고, 보험수가도 관행수가의 55% 수준으로 낮게 책정하여 오늘날의 문제를 잉태하였음.
- 정부는 1977년 보험제도 도입할 때부터 특진(선택진료)이나 상급병실을 허용하여 최소수준 원칙을 허물어 의료기관의 영리적 활동이 가능하도록 만들었음.[5]
- 사회의료보험을 시혜적 차원으로 도입함에 따라 건강보험의료를 공공재(규범적 차원)로 인식하지 못하고 공공성이 강한 사적재화로 간주하여 오늘날의 문제를 야기하고 있음.[6]

● 사회의료보험을 도입할 당시의 우리나라의 경제 여건으로 모든 의료서비스를 포괄적으로 제공하기 어려운 측면이 있었음. 당시 1인당 소득 1,000달러, 연간 수출액 100억 달러로 겨우 절대빈곤에서 벗어난 시기였기 때문에 산업화를 일찍 달성한 유럽이나 일본과 같이 기본권 보장 차원에서 사회의료보험을 실시하기는 어려웠음.

2. 패러다임 전환 시기의 상실
● '77년 패러다임은 적어도 전국민건강보험을 달성할 때까지는 3가지 측

---

4 전국민건강보험을 달성한 1989년 보건사회부가 펴낸 《보건사회》를 보면 "전국민의료보험은 저소득층의 부담을 덜어 주고 복지혜택을 골고루 나눈다는 뜻에서 여러 가지 재정상 어려움을 무릅쓰고…"라고 기술하고 있음. 전국민의료보장이 국민의 기본권을 보장하게 되었다는 기술은 전혀 없고, 복지혜택이라는 기술만 하고 있음.

5 정부가 당초부터 의도를 갖고 특진(선택진료)이나 상급병실을 허용한 것이 아니라 보험제도가 도입되기 이전부터 존재하던 제도이기 때문에 병원의 반발이 두려워 일정한 조건으로 허용하게 된 것이 훗날 영리적 수단으로 활용되었음.

6 세계인권선언은 의료가 인간의 기본 권리의 하나라는 사실을 국제적으로 인정하는 계기가 되어, 의료는 국제사회에서 사회적 재화로 공식화됨(Blendon et al., 2003; Barr, 2007). 그리고 의료를 기본권으로 접근하는 규범적 세계에서는 의료는 공공재 내지는 준공공재(quasi public good)로 정의됨(Karsten, 1995).

면에서 긍정적인 작용을 하였음.

- 당시 농어촌 주민의 경제력이나 자영업자들의 소득 신고 상황을 감안하였을 때, 보험료가 높았다면 이들에게 건강보험의 확대가 불가능하였을 것임. 즉 저보험료 정책이 농민이나 자영업자들의 보험료 저항을 없애 전국민건강보험 조기 달성에 기여하였음.

- 건강보험이 확대되기 위해서는 의료공급을 위한 시설이 확충되어야 하는데 당시의 국가 재정으로 의료시설까지 확충하기는 어려웠음. 저급여로 인한 3대 비급여의 존재가 의료시설 확충에 민간자본이 동원될 수 있도록 하여 전국민건강보험 조기 달성을 뒷받침할 수 있었음.[7]

- 공중보건의사를 통한 농어촌지역의 의료서비스 제공은 국민의 의료공백을 메꾸어 주는 역할을 하였으며, 전국민건강보험이 달성된 이후에는 상당 부분의 보험의료 수요를 충족시키는 기능을 하여 서비스 공급의 일조를 담당하였음.

● 그러나 전국민건강보험이 달성되고 1인당 국민소득이 1만 달러를 넘어서면서 '77년 패러다임은 소임을 다하였으나, 새로운 패러다임으로 전환을 하지는 못하였음.

- '77 패러다임의 부작용은 공중보건의 취약성, 의료의 영리화, 감염관리의 부재, 상병구조와 맞지 않는 공급체계 등등임.

- '77 패러다임을 전환시킬 적기는 전국민건강보험이 달성된 이후 1인당 국민소득이 1만 달러 시대로 접어들고, 보험재정이 흑자를 보인 1990년대 중반이었음.

- 그런데 이 당시는 건강보험 통합이라는 이념이 지배하여 패러다임 전환의 시기를 놓치게 되었음.[8]

---

7 일반비급여가 처음부터 허용된 것이 아니라, 상대가치점수표를 고시하기 이전에는 '진료수가기준 내용 중 진료수가 산정방법 제7항'의 규정에 의거하여 수가표에 분류되지 아니한 항목과 비슷한 진료행위는 가장 비슷한 분류항목에 준용하여 신청할 수 있으며, 준용하기 곤란한 새로운 진료행위에 대해서는 장관이 별도로 인정하는 기준에 따르도록 하여 제도적으로는 비급여를 허용하지 않았으나, 이 규정의 적용이 의료 현장에서 혼선이 일어남. 이러한 현장의 민원을 바로 잡는다는 취지에서 2000년 6월에 비급여에 관한 규칙(2001년 1월 시행)을 제정하고, 비급여항목이라도 복지부나 심평원에 2000년 6월 30일까지 신고를 하면 2000년 12월에 상대가치점수를 부여하고 정해진 수가를 받을 수 있도록 하였음(소위 혼합진료 허용). 이 고시에 의하여 비급여가 법적으로 용인되는 것처럼 성행하자 복지부는 2007년 7월 25일 복지부령 408호에 의거하여 요양급여기준을 개정하고 비급여를 불허하는 조치를 내림(이규식, 2012).

8 필자는 1994년 행정쇄신위원회가 개최한 세미나에서 건강보험의 통합보다는 보험급여 확대를 위한 보험료 인상과 구조개혁이 우선되어야 함을 주장하였음(이규식, 1994).

3. 공중보건 접근 전략의 문제

● 우리나라는 1962년 〈보건소법〉의 개정을 통하여 시·군·구 단위로 보건소를 설립하고 위생역학적sanitary-epidemiology, Sanepid 모형을 토대로 공중보건에 적극적으로 나섬에 따라 법정 감염병을 거의 퇴치할 수 있었고, 영아사망률도 현저히 낮추는 등 건강수준을 크게 향상시키는 성과를 거두었음.

● 1980년대 감염병이 퇴치됨에 따라 공중보건은 건강을 결정짓는 사회경제적인 요인을 위주로 하는 신공중보건전략으로 나아가야 함에도 불구하고, 소임이 끝난 위생역학적 모형을 유지함에 따라 새로운 건강상의 문제에 대처하기 어렵게 되었음.[9]

- 특히 1970년대 중반 이후는 전통적인 급성 감염병이 거의 퇴치되었는데도 불구하고 위생역학적 모형을 고수함에 따라 공중보건의 역할이 점차 희미하게 되었음.[10]

- 공중보건사업은 방역사업과 함께 가족계획, 모자보건 및 결핵관리에 중점을 둔 보건사업을 하였으나 출산율과 영아사망률이 급격히 하락[11] 함에 따라 보건소는 할 일을 잃게 되었으며, 이러한 때에 진료기능은 보건소로서는 새로운 업무 영역을 확보하는 계기가 되었음.

- 그러다, 1995년 〈건강증진법〉이 제정되고 건강증진의 중요성이 강조되자 건강증진은 공중보건과는 별개인 양 인식되어 공중보건사업은 뒷전으로 밀리는 상태가 되었음.

● 2000년에 제정된 〈공공보건의료에관한법률〉은 '공공보건의료'라는 한국형 용어를 탄생시킴에 따라 공중보건은 '공공보건의료'라는 용어에 자리를 내어 주고 설 자리를 잃게 되었음.

---

9 전통적인 급성 감염병이 퇴치된 이후에도 공중보건에서 위생역학적 모형을 고수하여 공중보건사업을 약화시킨 사례는 구 공산권 국가들에서 찾을 수 있음(Figueras et al., 2004).

10 유럽에서도 1950년대와 1960년대 의과학의 발전으로 항생제와 백신이 개발되어 과거의 무서웠던 감염병이 극복되었다고 여겨지자 공중보건의 중요성이 희미해져 공중보건으로서는 어려운 시기가 되었다는 기록이 있음(Mold and Berridge, 2013).

11 1983년에 합계출산율이 인구 대치 수준인 2.1로 떨어짐.

4. 건강보험의 의료서비스 구매자를 이용자로 착각

- 건강보험제도가 도입되면 의료구매자는 환자가 아니라 보험자가 됨.[12]
    - 보험자는 환자가 건강보험을 통하여 구매할 수 있는 서비스를 보험급여로 결정.
    - 보험수가는 보험자가 공급자와 협상을 통하여 결정(건정심을 거쳐 정부가 승인).
    - 환자는 일정액의 본인부담만 지불하고 의료를 이용할 뿐임.
    - 의료이용을 환자의 결정에 일임하게 되면 도덕적 해이가 발생하게 됨.

- 보험자가 구매자라는 사실을 인지하지 못하고 환자가 구매자인 것으로 착각하여 의료이용의 통제를 본인부담제도에 의존함에 따라 이용자의 도덕적 해이를 막기 어렵게 됨.
    - 특히 본인부담에 대한 상한제도는 본인부담제도를 무력화시켜 임상적인 개선 효과가 불가능한 환자들도 병원에 장기 입원하여 의료를 남용하고 있음.
    - 우리나라는 의료이용이 세계에서 가장 많은 국가임에도 불구하고 미충족의료unmet needs가 존재한다[13]는 등의 논리로 의료이용을 부추기고 있는 실정임.

5. 진료비 지불제도 개혁에 대한 오해

- 진료비 지불제도는 의료공급체계를 이끌어 가는 핵심이 됨. 즉 보험자의 구매기능은 진료비 지불을 통하여 이루어지고 있음.

- 그리하여 지금까지 제기된 진료비 지불제도는 주로 의료비 관리cost containment 차원에서 거론되었음.
    - 이와 같은 논의로 인하여 지불제도의 개혁이라는 용어가 등장하면 의

---

12 물론 비급여서비스는 환자가 구매자가 되지만 여기서는 건강보험제도의 문제의 원인을 분석하는 내용이기 때문에 의료구매자를 보험자로 하였음.

13 미충족의료를 입증하려면 의료의 필요도에 대한 전문가 판단이 있어야 함. 그런데 필요도 판단이 쉽지 않아 환자에게 필요한 이용을 하지 못한 경우가 있었느냐는 질문으로 미충족의료로 간주하는데 이것은 미충족수요(unmet demand)에 지나지 않음. 본인부담이 존재하는 한 미충족수요는 불가피하게 존재하게 됨(이규식, 2015).

료공급자들이 과민 반응을 일으키게 되었음.

● 급성질병 중심의 의료체계를 만성질병에 부합하는 통합의료와 같은 공급
체계로 전환하려면 현재의 행위별수가제도로는 제한적일 수밖에 없음.
 - 즉 분절적 서비스 제공에 적합한 행위별수가제도로 연속적인 서비스
를 제공하는 통합의료로 바꾼다는 것은 한계가 있음.
 - 따라서 진료비 지불제도에 대한 근본적인 고려가 부족한 것도 우리나
라 의료체계의 전환에 한계를 주고 있음.

6. 건강보험수가의 적절한 역할에 대한 인식 결여
 ● 의료이용자인 환자는 건강보험수가의 일부만 본인이 부담하기 때문에 의
료이용자에게 의료수가는 큰 의미가 없음.

 ● 공급자로서는 보험수가를 통하여 경상운영비는 물론 자본비용까지 포함
하여 보상받기 때문에 보험수가는 의료공급의 행태나 의료체계를 결정하
는 매우 중요한 기능을 하게 됨.
 - 특히 의료서비스 생산요소의 가격은 거의 전부 시장에서 결정되기 때
문에 협상을 통하여 통제되는 보험수가가 원가를 제대로 보상하느냐가
매우 중요한 과제가 될 수밖에 없음.

 ● 따라서 공급자의 판단으로 수가가 원가에 미달한다고 생각되면 그러한
서비스는 공급이 원활해질 수 없게 됨.
 - 낮은 수가는 의료의 질을 떨어뜨리고, 응급실이나 중환자실의 부실을
초래할 뿐만 아니라 감염관리나 환자안전 관리를 충실히 할 수 없게 하
는 문제가 있음.
 - 공급자들이 보험수가가 전반적으로 낮다고 인식함에 따라 공급자들은
수가가 통제받지 않는 비급여로 수지를 메꾸어 의료영리화라는 모순을
초래하고 있음.

7. 공공의료 개념의 부적합성

- 전 국민이 의료보장제도의 적용을 받게 될 경우, 공공의료는 큰 의미가 없음. WHO 등에서는 공공의료에 관한 정의를 공적재정으로 공급되는 의료_{publicly funded health care}로 정의하고 있기 때문임(Ettelt et al., 2009).
  - 영국도 자국의 NHS를 공적재정으로 조달되는 의료로 표현하고 있음 (NHS England web site).
  - 따라서 건강보험, 의료급여, 산재보험에서 제공하는 의료가 공공의료가 됨.

- 그런데 우리는 건강보험의료를 공공성이 강한 사적재화로 간주함에 따라 2000년에 〈공공보건의료에관한법률〉을 재정하면서 '공공보건의료'를 공공보건의료기관이 제공하는 의료로 잘못 정의하는 우를 범하였음. 건강보험의료가 공공의료로 취급되지 못하고 공공병원이 생산하는 의료만 공공의료로 간주하였음.

- 2012년 법률 개정을 통하여 공공보건의료의 정의를 바꾸었으나, 머릿속에 한번 주입된 개념이 쉽게 바뀌지 않아 여전히 공공의료기관이 제공하는 의료를 공공의료를 간주하여 의료공급체계를 전반을 왜곡시키는 문제가 있음.
  - 공공의료를 공공병원이 생산한 의료로 정의함에 따라 합리적인 의료공급체계나 환자의뢰체계가 수립되지 못하고 있음.
  - 공공의료 생산자에 민간병원을 배제시킴에 따라 의료기관의 영리적인 행태 개선도 어려워짐.
  - 공공의료 생산자를 공공병원에 한정함에 따라 공공병원에 우월성을 심어 주어 공공병원의 경영이 효율화되기 어려움.

8. 의학교육의 중요성에 대한 이해 부족

- 만성질병에 부합하는 의료체계로는 이미 앞에서 통합의료나 질병관리 프로그램의 도입을 주장하였음. 이러한 공급체계에는 현재와 같은 분절적인 서비스 제공체계가 아니라 연속적인 의료체계로 전환하는 것임.

- 연속적인 의료서비스 공급에 있어서 가장 중요한 역할을 담당할 사람은 1차의료를 담당할 의사들임.
- 이들이 통합의료에서 의료공급의 조정자care coordinator 기능을 맡아야 함.
- 1차의사가 의료공급의 조정자 역할을 맡기 위해서는 의사인력의 교육 및 훈련 방법을 바꾸어야 함.

● 그런데 우리나라는 사회의료보험이 도입되기 전의 급성기 중심의 상병구조일 때 만들어진 의학교육시스템이 거의 변하지 않고 있음.

● 의학교육시스템이 변화하지 못함에 따라 의료체계가 만성질병에 부합하도록 전환하기도 어렵게 만들고 있으며, 1차의료의 발전 역시 가로막고 있음.

9. 의료체계의 스튜어드십/거버넌스의 불합리

● 국민의 건강과 복지에 책임을 갖고 보건의료체계 전반을 이끄는 정부의 역할을 정립하기 위하여 스튜어드십stewardship이 강조되고 있음(WHO, 2008).
- 특히 보건·의료가 중요해지고 체계 전반에 대하여 정부의 역할이 커지면서 스튜어드십 혹은 거버넌스가 강조되고 있음.

● 스튜어드십을 통하여 정책의 비전을 설정하고 정책의 수단에 대하여 국민적인 합의consensus를 모으도록 유의해야 함.
- 먼저 정책 목표를 설정하고 이에 관련된 과제를 찾아내야 함.
- 재정 조달과 서비스 공급에서 공공과 민간 영역의 역할을 정립해야 함.
- 공공과 민간 영역에서 정책 목표를 충족키 위하여 요구되는 정책 수단들을 정립하여야 함.
- 보건·의료체계의 수용능력capacity을 확충하고 조직 운영의 발전을 위한 과제를 정립하여야 함.

● WHO(2000)가 제시하는 정책 목표로는 건강수준, 반응성, 재정 조달의 형

평성의 등 3가지가 있음. 그리고 이러한 목표를 달성하기 위한 보건의료체계의 4가지 핵심적인 기능으로 자원개발, 재정, 서비스 공급, 스튜어드십을 제시하고 있음. WHO는 스튜어드십을 가장 중시하고 있음.

● 우리는 스튜어드십에 관한 고민도 없이 전통적인 관료주의와 관행을 토대로 하여 정책을 수립하고 있음. 그러다 보니 장기적인 계획도 수립하지 못하고 이해집단에 의하여 정책이 끌려다니는 문제도 있음.

● 건강보험제도는 정부가 사실상의 보험자(구매자)[14] 기능을 하여 전략적 구매와 같은 제도의 효율성을 높일 수 있는 어떠한 방안도 도입하기 힘들게 만들고 있음.

10. 장기적인 보건의료발전계획의 부재

● 의료보장제도를 도입하고 있는 국가들은 거의 대부분이 장기적인 의료계획을 수립하고 있음.
  - 경제학에서는 의료가 갖는 정보의 비대칭성, 경쟁의 불안전성, 외부효과 등의 이유로 의료서비스에 관하여 시장에 맡기기 어렵다고 주장함.
  - 건강보험제도는 의료서비스의 구매자가 보험자이기 때문에 자원배분을 시장에 맡길 수 없어 의료계획이 필요함.

● 각국이 수립하는 의료계획에는 의료체계의 발전 방향이나 목표를 위시하여 의료이용 추계를 토대로 병상수나 인력과 같은 자원계획이 포함되고 있음.

● 제4차 경제개발5개년계획에서부터 부문 계획의 하나로 보건·의료계획을 하였으나, 1995년 세계화 추진과 함께 보건·의료계획을 위시하여 모든 정부 계획이 중단되었음.

---

14 보험자(구매자)의 중요한 기능은 보험급여 범위 결정, 진료비 지불제도, 보험수가의 결정인데 모두 정부의 건강보험정책심의회에서 결정되고 있어 정부가 보험자(구매자) 기능을 하고 있다고 볼 수 있음.

● 정부는 2000년 〈보건의료기본법〉을 제정하면서 보건·의료 분야의 계획
은 필요하다는 인식에서 매 5년 단위로 계획을 수립하도록 법에 규정하였
으나, 현재까지 사문화되고 있음.

　- 장기적인 계획이 없으니, 의료이용은 거의 방임 상태로 시장에 맡겨져
　　있고, 의료이용이 계속 증가하니 병상수는 매년 늘어 거의 OECD 평균
　　의 배에 가깝게 되었으며, 스웨덴과 비교하면 약 3배나 많은 지경에 이
　　르고 있음.

　- 장기 계획이 없으니 의료의 중심이 지역사회가 될지 병원이 되어야 할
　　지 방향을 잡지 못하고 있으며,

　- 만성질병이 중심이 된 지가 벌써 20여 년이 되었는데도 여전히 의료공
　　급은 급성기질병이 중심을 때와 같이 분절적으로 제공되는 문제가 있음.

　- 의료이용은 자유방임 상태로 두어 매년 증가하는데 의사인력은 통제
　　하는 등 정책 상호 간 정합성이 없는 문제도 발생하고 있음.

● 그런데 5년 단위로 정권이 교체됨에 따라 대통령 선거 공약의 실천이 우
선순위가 되다 보니 설령 의료계획이 수립된다 하여도 그 실효성이 의문
시 됨.

● 21세기에 적합한 보건의료체계를 제안하기 위해서 다양한 의료체계의 모형들을 검토하였음. 외국의 사례 분석을 한 결과 우리나라의 보건·의료 발전을 위한 의료체계의 모형으로 WHO(2000) 모형이 이용하기 가장 적합하다는 결론을 얻었음.

1. 참고한 의료체계의 모형(Papanicolas, 2013)[15]

① Roemer model(1991)

② Framework for Assessing Behavioral Healthcare(1998)

③ EGIPSS model(1998)

④ OMC(2000)

⑤ WHO Performance framework(2000)

⑥ OECD Performance framework(2001)

⑦ Control Knobs framework(2003)

⑧ Commonwealth Fund framework(2006)

⑨ OECD HCQI framework(2006)

⑩ WHO Building Blocks framework(2007)

⑪ Systems Thinking framework(2008)

● 이상과 같은 보건의료의 모든 영역을 망라하는 모형이 있으며, 의료이용에 국한된 모형으로 많은 국가에 보편적으로 영향을 미친 Fox(1986)가 명명한 계층적 지역주의hierarchical regionalism 모형이 있음.

2. 보건의료체계 모형의 분석

1) 구조적인 틀

● 보건의료체계의 모형들을 검토하는 이유는 앞에서 이미 밝힌 바와 같이

---

15 EGIPSS-Integrated Performance Model for the Health Care System, OMC-EU Open Method of Coordination Model, HCQI-Health Care Quality Indicators Framework.

이러한 모형을 통하여 우리나라의 보건의료발전계획 수립에 참고할 교훈을 얻기 위함임.

● 이러한 목적으로 위해서는 앞에서 예시한 보건의료체계의 구조적인 틀에 대한 특성을 이해할 필요가 있음.

    - 〈표 8〉은 참고한 보건의료체계 모형의 구조적인 틀을 나타내고 있음.

    - OMC 모형과 OECD 모형은 구조적인 틀이 구체화되어 있지 않음.

    - WHO(2000 및 2007), 그리고 Commonwealth Fund 모형은 구조적인 틀이 헬스시스템의 기능 또는 목표 중심으로 설계된 특징을 갖고 있음.

    - 다른 모형들은 구조, 과정, 산출물이라는 틀을 갖거나 투입물 위주의 틀 혹은 정책 결정자가 가용한 수단이라는 틀을 갖는 등의 특징을 갖고 있음.

● 우리나라에서 활용하는 데 가장 적합한 모형은 WHO(2000) 모형으로 기능 중심의 구조적인 틀로 간주됨.

    - 이 모형이 투입물과 이에 따른 결과로 구체적인 목표가 설정되어 있으며, 필요한 경우 투입물 단위로 중간 목표의 설정도 가능하기 때문임.

의료체계의 모형	의료체계 모형의 구조
Behavioral Healthcare	Constructed in terms of structure, process and outcome
OMC	No conceptualization
EGIPSS	Constructed in terms of Parson's social action theory
WHO(2000)	Constructed in terms of health system function
OECD	No conceptualization
Control Knobs	Constructed in terms of control knobs
Commonwealth Fund	Constructed in terms of health system goals
OECD HCQI	Constructed in tiers that illustrate potential pathways
WHO(2007)	Constructed in terms of health system building blocks
System Thinking	Constructed in terms of levers available to policy makers

표 8. 보건의료체계 모형의 구조(Papanicolas, 2013)

2) 보건의료체계 목표(또는 비전)의 종합

● 보건의료발전계획의 수립에서 중요한 것은 보건의료체계의 발전 목표를 설정하는 것임.

● 따라서 앞에서 열거된 11개 보건의료체계 모형이 제시하는 목표를 검토하는 것도 중요함. 11개 보건의료체계 모형의 목표를 종합하면 다음과 같음.

① Health(improvement and equity)

② Health and well-being

③ Universal access, fairness and solidarity

④ High-quality care

⑤ Financial sustainability of health care

⑥ Fairness in finacing

⑦ Risk protection

⑧ Responsiveness, consumer satisfaction

⑨ Macroeconomic efficiency/sustainability

⑩ Microeconomic efficiency/value for money

⑪ Equity

- 여기에 열거된 목표들은 앞의 보건의료체계 모형에서 제시한 목표들 가운데 중복적인 것은 하나로 정리하였음.

3) 의료체계 중간 목표의 종합

● 보건의료체계의 중간 목표들을 정리하면 다음과 같음.

① Access

② Coverage

③ Effectiveness

④ Efficiency

⑤ Equity

⑥ Volume of health care

⑦ Quality of care

⑧ Safety

⑨ Productivity

⑩ Choice

⑪ Systems and workforce innovation and improvement

3. 의료체계의 개혁 모형과 과제

● 앞에서 분석한 내용을 토대로 우리나라에서도 WHO가 제시한 보건의료
체계 모형을 따르는 것이 합당하다는 판단에서 의료체계의 개혁 목표도
다음과 같이 3가지로 제시하였음.

  - 건강 향상(수준 및 형평성)
  - 의료체계의 반응성 responsiveness(수준 및 형평성)
  - 의료비용의 적절성(가계보호 및 재정부담의 공평성)

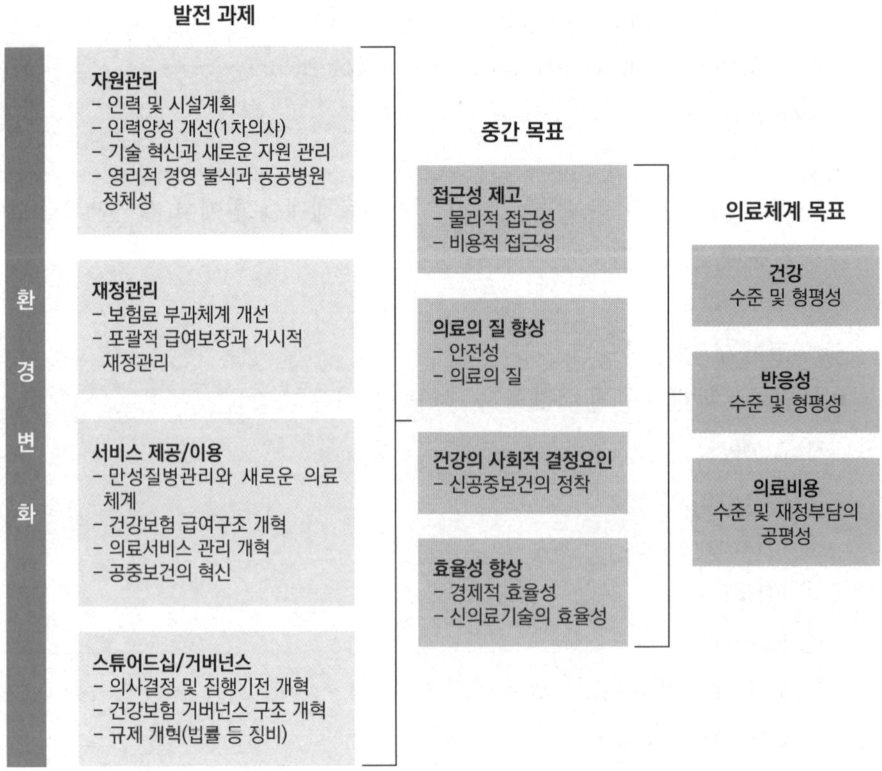

발전 과제

중간 목표

의료체계 목표

환경변화

자원관리
- 인력 및 시설계획
- 인력양성 개선(1차의사)
- 기술 혁신과 새로운 자원 관리
- 영리적 경영 불식과 공공병원 정체성

재정관리
- 보험료 부과체계 개선
- 포괄적 급여보장과 거시적 재정관리

서비스 제공/이용
- 만성질병관리와 새로운 의료체계
- 건강보험 급여구조 개혁
- 의료서비스 관리 개혁
- 공중보건의 혁신

스튜어드십/거버넌스
- 의사결정 및 집행기전 개혁
- 건강보험 거버넌스 구조 개혁
- 규제 개혁(법률 등 징비)

접근성 제고
- 물리적 접근성
- 비용적 접근성

의료의 질 향상
- 안전성
- 의료의 질

건강의 사회적 결정요인
- 신공중보건의 정착

효율성 향상
- 경제적 효율성
- 신의료기술의 효율성

건강
수준 및 형평성

반응성
수준 및 형평성

의료비용
수준 및 재정부담의 공평성

그림 1. 의료개혁의 목표 및 정책 과제

● 3가지의 목표하에 중간 목표와 발전 과제는 아래 〈그림 1〉과 같이 설정
  하였음.

● 이렇게 설정된 중간 목표와 과제는 해당 분야 전문가들에 의뢰하여 원고
  가 작성되었음.

참고 문헌

김남순 외 (2015), 의료이용 합리화를 위한 실태분석과 개선방안, 한국보건사회연구원, 제5장.

김도영 (2012). 소득수준별 건강상태에 따른 보건의료서비스 이용 격차 분석.
사회과학연구, 23(3): 105-125.

보건사회부 (1989), 보건사회.

보건복지부, 한국보건사회연구원 (2015), OECD Health Data 2015.

이규식 (1994), 의료보장제도 개혁과 합리적 관리체계, 행정쇄신위원회, 12월.

이규식 (2002), 건강보험의 새로운 패러다임 모색, 사회보장연구 18(2): 231-268.

이규식 (2012), 건강보험통합평가와 개혁 방향, 서울: 계축문화사.

이규식 (2013), 의료보장과 의료체계(제3판), 서울: 계축문화사.

이규식 (2015), 보건의료정책-뉴패러다임, 서울: 계축문화사.

이규식 (2016a), 삶의 질 향상을 위한 지속가능한 보건의료체계, 미래를 위한 제언 2016,
국회 미래전략자문위회 보고서, 대한민국 국회.

이규식 (2016b), 의료보장론, 서울: 계축문화사.

이규식 (2017), 건강보험 40년 성과와 과제, 보건행정학회지, 27(2): 1-11.

이용재, 박창우 (2011), 건강상태에 따른 소득계층별 의료이용의 형평성 연구.
사회복지정책, 38(1): 33-55.

이용재 (2008), 지역 간 건강보험 이용의 형평성 분석, 한국사회정책, 15(1): 5-38.

Anell A, Glenngård AH and Merkur S (2012) Sweden health system review,
Health Systems in Transition, 14(2), Copenhagen: WHO Europe.

Barr DB (2007), *Introduction to U.S. Health Policy: The Organization, Financing,
and Delivery of Health Care in America*, Baltimore: The Johns
Hopkins University Press.

Blendon RJ, Benson JM, Roches CM (2003), Americans' view of the uninsured:
an era for hybrid proposals. *Health Affairs Web Exclusive*;
August 27: 405-414.

Ettelt S, McKee M, Nolte E, Mays N and Thomson S (2009), Planning health
care capacity: whose responsibility? in *Investing in Hospitals of
the Future* edited by Rechel B, Wright S, Edwards N, Dowdeswell
B and McKee M, European Observatory on Health Care Systems
and Policies, Copenhagen: WHO Europe.

Figueras J, McKee M, and Lessof S (2004), Overview, in *Health Systems in
Transition: Learning from Experience*, edited by Figueras J,

McKee M, Cain J and Lessof S, European Observatory on Health Systems and Policies, Copenhagen: WHO Europe.

Fox DM (1986), *Health Policies Health Politics: the British and American Experience 1911-1965*, Princeton: Princeton Univ. Press.

Karsten SG (1995), Health care: private good vs. public good, *The American Journal of Economics and Sociology*, 54(2): 129-144.

Mold A and Berridge V (2013), The history of health promotion, in *Health Promotion Theory* edited by Cragg L, Davies M and Macdowall W, McGraw Hill, Open Univ. Press.

NHS England 홈페이지(www.nhs.uk/NHSEngland/thenhs/about/Pages/overview. aspx), 2014년 10월 13일 열람.

Paris V, Devaux M and Wei L (2010), *Health Systems Institutional Characteristics: A Survey of 29 OECD Countries*, Health Working Paper No. 50, Paris: OECD.

Papanicolas I. 2013. International frameworks for health system comparison in *Health System Performance Comparison* edited by Papanicolas I and Smith PC. European Observatory on Health Systems and Policies Series. Copenhagen: WHO Europe.

Roemer MI. 1991, *National Health Systems of the World*, Vol. 1, New York: Oxford University Press.

WHO (1996), *Ljubljana Charter on Reforming Health Care in Europe*, Slovenia, 19 June.

WHO (2000), *The World Health Report 2000 - Health Systems: Improving Performance*, Geneva.

WHO (2008), Stewardship/Governance of Health Systems in the WHO European Region, Regional Committee for Europe Fifty-eighty session, Tbilisi, Georgia, 15-18 September 2008, WHO Europe.

공중보건사업의 개혁

박 재 용 경북대학교 의과대학 명예교수

I. 공중보건사업의 문제점

1. 공중보건체계의 미확립

- 공중보건은 조직화된 지역사회의 노력을 통해 질병을 예방하고 수명을 연장시키고 건강과 능률을 증진시키는 과학이며 기술임.
  - 질병, 건강, 수명은 인간의 생물학적 요인 이외에 물리 화학적 환경, 사회경제적 환경, 인간의 생활양식 및 행태, 보건의료제도 등 다양한 요인에 영향을 받기 때문에 이의 개선을 위한 사회적인 노력은 공중보건의 범주에 포함됨.
  - 1980년대 신공중보건new public health이 등장하면서 공중보건은 건강증진health promotion, 건강보호health protection, 예방서비스preventive service 등으로 공중보건의 영역이 다양화 됨(〈표 1〉).
  - 공중보건의 영역에는 인구집단의 건강상태 변화에 대한 보고와 감독·감시, 임상적 역학 및 실험실의 감시망을 통해 질병 발생을 탐지하는 등의 부분도 포함되고, 공중보건영역은 계속 확대되고 있음.

● 질병과 건강에 관련된 요인은 수없이 많기 때문에 공중보건체계의 영역과 경계를 정확하게 정의하는 것은 매우 어려움(배상수, 2016).

  - 이유는 첫째, 치료를 포함하는 건강관리를 위한 개인적 접근이 공중보건에 속하는지 아니면 의료의 영역에 해당하는지 하는 문제가 있음. 넓은 의미에서 공중보건이 의료를 포괄하기도 하지만 시대와 나라에 따라 공중보건과 의료를 구분하는 경향도 있음.

  - 둘째, 사회 구성원들 간에 '건강'과 '건강결정요인'에 대한 견해가 상이함. 즉, 적극적인 건강과 사회적 건강결정요인을 중시하는 현재의 상황을 고려할 때 사회체계를 구성하는 다른 하부체계와 공중보건체계의 영역과 경계를 명확히 하는 것은 더욱 어려울 수 있음.

  - 셋째, 공중보건체계의 영역과 경계는 역사적·정치적·경제적·문화적·사회적 산물이므로 국가마다 차이를 보일 수밖에 없음. 의료체계의 경우 건강보험이나 재원 조달, 서비스 제공이나 관리 방식, 국가의 경제

사업 내용	
건강증진	- 가정, 학교, 일터, 지역사회에서의 건강한 조건 조성 - 금연, 운동, 영양, 절주 등 건강생활 실천 - 정신건강의 향상 - 건강지원을 위한 사회 물리적 환경조성 - 건강향상 능력 배양
예방	- 만성질병 예방 - 장애 예방 - 구강질환 예방 - 감염병 예방과 통제 - 여행 관련 질병 통제·예방(신종질환 등) - 조기검진
건강보호	- 지역사회 공중위생(깨끗한 물, 음식물 등)의 유지 - 병원균 통제 - 위험물질(화학물질, 방사선 등)로부터의 보호 - 생활안전, 학교안전, 산업안전
건강평가 및 질병감시	- 인구집단의 건강상태 변화에 대한 보고와 감독·감시 - 임상적 역학 및 실험실의 감시망을 통하여 질병 발생을 탐지

표 1. 공중보건의 영역(자료: 이규식, 2016a)

수준 등의 기준을 이용하여 유형화하고, 각 유형별로 의료체계의 영역과 경계를 제시함으로써 이러한 난관을 극복해 왔으나, 공중보건체계와 관련해서는 아직 유형화를 위한 시도가 정착되지 못하였음.

● 우리나라 공중보건체계는 국가 수준에서 하나의 완결적이고 자체충족적인 체계를 갖추고 있다고 보기 어려움. 또한 규정할 수 있고 파악할 수 있는 정치적·사회적·문화적 실체로서의 공중보건체계가 정립되어 있지 않음(김창엽, 2017).

　- 시스템의 가장 중요한 요소인 목표 정의가 모호함. 구체적으로는 제공해야 할 공중보건 서비스가 명확하게 정의되어 있지 않음.

　- 이는 근본적으로는 보건의 범위와 접근법, 공적 주체의 역할, 의료와의 관련성 등 공중보건을 어떻게 이해할 것인가가 모호한 데서 연유하는 것임.

● 체계의 범위(경계)가 국가, 정부, 공공부문에 한정되어 있음. 공중보건체계는 곧 정부/공공부문의 공공보건체계를 뜻하고 있음.

　- 공중보건을 어떻게 이해하든 전체 사회 구성원을 포괄해야 하므로 공중보건과 관련된 활동은 완전히 포괄적이어야 함. 또한 체계는 이들을 모두 포함하는 것이 당연함.

　- 공중보건과 관련된 대부분 자원(인력, 시설, 지식, 재정 포함)이 민간부문에 집중되어 있으므로, 원리적으로 정부 공중보건체계도 원활하게 작동하기 어려움.

2. 공중보건의 중요성에 대한 인식 결여[1]

● 우리나라에서는 1977년 의료보험제도의 도입과 함께 1980년대 이후 급성감염병이 퇴치되거나 감소되면서 공중보건사업보다 진료사업에 더 많은 노력을 기우리는 등 공중보건의 중요성이 점차 망각되어 왔음.

　- 이러한 결과 근래에 발생한 신종인플루엔자, 메르스 등 신종감염병 사

---

1 이 부분은 이규식 외(2012) 및 이규식(2015)을 참고하였음.

태로 인해 나라 전체를 혼란하게 만들었음.

- 전문성이 요구되는 역학조사관이 매우 부족하고, 이마저 공중보건의로 메꾸고 있는 점은 공중보건의 중요성을 망각하고 있는 단적인 사례라 하겠음.[2]

- 〈감염병의 예방 및 관리에 관한 법률〉에는 역학조사관을 비롯하여 감염병이 발생하였을 때 지휘체계와 행동 요령까지 상세히 기술되어 있지만, 공중보건의 중요성을 인식하지 못함에 따라 규정된 행동 요령이 제대로 지켜지지 못하여 혼란이 초래되었음.

● 법률체계도 공중보건사업을 체계적으로 관리할 수 있는 〈공중보건에 관한 기본법〉은 없고 개별 법률만 있음.

- 예방중심의 법률로는 〈감염병의 예방 및 관리에 관한 법률〉, 〈결핵예방법〉, 〈구강보건법〉, 〈암관리법〉, 〈후천성면역결핍증 예방법〉, 〈자살예방 및 생명존중문화 조성을 위한 법률〉, 〈건강검진기본법〉 등이 있으며,

- 인구집단을 대상으로 하는 〈국민건강증진법〉, 〈모자보건법〉, 〈학교보건법〉, 〈산업안전보건법〉, 〈식품위생법〉, 〈국민영양관리법〉과 같은 법률들이 있음.

- 그러나 공중보건사업 전체를 포괄하여 체계적으로 관리할 수 있는 〈공중보건기본법은 없는 실정임.[3]

● 〈지역보건법〉, 〈보건의료기본법〉 및 〈공공보건의료에 관한 법률〉이 공중보건사업의 체계적인 접근을 오히려 저해하고 있다고 할 수 있음.

- 〈지역보건법〉은 보건소 업무를 규정하면서 공중보건에서 다루어야 할 내용을 정리하고 있을 뿐 공중보건사업의 체계적인 관리와는 거리가 있음.

- 〈보건의료기본법〉에서는 공중보건과 관련되는 내용으로 감염병, 만성질환, 정신보건, 구강보건과 같은 질병 단위로 필요한 시책을 수립·시행하여야 함을 강조하고 있을 뿐 '공중보건'이라는 용어는 찾아볼 수

---

2 보건복지부 질병관리본부에서는 2016년에 역학조사관을 대폭 충원하기 위해 전문 임기제 공무원을 채용할 계획이었으나 의사면허자 1명 채용에 그치고 말았음.

3 영국 시스템은 〈공중보건법〉을 제정하고 있으나 미국 시스템에서는 〈공중보건법〉은 없고 개별법만 있음.

없음.

- 〈공공보건의료에 관한 법률〉이 공공보건의료기관의 역할에 많은 영향력을 미치고 있지만, '공중보건'보다는 '공공의료'에 관한 사항을 다루고 있음.

● 법률체계가 이렇게 됨에 따라 보건복지부 내에서 공중보건 전반을 체계적으로 관장하는 부서가 없는 실정임.

3. 공중보건 행정체계의 미흡

● 우리나라에서는 건강보호와 관련된 일부 사업을 제외하고는 거의 보건복지부에서업무를 담당하고 있음.

- 공중보건의 영역은 건강증진, 질병·상애 및 장애 예방, 환경보건 및 안전 등의 건강보호, 건강평가 및 질병감시 등의 4가지 영역으로 구분할 수 있지만 건강보호 관련 업무는 여러 부처에 분산되어 있음.

● 보건복지부와 질병관리본부 조직 어디에도 '공중보건'이란 용어를 사용하는 부서는 없는 실정임.

- 건강정책과에서 건강증진에 관한 정책을 총괄하고 있기는 하지만 보건복지부 내에 공중보건 사업 및 정책 전반을 총괄할 수 있는 담당과는 없는 실정임.

- 건강증진 업무는 건강정책국의 건강정책과, 건강증진과, 구강생활건강과, 정신건강정책과에서 나누어 담당하고 있고, 감염병 및 만성질환 관리 등 질병예방 업무는 공공보건정책관실의 질병정책과에서 담당하고 있음.

- 건강정책과는 건강증진사업에 대한 종합계획의 수립·조정·평가, 건강증진사업의 지원·평가, 국민건강에 관한 교육·홍보 등의 업무와 함께 지역보건의료계획의 수립·운영, 보건소 등 보건기관 관련 제도와 보건교육사 관련 제도의 수립·운영 등의 업무를 담당하고 있으며, 의료소비자에 대한 건강제공과 건강투자에 대한 민간협력체계 구축에 관한 사항도 담당하고 있음.

- 건강증진과는 국민영양, 비만예방, 흡연예방 및 금연, 방문건강관리, 건강생활실천, 건강검진 사업 등 세부적인 건강증진사업을 담당하고 있음.

- 질병정책과는 감염질환 관리, 만성질환의 예방·관리, 국가 암관리 사업, 기후변화 및 환경 관련 국민건강정책 수립 및 조정 등의 업무를 담당하고 있음.

- 질병관리본부에는 긴급상황센터[4], 감병병관리센터[5], 질병예방센터[6], 장기이식관리센터와 국립보건연구원을 두고 감염병 위기관리, 감염병 예방 및 만성질환 관리를 주로 담당하고 있음.[7]

● 건강보호의 주 영역인 환경보건, 안전 등의 업무를 담당하는 부처는 환경부, 고용노동부, 교육부, 국민안전처, 식품의약품안전처 등으로 분산되어 있어 일관성 있는 건강보호정책을 수립·시행하는 데 한계가 있음.

- 환경부는 공중보건의 중요 영역인 대기·수질·소음·토양 등 물리적 환경 개선·관리 정책을 담당하고 있어 보건복지부와 함께 공중보건 정책 부처로서 중요 역할을 담당하고 있음. 특히, 환경보건정책관실에 환경보건관리과를 두고 환경보건 및 유해화학물질 관리, 실내공기질·소음 등 생활환경 관리 업무를 담당하고 있음.

- 고용노동부에는 산재예방보상정책국에 산재업무와 함께 산업보건과, 산업안전과, 화학사고예방과 등을 두고 근로자의 건강과 안전 업무를 담당하고 있음.

- 교육부에는 학생건강정책과를 두고 학교보건, 학교급식, 학교환경, 학교안전 등의 업무를 담당하고 있음.

- 국민안전처는 국민의 안전과 국가적 재난관리를 위한 재난안전 총괄 기관으로서, 체계적인 재난안전관리시스템 구축을 통하여 안전사고 예방과 재난 시 종합적이고 신속한 대응 및 수습체계를 마련하기 위하여

---

4 위기대응총괄과, 위기분석국제협력과, 자원관리과, 생물테러대응과를 두고 있음.

5 감염병관리과, 검역지원과, 감염병감시과, 예방접종관리과, 감염병진단관리과를 두고 있음.

6 에이즈·결핵관리과, 만성질환관리과, 건강영양조사과, 결핵조사과, 의료방사선과를 두고 있음.

7 특히, 2016년에는 메르스(MERS), 지카바이러스, 신종인플루엔자, 조류인플루엔자(AI) 등 신종 감염병에 신속 대응하기 위하여 긴급상황센터 신설 및 위기소통담당관, 위기분석국제협력과, 감염병진단관리과, 운영지원팀을 신설하였음.

2014년에 설치되었는데, 공중보건 영역에서도 중요한 역할을 담당하게 되었음.

　- 또한, 국민안전처에서는 학교·에너지·산업단지·유해화학물질·산업현장·시설물·교통시설·해양·원자력 안전관리와 함께 감염병 및 가축질병 대책, 응급의료서비스 강화, 정보통신 재난대응 등 거의 전 분야의 안전관리를 담당하고 있음.

　- 그러나 공중보건의 범위가 계속 확대되고 있지만 업무가 분산되어 있어 질병예방이나 건강보호에 신속히 대응하고 조정할 수 있는 정부조직이나 전담과가 없는 실정임.

● 따라서 공중보건 위기 상황에서 컨트롤 타워 역할을 수행할 수 있는 체계 및 역량이 부족함.

- 공공부문이 거버넌스 구축의 중심적 역할을 수행하지 못하고 있고, 실질적인 거점 기능을 부여하지 않고 있음.

● 지방의 공중보건 사업은 주로 보건소가 담당하고 있으나 진료사업에 크게 비중을 두고 있어 상대적으로 공중보건 사업이 등한시되고 있음.

4. 공중보건사업 내용의 부실화[8]

● 우리나라 공중보건사업은 건강정책국에서 국민건강증진종합계획을 수립하고 건강증진사업을 보건소를 통하여 수행하고 있고, 공공보건정책관실에서 주로 만성병관리 사업을 수행하고 있고 있음. 질병관리본부가 감염병을 주로 관리하고 있지만 선진국의 공중보건사업과는 내용 면에서 많은 차이가 있음.

● 미국 IOM(1988)에서는 미국 공중보건의 미래를 위하여 정부가 해야 할 핵심적 기능 10가지를 3개의 범주 속에서 다음과 같이 분류하고 있음.

① 사정assessment - 필요도 사정, 건강모니터

　: 모든 공중보건기관은 정기적으로 그리고 조직적으로 지역사회의 건강

---

8 이 부분은 이규식 외(2012) 및 이규식(2015)을 참고하여 재정리하였음.

상태, 지역사회의 필요도, 감염병이나 기타 다른 보건문제에 관한 정보를 수집하고 정리하고 분석하여 필요도needs를 사정하고 주민들의 건강을 모니터하는 책임을 가져야 함. 이러한 일을 다른 기관에 위임하여 처리할 수 없음.

② 정책개발policy development - 교육과 역량 강화, 지역사회 참여, 정책 개발
: 모든 공중보건기관은 포괄적인 공중보건정책을 개발하기 위한 책임을 지녀야 함. 공중보건기관은 광범위한 대중들의 참여라는 민주적 정치 절차를 바탕으로 전략적인 접근 전략의 개발에 대하여 책임을 져야 함.

③ 보증assurance - 법과 규제, 서비스 제공, 유능한 인력 확보, 평가
: 공중보건기관은 주민들의 건강 향상이라는 목적 달성에 필요한 서비스를 유능한 인력을 확보하여 제공해야 하고 또한 다른 조직(공공이든 민간이든)의 참여를 장려하고, 이러한 행동은 법으로 강제될 수 있음. 제공된 서비스가 주민들의 건강 향상에 기여하고 있는지에 대한 평가가 중요함.

● WHO 유럽본부(2012)에서는 공중보건에 필수적인 10가지 활동(10 EPHOs)을 선정하고 있음(〈그림 1〉).
① 대중의 건강과 행복well-being에 대한 감시surveillance
② 건강상의 위해나 응급 시 대응과 감독
③ 환경, 작업장, 식품, 기타에서 오는 문제로부터 건강을 보호
④ 건강의 사회적 결정요인과 건강불평등에의 대처를 포함한 건강증진
⑤ 질병의 조기 발견을 포함한 질병예방
⑥ 건강과 행복을 위한 거버넌스
⑦ 유능한 공중보건 인력과 의료인력을 보증
⑧ 지속가능한 조직 구조와 재정을 보증
⑨ 건강을 위한 주창advocacy, 소통communication, 동원mobilization
⑩ 공중보건에 대한 정책을 수행하고 실행하기 위한 연구의 수행

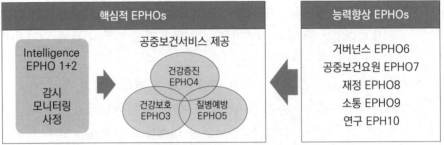

그림 1. 공중보건의 10가지 필수 활동(자료: 이규식, 2015, 원 출처 WHO, 2012)

● 캐나다의 Population Health에서는 핵심 프로그램, 공중보건전략, 인 프라 구축이라는 3가지 차원에서 다음과 같은 내용을 제시하고 있음.

- Core Programs

① 건강 향상 프로그램

② 질병, 손상, 장애 예방에 관한 프로그램

③ 환경보건 프로그램

④ 응급건강관리 프로그램

- 공중보건Public Health 전략

① 건강증진 전략: 설득 위주

② 건강보호 전략: 법적 강제

③ 예방전략: 임상적 성격(면역, 카운슬링, 조기검진, 예방적 처치 포함)

④ 건강평가 및 질병 감시Health Assessment and Disease Surveillance

- 인프라 구축System Capacity

① 정보시스템

② 필요 인력 개발

③ 공중보건사업의 혁신을 지원하기 위한 연구와 지식의 발전

④ 질 관리

● 미국 IOM, WHO 유럽본부, 캐나다의 Population Health에서 규정하 는 업무와 비교할 때 우리나라 공중보건에서 추진하고 있는 사업 내용은

빈약해 보임.

　　- 우리도 지역보건의료계획에서 주민들의 필요도 사정을 하지만 보건소
　　가 자체적인 역량이 부족하여 주로 인근 대학에 위탁하고 있는 실정임.

　　- 특히, 인프라가 부족하여 전문인력 확보가 어려운 실정임.

　　- 건강증진과 다양한 프로그램이 보건소 중심으로 이루어지고는 있지만
　　진료서비스 외에는 충실함을 기하지 못하는 문제가 있음.

5. 공중보건 접근 전략의 미흡

● 우리나라의 공중보건은 지나치게 개인적 접근에 편중되어 있음.[9]

　　- 우리나라에서 아직도 개인적 접근에 과다하게 의존하는 것은 건강관
　　리와 의료서비스를 구분하지 못하는 사고의 한계, 집단 건강관리의 효
　　과에 대한 과학적 근거 부족, 사회적 건강결정요인 관리를 위한 부서
　　간 협력 부재, 중앙정부와 지방정부 보건사업의 차별화 부족 등이 그
　　원인으로 지적되고 있음(배상수, 2016).

● 공중보건은 대상이 전체 국민이며, 의료는 개개인을 대상으로 하기 때문
　에 공중보건의 접근 전략을 택하느냐 의료적인 접근 전략을 택하느냐가
　매우 중요함.

　　- 건강보험제도가 도입됨으로써 의료요구 충족에 대한 지역 간 형평성
　　문제가 제기되어 정부에서는 농어촌 보건기관에 의사인력을 충원하는
　　정책에 우선순위를 두어 왔음.

　　- 보건소가 진료 업무에 치중함에 따라 공중보건적인 접근 전략은 뒤로
　　밀리고 의료적인 접근이 공중보건정책마저 좌우하게 됨에 따라 공중보
　　건이라는 용어는 점차 '공공보건의료'라는 용어에 파묻혀 공중보건의
　　기능이 약화되었음.

● 건강증진이 신공중보건new public health으로 등장하면서 접근 전략을 공중보

9　최근 미국 CDC는 인구집단의 건강수준 향상을 위한 공중보건 접근 전략의 가치를 평가한 Health Impact
Pyramid 을 제시하였는데, 이에 따르면 사회적 건강결정요인의 관리와 넛지를 활용한 선택 틀의 변화가 가장 효과
적인 것으로, 개인 상담이 가장 비효과적이라고 평가받았음(배상수, 2016).

건의 범주 내에서 역학적인 방법에서 건강의 사회경제적인 결정요인이 제시하는 바에 따라 사회적 접근 방법으로 전환해야 하는데, 우리나라는 건강증진과 공중보건을 별도의 사업으로 간주하는 문제가 있음(이규식, 2015).

- 현재 공중보건사업은 주로 공공보건정책관실 중심으로 감염병과 비감염병인 만성질병을 관리(특히 감염병은 질병관리본부 중심으로 관리)하고, 건강증진은 건강정책국 중심으로 관리하여, 공중보건에 속하는 만성질환 관리와 건강증진을 별도의 접근 전략으로 다루는 문제가 있음.

- 공공보건업무는 주로 〈공공보건의료에 관한 법률〉을 기초로 하고 있어 공중보건의 시각보다는 '공공의료'의 시각으로 접근하고 있음. 즉, '공공의료'의 시각이란 의료적 접근bio-medical approach 전략에 따라 문제 해결을 선호하고, 공공보건의료기관의 제한된 자원만을 중시하기 때문에 공중보건 문제에 대한 대응이라고 간주하기 어려운 문제가 있음.

6. 건강증진에 대한 인식 결여

● 건강증진이 공중보건사업 영역에 포함되어 추진되어야 함에도 불구하고 공중보건과 건강증진을 별개로 간주하여 건강증진은 주로 흡연예방·금연, 절주, 영양, 운동 등 4개 사업에만 치중하고 있음.

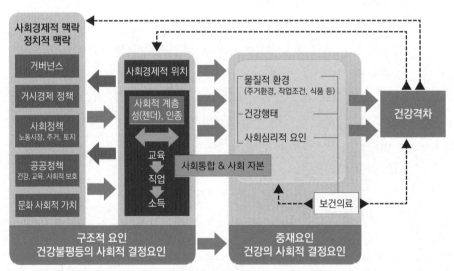

그림 2. 건강의 사회경제적 결정요인의 개념 틀(자료: 한국보건사회연구원, 2013, 한국의 건강불평등 지표와 정책과제/ 원저: Solar and Irwin, 2007)

- WHO는 신공중보건으로 하여 건강의 사회경제적 결정요인을 위주로 한 접근을 권유하고 있는데 우리는 그러지 못함(〈그림 2〉).

● 국민들의 건강 향상과 형평성을 개선하기 위해서는 의료이용을 촉진시키는 정책이 아니라 건강의 불형평을 줄이기 위한 건강증진정책으로 나아가야 함에도 불구하고, 건강증진은 단순한 프로그램으로 간주되어 정책적 중요성이 낮아지고 있음.

● 건강증진사업은 사업 성과에 대한 근거evidence를 찾기가 어려운 성격에 기인하여 사업의 우선순위가 질병관리보다 낮아지고 있음.
    - 이러한 결과 때문에 〈국민건강증진법〉에 의하여 조성되는 건강증진기금이 국민건강생활실천 사업이나 정신질환 관리 등의 건강증진사업에는 예산지출 비중이 매우 낮고, 건강보험 재정 지원이나 보건산업육성 및 질병관리본주 지원 등 연구개발R&D에 대부분 지출되는 문제가 있음(〈표 5〉).

순위	상위 5개 지역		하위 5개 지역	
	지역명	건강수명(세)	지역명	건강수명(세)
1	경기 성남 분당구	74.76	경남 하동군	61.09
2	서울 서초구	74.35	전북 고창군	61.24
3	경기 용인 수서구	73.20	경남 남해군	61.27
4	서울 강남구	72.96	전남 신안군	61.37
5	서울 용산구	72.69	강원 태백시	61.69

표 2. 2008-2014 건강수명(HLE) 상·하위 5개 지역 비교(강영호 등, 2016, 건강보험 빅데이터를 활용한 HP2020 평가지표 생산 및 모니터링 지원 방안 마련, 국민건강보험공단·서울대학교 산학협력단, p.125)

순위	상위 5개 지역		하위 5개 지역	
	지역명	건강수명(세)	지역명	건강수명(세)
1	전남 고흥군	21.20	경기 수원 영통구	4.42
2	전남 완도군	17.66	경기 용인 수서구	4.44
3	부산 해운대구	17.50	경기 오산시	4.97
4	강원 삼척시	16.95	서울 성동구	5.53
5	강원 철원군	16.70	서울 서초구	6.32

표 3. 2008-2014 소득수준별 건강수명(HLE) 격차 상·하위 5개 지역 비교(소득그룹 간 격차는 소득 상위 20%와 소득하위 20% 주민들의 기대여명 격차임 ‖ 자료: 강영호 등, 2016, 건강보험 빅데이터를 활용한 HP2020 평가지표 생산 및 모니터링 지원 방안 마련, 국민건강보험공단·서울대학교 산학협력단, p.127)

	상	중상	중하	하
흡연율	22.5	21.5	25.9	29.0
운동 실천율(걷기 포함)	51.2	46.8	45.3	44.6
스트레스 인지율	27.9	24.9	28.5	28.6
건강검진 수검률	58.8	59.4	52.8	47.4
인플루엔자 예방접종률	33.0	32.0	30.4	31.7
연간 입원율	11.4	12.6	11.2	11.8
2주간 외래이용률	29.2	27.1	29.3	32.5
연간 미치료율	14.2	15.1	16.4	20.6

표 4. 2012 소득계층별 주요 국민건강통계(단위: % ‖ 자료: 보건복지부·질병관리본부, 2014, 2012 국민건강통계)

	사업	2012	2013	2014	2015	2016
1	장애인 재활 지원	50	6	6	16	87
2	저출산대응·인구정책 지원	347	367	411	473	484
3	노인의료보장	42	108	165	142	158
4	일반사회복지행정 지원	29	27	27	29	28
5	취약계층의료비 지원	1,035	1,073	990	343	353
6	공공보건의료확충	603	500	601	666	630
7	보건산업육성	2,171	2,325	2,281	2,286	2,174
8	한의학연구 및 정책개발	111	93	86	107	132
9	국민건강생활실천	1,135	1,364	1,429	2,897	2,754
10	암·희귀질환·원폭한센인 지원	331	329	275	479	489
11	정신질환관리	283	365	406	455	463
12	구강보건·보건의료서비스 지원	14	5	–	–	–
13	질병관리본부 지원 (시험연구인력지원 포함)	1,892	2,215	3,039	4,279	5,165
14	건강보험제도 운영	10,073	9,986	10,191	15,185	18,914
	사업비 총계	18,119	18,764	19,906	27,356	31,833
	건강증진기금 예산	20,213	20,748	23,314	32,762	37,639

표 5. 최근 5년간 국민건강증진기금 사업비 추이(단위: 억 원 ‖ 2012-2014년은 결산자료이고 2015-2016년은 예산자료임 ‖ 자료: 김현정, 2016, 국민건강증진기금 운영현황 및 시사점, 국민건강증진포럼, 1(1): 40-50)

7. 보건소 사업전략의 미흡[10]

- 보건소사업을 지역보건의료계획을 통하여 강화하고 있음에도 불구하고 재정적인 자립이 어렵기 때문에 중앙정부 주도형 사업 방식을 견지하여 지방자치제에 부합하는 자율적 사업수행이 이루어지지 못하는 등 공중보건사업이 제 역할을 다 하지 못하고 있음.[11]

---

10 이 부분은 이규식 외(2012) 및 이규식(2015)을 참고하여 재정리하였음.

11 2013년부터 건강증진사업에 한하여 포괄지원방식으로 보조금을 지원하게 되어 다소 자율적인 사업을 기대할 수 있게 되었으나 큰 변화는 없음.

● 만성질병관리가 피상적인 방문보건사업으로 이루어져 만성질병의 예방
이 제대로 되지못하고 있음.

- 만성질병관리는 관내의 민간 의료기관과의 연계를 통한 활동이 요구
되지만 의료서비스 제공에서 경쟁관계에 있어 연계가 어려운 부분이
많음.

● 보건소에서 생애주기에 따른 건강관리를 충분히 수행하지 못하고 있음.

- 임신부터 출산, 성장기의 건강관리, 청소년기의 건강관리 및 정신보건
관리, 장년기 이후의 고혈압·당뇨 등 만성질환 예방을 위한 지역사회
보건사업, 지역사회기반 운동 프로그램, 노인을 위한 운동 및 영양지원
프로그램 등의 운영이 다양하게 필요하지만 제대로 대처하지 못하는
실정임.

● 보건소에 충분한 자원이 투입되기 어려운 사정으로 인하여 새로운 공중
보건 수요에 대하여 제대로 대처하지 못하고 있음.

- 즉, 새로운 공중보건 수요로 등장하는 생활안전과 관련된 사고의 예
방, 대사증후군에 대한 관리, 신종 바이러스성 감염병에 대한 대응, 가
정폭력과 성폭력 등에 대한 대응 등에 문제가 있음.

● 보건소의 기능 및 업무상의 문제가 항상 제기되고 있음.

- 공중보건의 원칙에 부합하는 집단적 차원의 건강관리보다는 개인을
대상으로 하는 서비스 제공 사업에 많은 문제가 있음. 특히, 진료업무
는 범위도 설정하지 않은 채 제공하고 있음.

- 보건소가 많은 노력과 자원을 진료업무에 투입하고 있으나, 보건소의
진료서비스 제공은 전문성에서 한계가 있을 뿐만 아니라, 민간의원과
기능이 중복되는 문제도 있음. 즉, 민간의원과의 경쟁관계로 인하여 지
역사회가 필요로 하는 서비스 제공에 민간의원의 협조를 얻는 데 장애
가 되고 있음.

- 또한, 개인 대상의 의료서비스를 제공하게 되면 전체 지역주민에게 이
익이 되는 질병예방과 건강증신활동에 대한 관심이 낮아지게 되고, 집
단을 대상으로 하는 공중보건활동을 위한 예산이 감소하게 되는 문제

가 있음.
- 건강증진을 공중보건과는 별도의 개념으로 접근하여 공중보건사업의 혼선을 초래시키는 문제가 있음.
- 정신보건센터 운영을 정신병원 등에 위탁관리하고 있음으로써 주로 임상적인 문제에 치중하고 있고, 자아감 상실과 같은 데서 오는 자살과 같은 주민의 정신보건은 외면하는 현상이 초래됨.

● 보건소의 사업 추진 방식에 문제가 있어 민간기관의 사업 참여 기회를 배제하고 있음.
- 보건소의 전문성 부족을 외주outsourcing를 통하여 해결할 수 있으나, 〈지역보건법〉의 제한을 받아 외부 전문인력을 제대로 활용하지 못하고 있음.
- 이로 인해 건강증진사업을 중앙 집중 방식으로 추진하여, 민간 기관이나 지역사회 자원을 제대로 활용하지 못하고 있음.
- 많은 사업들이 각각의 전문성이나 특수적인 상황들이 고려되어야 하는 사업들임에도 불구하고 제공 주체가 다양하지 못하여 사업 효과가 낮음.
- 또한, 공중보건사업은 지역주민의 참여와 협조가 매우 필요한데, 지역주민의 참여가 저조한 실정임.

8. 보건소의 인프라 취약

● 보건사업의 인프라에는 단순히 시설만이 아니라, 법령의 정비, 전문인력의 양성, 정보체계나 조사체계를 구비하고 커뮤니케이션 시스템을 향상시켜 감독기능을 수행하고, 건강위해요인(감염병 등)에 대한 조사, 사업의 평가와 같은 내용이 포함되어야 함(Gostin, Boufford and Martinez, 2004).
- 공중보건사업에서 담당해야 할 사업의 내용은 계속 늘어나고 있는 데반하여 인력과 재정은 제한적이어서 사업을 원활히 수행하는 데 어려움이 있음.
- 보건소 인력의 전문성 결여로 인해 기획 능력뿐만 아니라, 정보체계운영이나 사업을 평가하는 능력이 취약한 문제가 있음.

- 정보체계는 잘 갖추어져 있으나 이를 활용할 관리능력(모니터링, 성과 평가 등)에서 많은 문제가 제기되고 있음.

● 보건소가 지역주민의 건강에 대한 니즈를 파악하고assessment, 사업성과를 모니터하고 결과를 평가하는 역량이 부족함.

  - 일선 보건소에 부과되는 건강증진 업무는 계획 수립 및 자체 평가는 물론 금연, 운동, 영양, 절주 및 비만관리와 같은 주민의 행태 변화를 유도하는 건강생활실천사업과 같은 전문성을 요하는 사업들이 대부분 이지만 인력의 전문성 결여로 사업이 제대로 수행되기 어려운 구조임.

  - 보건소에서는 보건교육사, 운동처방사, 영양사, 심리치료사 등과 같은 새로운 인력이 필요하지만 현재의 인사제도로는 이러한 인력 확보가 어려운 실정임.

  - 보건소는 부족 인력을 건강증진기금을 사용하여 비정규직으로 대처하고 있지만, 이들은 전문성도 없고 한시적이라 업무의 효율성도 기대하기 어려움.

1. 공중보건체계의 확립

- 공중보건을 하나의 독립된 '체계system'로 사고하는 것이 시급함(김창엽, 2017).
  - 현재 한국의 보건의료체계는 거의 전적으로 의료 또는 대인personal 서비스 제공을 위한 체계로 건강보험(진료)체계 이외에 다른 시스템은 없거나 형식만 남아 있다고 할 수도 있음.
  - 공중보건체계의 목표가 정립되어야 함.
  - 국가, 정부, 공공부문은 시스템의 한 하부요소로 포함해야 함.

- 공중보건체계의 구성요소가 규정되고 각 요소를 정의할 수 있어야 함.
  - 예를 들어 공중보건체계의 인력(예: 역학조사관), 시설(예: 감염병 치료를 위한 1차의료기관-병원), 지식, 재정, 거버넌스 등을 정의하고 내용을 구성해야 함.

- 공중보건체계를 구성/재구성하는 데는 이념과 규범, 문화의 변화, '건강 레짐' 차원의 체제 개혁, 공공부문 변화(구조, 거버넌스, 표준운영절차, 조직문화), 대안 정책과 프로그램 개발, 시민사회와 지역의 역량, 지식과 이론, 담론 축적이 필요함.
  - 정치적 기회를 포착하는 것이 중요함.

- 공중보건체계의 정의를 위해서는 세계 각국이 상이한 체계를 가질 수밖에 없음을 인정하고, 공중보건체계의 유형별 분류를 위한 노력이 배가되어야 할 것임(배상수, 2016).
  - 공중보건체계의 영역과 경계를 정의하기 위해 여러 가지 모형이 제시되어 왔음. 공중보건체계를 개방체계로 보고 투입input-과정process-산출output-결과outcome 모형이 많이 활용되고 있음(〈그림 3〉).[12]

---

12 이러한 방식은 대체적으로 공중보건체계를 기술적으로 묘사하기 위해 사용되었음. 이 방식 외에도 인구집단의 건강에 영향을 미치는 사회적 결정요인부터 직접적 원인에 이르기까지 모든 요인들을 포괄적으로 관리할 수 있게 하는 이상적 체계를 기술하는 규범적 방식이 있음. 세계보건기구의 'Health for All' 전략, '오타와 헌장', '건강도시운동', 그리고 '신공중보건'과 '사회생태학적 접근' 등 최근 공중보건을 둘러싼 화두의 대부분은 이상적인 공중보건체계를 염두에 두고 있음. 그리고 2003년 IOM이 'The Future of the Public's Health in the 21st Century' 보고서에서 제시한 네트워크 기반의 공중보건체계(network-based approach)도 있음(배상수, 2016).

● 신공중보건시대의 공중보건체계 개혁을 위해서는 규범적 방식으로 공중
보건체계모형을 정의하는 것이 반드시 필요함.
  - 네트워크로서의 공중보건체계가 강화되려면 공중보건기관은 공공소
    유 기관이라는 관점에서 벗어나 기능적으로 공중보건사업을 수행하는
    기관이라는 관점으로 전환하여야 함.

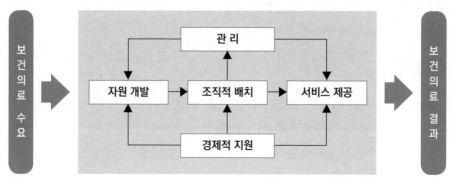

그림 3. 보건의료체계 모형

2. 공중보건사업 인프라 강화

● 지속가능한 보건의료체계를 위해서는 공중보건학적인 접근을 통한 건강
정책 개발과 재정적 지원이 절실히 필요함. 동시에 우리나라 공중보건조
직 인프라 강화와 공중보건 전문가의 핵심 역량과 역할에 대한 재조명이
필요함(김동현, 2016).
  - 메르스 사태 때 드러난 문제점은 질병관리본부의 기초적인 기능이 되
    는 역학조사 업무도 전문성이 없는, 그리고 한시적 근무를 하는 공중보
    건의사에 맡기는 문제가 있었음.

● 공중보건 전문인력의 안정적 양성과 배치가 필요함.
  - 우리나라 보건의료문제에 대한 인식과 해결을 현장(예를 들어, 지역, 학
    교, 그리고 직장 포함)을 중심으로 풀어 나가고, 지역현장에서 인구집단
    대상 공중보건학적 프로그램을 구상 및 실천하며, 이의 효과를 지속적
    으로 평가해 나가는 전문인력 양성이 필요함.
  - 기존 공공기관과 지역보건소에 근무하는 공중보건전문가의 역할 및

기능을 정립하고, 역량 강화 교육이 필요함. 보건소장의 자질에 관한 논의도 필요함.

  - 의과대학 예방의학 전문의와 보건대학원 출신 공중보건 전문가의 역할 정립과 협력체계를 마련하는 방안도 검토될 필요가 있음.

● 지역 주민과 밀접하게 접촉하면서 지역의 공중보건과 건강증진사업을 담당해야 할 보건소 역시 전문인력의 충원이 필요함.

  - 보건소 인력의 전문성 강화를 위해 보건소 직원의 재교육이 중요함.

  - 보건소의 사업 방식을 외주로 전환하기 위해서는 보건소 직원들의 사업기획 및 사업평가에 관한 전문성 강화가 중요함.

● 전통적으로 공중보건인력은 세부 분야의 전문가들을 의미하였으나 주민과 지역사회가 건강 활동의 주체가 되도록 하기 위해서는 영국처럼 공중보건인력을 핵심공중보건인력core public health workforce[13]과 공중보건기여인력wider public health workforce[14]으로 구분하고, 각각의 역할을 정의하며, 역량을 강화시켜야 할 것임(배상수, 2016).

  - 공중보건의 핵심인력의 역량은 전공 지식만으로 판단할 것이 아니라 공중보건의 수행 역량을 기초로 판단되어야 힘.

  - 이를 위해서는 미국 IOM 등이 제시한 공중보건의 핵심기능을 참조하여 우리나라의 공중보건 기능을 정의하고, 이를 기초로 핵심 역량이 도출되어야 할 것임. 그리고 핵심 역량을 인력의 교육·훈련, 채용, 평가 등에 활용하여야 할 것임.

● 현재 공공보건인력의 교육을 담당하고 있는 '보건복지인력개발원'의 규모도 확대되었고 교수 요원도 많이 확보하고 있으나 전국 보건소 직원들을 재교육시키기에는 시설이나 강사들의 수에서 한계가 있음(이규식, 2015).

  - 따라서 '보건복지인력개발원'은 강사요원 양성에 초점을 두어야 함.

---

13 공중보건을 그들의 가장 중요한 역할로 인식하면서 공중보건 활동에 종사하는 사람들.

14 공중보건의 전문가가 아니면서 (유급 또는 무급) 일을 통해 건강이나 행복(wellbeing)에 긍정적으로 영향을 미칠 기회나 능력을 가지고 있는 사람들.

보건복지인력개발원은 분야별 전문가를 초빙하여 강의 자료를 개발하여 각 지역별 강사요원을 양성하는 데 주력할 필요가 있음.

- 보건복지인력개발원에서 양성된 강사를 지역별로 배치하여 이들이 보건소 직원들을 교육하는 방법으로 전환한다면 단기간에 전 보건소 직원들의 재교육이 가능함.

- 지역별 강사요원으로는 지방 대학의 보건관련학과 교수를 활용함으로써 대학과 보건소의 연계에도 활용하도록 유의해야 함.

● 공중보건 재정을 안정적으로 확충할 수 있는 재원 조달 방안이 마련되어야 함.

- 2014년 보건소의 지출 내역 조사에 따르면 전국 보건소의 공중보건 사업비는 1조 2,173억 원임. 이 중 중앙정부가 4,032억 원, 광역자치단체가 2,258억 원, 기초자치단체가 5,684억 원을 지출하였음.[15]

- 공중보건을 위한 가능한 재원으로는 조세, 건강증진기금, 사회복지공동모금, 공중보건 기부금 등이 있을 수 있으나 공중보건의 목적상 일반 조세 재원을 확충하는 것이 바람직함.

- 건강증진기금은 본래 목적에 부합되게 건강증진사업에 많은 부분을 할애하여 지출해야 할 것임.

● 보건소의 경우 IT 측면에서 인프라는 잘 갖추어져 있기 때문에 건강보험공단의 빅데이터와 연계하여 주민의 건강관리를 체계화하는 전략이 필요함.

- 빅데이터를 활용하여 주민을 건강군, 저위험군, 고위험군, 환자군으로 구분하여 맞춤형으로 관리할 필요가 있음.

- 건강군에 대해서는 건강생활이 몸에 베일 수 있도록 금연이나 적절한 운동 등의 규칙적인 생활이 이루어지도록 교육하고,

- 저위험군은 본인에게 위험도를 알려 위험한 행동을 피하도록 유의시키며,

- 고위험군은 방문서비스나 스마트폰을 이용하여 주기적으로 접촉하고

---

15 재원구성을 보면 대도시는 중앙정부 재원 32.9%, 광역시도 33.0%, 구·군 34.2%이고, 시지역은 중앙정부 재원 35.0%, 광역시도 13.0%, 시·군·구 52.0%이며, 군지역은 중앙정부 재원 30.5%, 광역시도 11.8%, 군자체 재원 57.7%임(감신, 2016).

적극적으로 관리하여 악화를 방지하고 상태를 개선시키며,

- 환자군은 의사를 환자가 단골 의사를 지정하거나 보건소를 방문하여 진료를 받고 상담을 할 수 있도록 조치하여 병세의 악화를 방지하도록 함.

● 공중보건사업에 새로운 인력(보건교육사, 심리상담사, 역학조사관, 사회복지사, 안전관리사 등) 투입과 새로운 과학기술(ICT, VR & AR, U-health, 원격헬스케어 시스템 등)이 도입되어야 함.

3. 공중보건사업 관리조직의 개편

● WHO에서는 보건의료 분야에서 스튜어드십stewardship을 강조하고 있는데, 공공사업인 공중보건 분야에도 강조되어야 함.

- 스튜어드십은 정부가 국민들의 보건의료에 대하여 책임을 갖도록 조직구조를 갖추고 통제 및 관리하는 메커니즘의 과정임.
- 공중보건사업을 담당하는 주체는 중앙정부, 지방정부, 건강보험공단 등 준정부기관, 정부지원을 받는 민간단체, 자원봉사단체 등등 매우 다양하기 때문에 이들의 역할과 책임을 분명히 하고, 이들 상호 간의 관계에서 통제·조정·관리할 수 있는 기전이 마련되어야 함.
- 공중보건 조직체계 구축 방향으로는 전체 인구집단을 대상으로 건강 불평등을 해소할 수 있고, 공중보건 위기 상황에서 컨트롤타워 기능을 수행할 수 있어야 하며, 지역사회 참여에 기반을 두고 의료체계와 연계되어야 함(임준, 2016).

● 공중보건과 건강증진사업을 하나의 틀 속에서 추진하기 위해서는 〈공중보건기본법〉의 제정이 필요함(이규식, 2016a).

- 현재 공중보건사업은 감염병 예방 및 관리에 관한 법률을 위시한 다양한 개별 법률에 의하여 추진되고 있고 건강증진사업은 〈국민건강증진법〉에 의거하여 별도로 추진됨에 따라 사업 효과가 떨어지는 문제가 있음.
- 기본법 제정을 통하여 공중보건사업의 정의와 역할, 그 범위를 설정하여야 함.

- 공중보건사업의 주무부서, 가칭 '공중보건과'를 설치하고 공중보건사업을 조정할 수 있도록 기능을 명확히 해야 함.

● 지역사회 공중보건의 포괄적 기능을 전담할 중앙 및 지방정부의 역할을 강화해야 함. 즉, 상시적 기능을 강화하고 위기대응 시 컨트롤타워 역할을 담당할 수 있어야 함(김동현, 2016).
　- 건강/공중보건 정책 수립과 지역보건사업 집행의 통합적 설계, 운영, 그리고 평가가 가능한 조직이 되어야 함.
　- 중앙정책당국-광역단위 건강관리조직 및 지역단위 보건소의 협력적 조직 구조가 마련되어야 함.
　- 수직적·수평적통합vertical and horizontal integration을 통한 인적·물적 자원의 유기적 흐름이 가능한 조직 구조가 필요함.
　- 지역보건소의 공중보건 및 건강증진 기능과 역할이 강화되어야 함.

● 현재 건강정책국과 공공보건정책관실 및 질병관리본부로 분화된 업무체계를 잘 조정하여 건강증진과 비감염성 질병관리와 같은 공중보건사업은 동일한 패러다임 속에서 다루고, 공공의료기관에 대한 정책은 공중보건사업과 분리하여 다루어야 함.
　- 공공보건정책관실의 질병관리 사업이나 질병관리본부의 감염병관리 사업은 지나치게 의료적인 접근으로 하고 있어 만성질병관리에는 한계가 있음.
　- 그리고 감염병 역시 의료적 접근 외에 사회경제적인 접근이 요구되기 때문에 관리체계에 대한 조정이 필요함.

● 지역사회에서 공중보건 지원체계 구축이 필요함.
　- 공공보건의료지원단(재단), 통합건강증진사업지원단, 뇌혈관예방관리사업지원단, 정신보건사업지원단, 광역정신건강증진센터 및 자살예방센터, 광역치매센터, 암센터등과 연계체계를 구축하여야 함.
　- 지역사회 1차보건의료에서 상설적인 정보 제공 및 서비스를 공급하고 공공과 민간 보건의료체계에서 연계와 협력을 위한 네트워크와 전달체세 구축에 도움이 되는 주민건강공동체를 추진할 필요가 있음(임준, 2016).

● 보건소의 기능 개편을 통해 일상적 질병예방과 건강증진을 위한 지역단
위 공중보건 거버넌스 구축이 필요함.

- 보건소의 위상 강화와 기능 개편을 통해 실제적인 통합보건사업이 가
능한 구조가 마련되어야 함.

- 지역보건사업의 조정자로서의 역할을 강화하여 민간(의료)기관과 협력
적 거버넌스를 구축해야 함.

- 위기상황 시 보건소(장)에 현장 컨트롤타워 역할을 부여해야 함. 이를
위해선 보건소장의 위상 제고와 인사 안정성이 확보되어야 함(김동현,
2016).

● 향후 보건소에서의 진료기능은 가급적 배제하고 예방 중심의 공중보건에
주력하도록 역할을 재정립하여 주민건강관리의 허브hub 기능을 할 수 있
도록 해야 함(이규식, 2016a).

- 진료기능은 축소하고 건강증진, 예방, 안전관리의 중심축의 기능을 하
고, 지역사회조직과 연계하여 건강관리서비스를 제공해야 함.

- 그러나 오·벽지(도서)지역 주민을 위해 의료접근성 제고를 위한 진료기
능은 강화하며, 원격진료와 같은 기능이 수행될 수 있도록 노력해야 함.

- 보건소의 명칭은 주민건강관리센터(가칭)로의 변경도 검토할 수 있으
며, 의원이 개업하고 있는 면 지역 보건지소의 진료기능을 주민들에 대
한 건강 상담 기능으로 전환(고혈압, 당뇨 등의 만성질환관리사업 전개)하는
것이 바람직함.

- 건강증진-예방-안전 업무는 주로 보건소가 담당하되, 건강보험의 검
진정보 및 진료정보를 활용하여 주민의 치료-재활 등이 연계될 수 있
도록 해야 함.

- 보건소 정보화가 상당 수준 이루어져 있고 '사회보장정보원'의 보건의
료본부의 정보망과 연계되어 있어 보건소가 주민건강관리의 허브 기능
을 하는 데 무리가 없을 것임.

● 공중보건사업이 효율적으로 추진되기 위해서는 보건소의 기능이나 조직
이 획기적으로 개혁되어야 함.

- 사회가 발전할수록 보건사업에서 제공해야 할 서비스 종류가 다양해
지는데, 제한된 인력으로 이러한 다양한 서비스를 제공하는 것은 거의
불가능함.
- 이러한 문제를 타개하는 길은 보건사업을 대폭 외주 방식으로 바꾸는
것임. 따라서 보건소가 직접 수행해야 할 사업과 외주를 통하여 제공할
수 있는 사업을 분류하여야 함.

● 보건소가 직접 수행해야 할 사업으로는 공중보건서비스의 기획, 협력, 조
정, 평가 및 인프라에 관한 기능이라 하겠음(이규식 외, 2013).
- 사업에 대한 기획: 주민의 건강상 문제점 평가, 필요한 서비스의 추출
- 사업의 모니터링 및 사업의 평가
- 외주사업이나 NGO 등을 통하여 달성 가능한 사업의 선정과 평가
- 필요한 자원의 개발: 시설이나 기자재의 확보
- 필요한 연구사업의 수행: 외주를 통하여

● 보건소의 외주사업들은 주민들에게 서비스를 제공하는 사업이 될 수 있음.
- 예방접종을 지역 내 의원에게 외주 방식으로 위임하는 것과 동일하게
건강증진 프로그램도 외주 방식으로 하는 방법이 업무의 효율을 높일
수 있을 것임.
- 보건소가 외주사업이나 NGO를 통하여 달성할 수 있는 사업 내용은
주로 건강증진과 관련된 프로그램들로서 다음과 같은 내용이 포함될
수 있음(이규식 외, 2013).
· 다양한 건강증진서비스(금연, 절주, 운동, 영양개선 등)의 제공
· 서비스 제공을 위한 전략의 연구
· 사업평가 방법 등에 대한 연구 및 사업의 평가
- 특히 건강증진과 관련된 프로그램은 지역사회 자원조직에게 공모를
통하여 사업을 맡기고 보건소는 사업 결과를 평가하는 방식으로 한다
면 사업비도 절감할 수 있으면서 더 많은 사람에게 서비스를 제공할 수
있을 것임.

● 정신보건사업의 강화

　- 임상 중심에서 주민의 우울증, 자아감 상실 등의 다양한 정신보건문제
　해결에 초점을 맞추어 접근해야 함.

● 통합건강증진서비스의 시행에도 불구하고 실제적인 보건사업의 통합은
쉽지 않기 때문에 조직문화와 리더십의 변화, 주민과 지역사회중심의 사
업설계, 인력 역량과 조직성과 측정 기준의 변화, 예산관리 방식의 변화,
정보체계의 지원 등이 병행되어야 사업 통합이 가능할 것임(배상수, 2016).

5. 공중보건 접근 전략의 전환

● 공중보건사업은 기존의 위생역학적 모형에서 진전된 건강의 사회경제적
결정요인에 대한 접근인 신공중보건 모형에 의한 건강관리로 방향이 전환
되어야 함(이규식, 2016b).

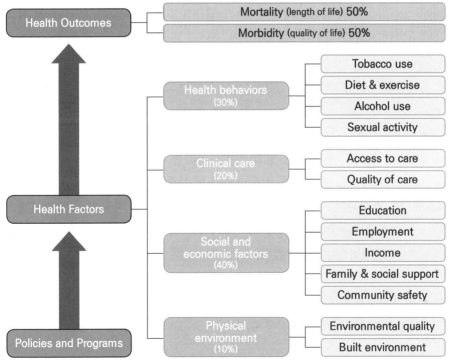

Country Health Ranking model ⓒ2012 UWPHI

그림 4. 건강의 결정요인(자료: http://www.countyhealthrankings.org)

- 공중보건에서 중요한 것은 건강수준 향상이 의료서비스 제공으로 이루어질 수 있는 것이 아니라 건강행태와 사회경제적인 결정요인에 의하여 이루어질 수 있음을 명심하는 것(〈그림 4〉).
  - WHO 유럽본부에서는 1998년 처음으로 건강결정의 사회적 요인으로 10가지를 열거하였으며, 제2차보고서(2003)에는 사회적 요인으로 social gradient, stress, early life, social exclusion, work, unemployment, social support, addiction, food, transport를 열거하고 있음.

● 공중보건과 건강증진은 분리된 별개의 사업이 아니라 공중보건도 생의학적 또는 역학적인 접근 전략에서 벗어나 건강에 대한 사회경제적 결정요인을 토대로 건강수명을 연장하고, 건강의 지역 및 소득계층 간 격차를 줄이며, 궁극적으로는 개인의 가치 있는 삶을 누리도록 공중보건의 비전을 설정하여야 할 것임.
  - 이와 같은 차원에서 최근 WHO에서는 건강을 위한 거버넌스governance for health를 제안하면서 전 정부적 접근whole-of-government approach과 전 사회적인 접근whole-of-society approach을 제안하고 있음(Kickbusch and Gleicher, 2012).
  - 우리나라도 이제는 건강을 위한 거버넌스를 고려하여야 함.

● 현재와 같이 건강증진사업과 공중보건사업을 완전히 분리하여 접근하는 전략을 버리고 두 사업을 통합하여 접근하는 패러다임 변화가 필요함.
  - 우리나라도 감염병과 비감염병인 만성질병관리사업을 건강증진 전략에 입각하여 추진하고, 건강증진사업도 예방적 차원에서 비감염병인 만성질병 관리를 위하여 필수적이라는 시각에서 접근할 때, 사업 효과가 극대화될 수 있을 것임.

● 건강향상을 위한 공중보건은 국가 차원에서 해결해야 한다는 소극적 자세를 버리고, 장래의 건강을 위한 개인의 노력과 정부의 투자가 핵심적 요소임을 인지하여야 함.
  - 정부는 건강증진 활성화를 위해 건강 투자를 비롯한 정책적 노력을 투

입해야 한다는 정치적 결정을 가지고 있어야 함.
- 개인은 자기 건강은 내 책임이라는 인식을 갖는 건강에 대한 인식, 태도, 가치관 등의 변화가 기본 전제가 되어야 함.

● 공중보건은 지역사회의 노력을 통해 모든 국민과 지역주민의 질병예방, 수명연장과 건강증진에 있기 때문에 건강형평성 해결 방법이 곧 공중보건의 정책 수단이 될 수 있음(김창엽, 2006; 김창엽 등 2015).
- 건강불평등 해결을 위한 액션으로는 건강 불평등을 낳는 근본적인 원인(소득, 교육, 직업적 지위 등)에 대한 적극적인 정책적 개입이 필요함.
- 또 하나의 핵심적인 정책은 교육불평등을 줄여 나가는 것이고, 노동과 작업환경에 대한 정책도 필요함. 그리고 건강불평등을 완화시키기 위해서는 주거조건, 지역사회의 특성, 환경적 요인에 대한 접근도 필요함.
- 건강불평등에 직접 영향을 미치는 것이 보건의료정책이므로 보건의료 서비스에 대한 경제적 접근성 강화, 경제적 취약 계층에 대한 별도의 정책 시행, 적절한 자원의 배치 등이 중요함.
- 지역사회 대상으로 효과 있는 사업을 추진하고, 지역사회 자원 활용, 파트너십 구축, 주민참여와 주민주도, 주민역량 강화가 전제되어야 함.

● 모든 정책에서의 건강Health in All Policies, HiAP이라는 관점에서 공중보건정책을 수립하여 시행해야 함(김건엽, 2016).
- 이러한 개념에서 도입된 것이 건강도시Healthy Cities, 건강마을Healthy Village, 건강영향평가Health Impact Assessment, HIA 등이 있음.

● 현재 선언적이고 형식적인 건강도시[16]에서 벗어나 실제적으로 기능할 수 있는 건강도시로 발전시켜야 함.
- 건강도시 프로젝트의 주요 특징은 강력한 정치적 지원, 각 분야 간의

---

16 2017년 1월 현재 우리나라에는 86개 도시가 건강도시에 참여하고 있음. 건강도시란 도시의 물리적, 사회적, 환경적 여건을 창의적이고 지속적으로 개발해 나아가는 가운데, 개인의 잠재능력을 최대한 발휘하며 지역사회의 참여 주체들이 상호협력하며 시민의 건강과 삶의 질을 향상하기 위하여 지속적으로 노력해 나가는 도시를 말함(세계보건기구, 2004). 건강도시의 목적은 도시의 건강과 환경을 개선하여 도시 주민의 건강을 향상시키기 위함이고, 이는 지방자치단체와 지역사회의 창의성을 발휘하여 "모든 인류에게 건강을(Health for All)"을 달성하려는 데 있음(대한민국 건강도시협의회. http://www.khcp.kr/hb/main).

협력, 적극적인 시민들의 참여, 생활터전의 활동적 통합, 건강 프로필과 지역 활동 계획의 개발, 주기적인 모니터링과 평가, 참여적 연구와 분석, 정보 공유, 대중매체의 참여, 사회 내 모든 집단의 취합, 지속가능성, 인적자원과 사회의 개발의 연계, 국가와 국제적 네트워크를 포함해야 함.

- 이를 위해선 지방자치단체장의 적극적인 지지와 공무원들의 인식 개선이 필요하고, 지역주민의 자발적이고 적극적인 참여와 함께 공공과 민간, 언론 등 모든 분야와의 파트너십 관계가 유지되어야 함.

- 보건의료뿐만 아니라 타 분야(복지, 환경, 도시계획, 교통, 교육 등)와의 협력이 필요.

● 〈건강영향평가Health Impact Assessment에 관한 법률〉을 제정하여 보건복지부 주관으로 범정부적 차원에서 건강 지향적으로 추진되어야 함.

- 건강영향평가는 수행되는 모든 정책과 프로그램 등이 인간에게 주는 긍정적 또는 부정적 영향을 정확하게 분석하고, 이 결과에 근거하여 정책이나 프로그램이 건강증진 또는 건강 지향적으로 추진될 수 있는 조치를 개발하는 광범위한 사업임.[17]

- 건강은 사회 모든 분야의 광범위한 요인에 의해 결정됨. 즉, 건강의 차원을 신체, 정신, 사회로 폭넓게 정의하고 사회의 다양한 분야의 다양한 요인에 의해 결정되는 것을 전제로 건강영향평가는 보다 넓은 건강 결정요인에 의해 진행되어야 함.

- 건강영향평가에서는 다양한 분야와 방법론으로부터 찾아낸 근거들을 종합하고 해석하는 데 있어 투명하고 엄격할 것을 강조해야 함. 그 근거에 기초하여 권고사항을 도출할 때 편파적이지 않아야 함. 즉, 특정한 관점 또는 이해관계를 지지하는 근거들만을 선별하여 제시해서는 안 됨.

- 현재 우리나라에서 시행하고 있는 영향평가제도의 대상은 크게 환경, 교통, 재해, 인구, 성으로 구분할 수 있고, 건강영향평가는 〈환경보건

---

17 WHO에서는 "건강영향평가는 인구의 건강에 잠재적인 영향을 주고, 인구집단 내에 영향이 확산된다고 판단되어지는 정책, 프로그램, 프로젝트를 평가하는 절차(procedures)와 방법(methods), 그리고 도구(tools)의 조합"이라고 정의함(WHO Regional Office for Europe, 1999).

법〉에 근거하여 환경유해인자에 초점을 맞추어 환경부에서 일부 시행하고 있음.[18] 그러나 보건복지부가 주관하여 전반적인 건강영향평가는 시행되지 않고 있음.

- 지역사회의 역량강화는 공중보건 발전을 위한 밑받침이 됨.
    - 이를 위해서는 보건소를 비롯한 공공기관 중심의 보건사업에서 벗어나 건강마을 만들기가 활성화되어야 함.
    - 시민제안(공모형) 건강마을만들기사업을 전국적으로 도입하고, 예산 지원이 필요.

6. 공공과 민간의 파트너십 구축[19]

- 건강증진사업과 같이 국민적인 참여가 필요한 사업에서는 각 참여자들의 협력이 필요한데, 이를 파트너십의 구축으로 해결해야 함.

- 미국 IOM보고서(2002)에서 공중보건사업의 중요한 참여자로 의료기관 health care institution, 지역사회community, 기업business, 미디어, 학계academy의 5종으로 분류하여 파트너십 활용을 다음과 같이 제안하고 있음.

① 의료기관
    - 의료기관은 건강증진에서 매우 중요한 위치에 있음.
    - 의료서비스는 건강을 유지하는 데 중요하며 그 자체로서 가치가 있음.
    - 지난 20세기에는 의료체계가 지역사회에 참여하는 기전 대신에 병원이나 의원을 중심으로 개인을 치료하는 형태로 발전되어(Cashman et al., 1999) 왔기 때문에 주민들의 건강관리에 소홀하였음.
    - 지역사회를 기초로 하는 의료를 통하여community-based health care, 의사들과 다른 인력이 지역사회 전체의 건강을 향상시키도록 해야 함 (Heshmat, 2001).

---

18 〈환경보건법〉에는 국민과 생태계를 위협하는 환경유해인자의 위해성을 지속적으로 평가 및 관리하고, 환경에 영향을 미치는 개발사업과 개발계획을 수립할 때 주민의 건강을 고려하도록 하는 한편, 환경유해인자로 인한 국민의 건강피해 현황을 조사하고 그 결과에 따라 조치를 하는 등 국민 건강보호의 관점에서 환경정책을 추진하도록 하는 데 있음.

19 이하는 이규식(2008)에서 요약 및 정리하였음.

- 현재와 같은 의사와 환자가 1:1로 만나 진료하는 행태에서 벗어나 지역사회주민 대상의 의료관리population-based health care management로 전환되어야 함.

② 지역사회

- 정부는 지역사회가 적극적으로 참여할 수 있도록 적정한 재정을 확보하여 활동비나 기술적인 지원과 같은 조치가 필요함(Gostin, Boufford and Martinez, 2004).

- 캐나다는 지역사회 자원조직을 잘 활용하고 있음. 주 정부가 건강기금 Health Fund을 보유하고, 지역사회자원조직으로부터 사업계획서를 받아 이를 평가하여 기금을 배정하며, 사후 평가를 통하여 계속 지원 여부를 결정하고 있음.

③ 기업

- 기업은 고용된 피용자의 건강에 중요한 역할을 함.

- 기업 활동은 자연 및 조성된 환경, 작업장의 조건, 지역사회와의 관계를 통하여 주민의 건강에 영향을 미침.

- 건강증진사업에 기업의 참여를 유도하기 위해서 정부는 규제와 인센티브 양면의 전략이 필요. 규제는 기업 활동이 환경의 오염이나 훼손에 대하여 그리고 작업장의 안전이나 직업병에 대하여 위생적인 식품의 공급 등의 영역에서 필요함.

· 인센티브는 민간기업이 자발적으로 건강증진 활동에 참여를 장려하는 데 필요. 동시에 건강증진을 전담하는 민간기업의 출현을 장려하기 위하여 세제 등에서의 인센티브가 필요함.

- 건강관리 민간기업을 활용하는 것도 한 방안이 됨: 일본은 개호보험의 예방사업을 민간기업(건강관리회사)에 맡기고 있음.

- 우리나라에서도 건강관리회사를 활용하여 사업계획을 수립하고, 보건교육을 실시하는 활동을 하고 있으나 아직은 상당히 제한적임.

④ 미디어

- 미디어의 뉴스나 오락프로그램 등은 대중의 의견을 형성하고 의사결정에 영향을 미쳐 국민의 건강향상에 매우 중요한 기능을 함.

- 언론인과 공중보건 종사자 간의 상호 이해의 부족은 미디어의 보도 범위에서 건강의 중요성을 간과하게 됨.

- 미디어에서는 건강문제에 대한 프로그램이나 건강문제를 대중에게 공지하는 데 더 많은 시간을 할당할 필요가 있음(Gostin, Boufford and Martinez, 2004). 이를 위해서는 보건당국과 미디어 종사자 간의 대화와 이해가 중요함.

⑤ 학계

- 학계에서는 학위 프로그램을 운영하여 현재 및 미래의 보건 전문인력을 교육하는 중요한 기능을 수행.

- 의과대학생들이나 의사들은 인체의 기관이나 조직organ or suborgan에만 초점을 두는 경향이 있음(Heshmat, 2001). 의과대학의 교육내용에서부터 혁신이 필요.

- 보건학교육은 다학제적인 교육으로 개편해야 함. 교과 내용에 건강증진에 관한 내용과 교육 방법 등을 사회가 필요로 하는 방향으로 변화시키도록 하고, 건강을 결정하는 요인들의 영향이나 건강증진과 관련된 프로그램의 효과를 평가하는 내용 등이 교과 내용에 포함되어야 함.

7. 보건소의 새로운 사업영역의 확충[20]

● 건강컨설팅 기능

- 대사이상증후군의 증가와 고령사회의 인구구조에 맞게 주민에 대한 지속적인 보건교육(건강컨설팅)을 강화하기 위한 전략이 필요함.

- 보건소, 보건지소, 보건진료소에서의 역할 전환을 통하여 주민의 건강상담자로서의 역할과 지역사회연계를 통한 매니저로서의 역할을 강화하여 주민이 정신과 신체를 건강하게 유지하도록 해야 함.

● 새로운 감염병에 대한 관리기능

- 신종 감염병이 발생하고 있으나 조기 대응과 전문적인 대처를 할 수 있는 인력이 부족하므로, 이를 적극적으로 관리할 수 있는 전문인력을 충원하여 바이러스성 감염병을 초기에 적극 대응할 수 있게 해야 함.

---

20 이 부분은 이규식(2015)을 참고하여 재정리하였음.

● 만성질병의 관리
- 만성질병에 대처하기 위해서는 보건소, 국민건강보험공단, 병의원이 모두 협력하여 대처할 수 있는 체계를 구축하여야 함.
- 만성질병을 예방하기 위해서는 IT를 활용하여 주민을 고위험군, 저위험군, 건강군으로 구분하여 맞춤형 건강관리시스템의 확립이 필요함.

● 저위험군이나 일반주민은 건강증진과 같은 일반적인 사업을 하고, 고위험군에 대한 맞춤형 건강증진 내지는 질병관리 프로그램을 도입하여 구체적으로 식이습관, 운동 등을 관리하는 방식으로 접근해야 함.
   - 질병으로 이환된 환자는 병의원과 협력하여 상태가 좋지 않을 경우 병의원에서 치료하고 그렇지 않은 경우 보건소가 돌보는 방식이 필요함.

● 안전에 대한 관리
   - 건강증진의 한 요소가 건강보호에 있으며 건강보호의 중요한 요소가 안전임.
   - 2014년 일어난 세월호 사건을 계기로 '국민안전처'를 설치하고 생활안전정책관실도 두고 있으나 지방 하부조직이 없어 주민생활과 직결되는 안전업무가 제대로 이행되기 어려움.
   - 보건소는 지역주민에 대한 안전교육을 실시하고 손상 예방을 위한 안전증진 프로그램의 운영 및 손상감시체계를 구축할 필요가 있음.

● 가정폭력 및 성폭력, 가정 내 안전사고에 대한 관리
   - 가정폭력은 심각한 건강문제 및 안전문제의 하나가 되고 있음, 우리나라에서 가정폭력 문제는 '여성가족부'가 주무부서지만 지방조직이 없어 가정 폭력이 발생하면 주민이 경찰서에 신고하는 것으로 종료하는 경우가 많음.
   - 가정폭력은 다양한 원인으로 발생하기 때문에 지역주민과 밀착되는 조직인 보건소가 앞으로 전문적인 역량을 갖추고 다루지 않으면 예방하기 어려움.

참고 문헌

감신 (2016), 공중보건 역량 강화를 위한 재원 확대방안, 대한예방의학회 추계학술대회.

강영호 외 (2016), 건강보험 빅데이터를 활용한 HP2020 평가지표 생산 및 모니터링 지원 방안 마련, 국민건강보험공단·서울대학교 산학협력단, p.125.

김건엽 (2016), 지역사회 건강수준 불평등 완화방안, 대한예방의학회 추계학술대회.

김동현 (2016), 건강패러다임 변화와 지역사회 기반 공중보건체계 강화, 대한예방의학회 추계학술대회.

김창엽 (2006), 건강불평등 어떻게 대처할 것인가?, 한겨레·한국건강형평성학회 공동토론회.

김창엽 (2017.1.16.), 한국보건의료체계와 공중보건, 공중보건단체협의회 정책워크숍.

김창엽 외 (2015), 한국의 건강불평등, 서울대학교출판문화원.

김현정 (2016), 국민건강증진기금 운영현황 및 시사점, 국민건강증진포럼 1(1):40-50.

배상수 (2016), 공중보건체계의 개념과 발전과제, 보건행정학회지 26(4): 246-255.

보건복지부 질병관리본부(2014), 2012 국민건강통계.

이규식 (2008), 보건의료정책 패러다임의 전환, 대한보건연구, 33(증간호): 21-43.

이규식 (2015), 보건의료정책-뉴 패러다임, 계축문화사.

이규식 (2016a), 공중보건과 건강증진, 건강복지정책연구원(mimeo).

이규식 (2016b), 의료개혁을 위한 제안, 이슈페이퍼 제19호, 건강복지정책연구원.

이규식 외 (2012), 사회경제 환경변화와 보건의료정책의 방향, 건강복지정책연구원.

이규식 외 (2013), 공공보건의료체계 현황 및 정책과제 분석, 감사원, 건강복지정책연구원.

이순영 (2016), 공중보건전문인력 양성방안, 대한예방의학회 추계학술대회.

임준 (2016), 공중보건조직 개편방안, 대한예방의학회 추계학술대회.

한국보건사회연구원 (2013), 한국의 건강불평등 지표와 정책과제.

Baum F (2008), *The New Public Health* (3rd), Melborne, Australia: Oxford University Press Australia.

Boufford JI (2003), Assuring the public's health in the 21'st century, ASTHO-NACCHO 2003 Conference, in *The Future of Public's Health in the 21st Century*, Institute of Medicine of The National Academy Press Washington DC: National Academy Press.

Cashman SB et al.(1999), Carrying out the medicine/public health initiative: the roles of preventive medicine and community-responsive care, *Academic Medicine*, 74(5): 473-83.

Canada, Population Health and Wellness, Ministry of Health Services, Province of British Columbia (2005), *A Framework for Core Functions in Public Health(Resource Document)*, March.

European Center for Health Policy(1999), *Health Impact Assessment, main concepts and suggested approach*, Gothenburg consensus paper, WHO Regional Office for Europe, Brusssels.

Gostin LO, Boufford JI and Martinez(2004), The future of the public's health: vision, values and strategies, *Health Affairs*, 23(4) July/August: 96-107.

Heshmat S(2001), *An Overview of Managerial Economics in the Health Care System*, New York: Delmar Thomson Learning.

Institute of Medicine(US), Committee for the Study of the Future of Public Health(2002), *The Future of Public's Health in the Twenty-first Century*, Washington DC: National Academy Press.

McGinnis JM, et al. (2002), The case for more active policy attention to health promotion. *Health Affairs*, 21: 78-93.

Strauss A and Corbin JM (1988), *Shapping A New Health Care System*, The Jossey-Bass Public Administration Series, San Francisco: Jossy-Bass Inc.

WHO (1998), *Social Determinants of Health, The Solid Factors*, Copenhagen: WHO Europe.

WHO (2003), *Social Determinants of Health, The Solid Factors*(2nd), Copenhagen: WHO Europe.

WHO (2012), *European Action Plan for Strengthening Public Health Capacities and Services*, Copenhagen: WHO Europe.

http://www.countyhealthrankings.org.

http://www.khcp.kr/hb/main (대한민국 건강도시협의회).

건강보험급여구조와 비급여 관리

지 영 건 차의과대학교 교수

Ⅰ. 비급여의 법적 근거와 내용

1. 비급여의 법적 근거

  1) 비급여의 개념

● 비급여는 요양기관에서 정한 가격에 따라 환자가 전액을 부담하는 의료 서비스를 말하며, 관련 법령 또는 고시에 따라 건강보험에서 급여하지 아니하는 '경우'[1] 또는 '특정 행위·약제·치료재료'가 비급여 대상임.

● 비급여는 통상 건강보험의 비급여를 의미하지만(의료급여의 비급여는 건강보험의 비급여와 동일), 산재보험, 자동차보험 등에서는 건강보험에서의 비급여 대상을 급여해 주는 것이 적지 않음.

● 이 글에서의 비급여는 건강보험의 비급여(=의료급여의 비급여)만을 대상으로 논하고자 함.

---

1 외래 또는 입원 진료비 전체가 비급여가 되는 것을 의미함. ① 일상생활에 지장이 없는 경우(성형, 단순피로 등), ② 신체의 필수 기능 개선 목적이 아닌 경우(시력교정 등), ③ 예방 목적의 경우(종합검진 등).

2) 비급여의 법적 근거

● 건강보험의 비급여는 〈국민건강보험법〉 제41조 제4항에 근거가 있고, 그에 따른 세부 사항은 〈국민건강보험 요양급여의 기준에 관한 규칙〉의 별표 2에 열거되어 있음.

● 한편, 의료급여의 비급여는 〈의료급여법〉 제7조 제3항과 〈의료급여법 시행규칙〉 제9조에 의하여 건강보험의 비급여와 동일함.

〈국민건강보험법〉	제41조(요양급여) ④ 보건복지부장관은 제3항에 따라 요양급여의 기준을 정할 때 업무나 일상생활에 지장이 없는 질환에 대한 치료 등 보건복지부령으로 정하는 사항은 요양급여대상에서 제외되는 사항(이하 "비급여대상"이라 한다)으로 정할 수 있다.
〈국민건강보험 요양급여의 기준에 관한 규칙〉	제9조(비급여대상) ① 법 제41조제4항에 따라 요양급여의 대상에서 제외되는 사항(이하 "비급여대상"이라 한다)은 별표 2와 같다.
〈의료급여법〉	제7조(의료급여의 내용 등) ③ 보건복지부장관은 제2항에 따라 의료급여의 기준을 정할 때에는 업무 또는 일상생활에 지장이 없는 질환 등 보건복지부령으로 정하는 사항은 의료급여 대상에서 제외할 수 있다.
〈의료급여법 시행규칙〉	제9조(비급여대상) 법 제7조제3항의 규정에 의하여 의료급여대상에서 제외되는 사항(이하 "비급여대상"이라 한다)은 〈국민건강보험 요양급여의 기준에 관한 규칙〉 별표 2에 규정된 비급여대상으로 한다.

표 1. 건강보험과 의료급여에서의 비급여 법적 근거

3) 비급여의 사유

● 비급여 대상이 되는 '경우' 또는 '특정 행위·약제·치료재료'는 다음의 사유로 비급여가 되는 것임.

　① 업무 또는 일상생활에 지장이 없음.

　② 신체의 필수 기능 개선 목적이 아님.

　③ 예방진료로서 질병·부상의 진료를 직접목적으로 하지 않음.

　④ 보험급여시책상 요양급여로 인정하기 어려움(상급병상 등).

　⑤ 건강보험급여원리에 부합하지 아니함(비용효과성 등 진료상의 경제성이 불분명한 경우).

　⑥ 건강보험제도의 여건상(한방의 일부 경우에 해당).

　⑦ 약사법령에 따라 허가를 받거나 신고한 범위를 벗어난 약제.

4) 2000년 이후 급여화된 주요 사항

● 의료보험이 건강보험으로 출범한 2000년 이후에 급여화된 주요 비급여
대상을 살펴보면,

- 보험재정에 상당한 부담을 준다는 이유로 비급여였던 초음파영상, 자
기공명영상MRI, 양전자단층촬영PET 등은 현재 급여화되었음.

- 또한 건강보험급여원리에 부합하지 아니한다는 이유로 비급여였던 식
대는 환자의 부담을 줄여 준다는는 명분으로 2006년에 급여화되었음.

- 치석제거, 틀니 및 치과임플란트 등은 비급여 목록에 있지만 '다만'이
라는 단서를 통하여 급여화되었음.

5) 비급여 대상이 되는 '경우' 또는 '특정 행위·약제·치료재료'의 고시화

● 〈국민건강보험 요양급여의 기준에 관한 규칙〉의 별표 2에 근거하여 보건
복지부 장관은 4개의 종류로 고시하고 있음.

〈국민건강보험 요양급여의 기준에 관한 규칙〉의 별표 2	관련 고시
1) 업무 또는 일상생활에 지장이 없는 경우 　기타 가목 내지 바목에 상당하는 질환으로서 보건복지 　부장관이 정하여 고시하는 <u>질환</u>	〈요양급여의 적용기준 및 방법에 관한 세부 사항〉
2) 신체의 필수 기능개선 목적이 아닌 경우 　기타 가목 내지 바목에 상당하는 외모개선 목적의 진료 　로서 보건복지부장관이 정하여 고시하는 <u>진료</u>	
3) 예방진료로서 질병·부상의 진료를 직접목적으로 하지 아니하는 경우 　기타 가목 내지 마목에 상당하는 예방진료로서 보건복 　지부장관이 정하여 고시하는 <u>예방진료</u>	
5) 건강보험급여원리에 부합하지 아니하는 경우 　(비용효과성 등 진료상의 경제성이 불분명한 경우) 　그 밖에 요양급여를 함에 있어서 <u>비용효과성 등 진료상</u> 　<u>의 경제성이 불분명</u>하여 보건복지부장관이 정하여 고 　시하는 검사·처치·수술 기타의 치료 또는 치료재료	〈건강보험 행위 급여·비급여 목록표 및 급여 상대가치점수〉 고시의 비급여 목록 〈약제 급여 목록 및 급여상한금액표〉 고시 약제 이외의 비급여 약제 〈치료재료 급여·비급여 목록 및 급여 상한금액표〉 고시의 비급여 목록

표 2. 비급여 관련 법령과 고시

2. 비급여의 내용과 분류

1) 최근 일부에서 의학적 비급여, 필수/비필수 비급여, 합의 비급여 등의 용어를 사용·분류하고 있으나, 이 용어들은 비급여 본질에 대한 오해를 초래할 수 있고, 비급여 발생 메커니즘을 설명하지 못하는 것임.

2) 이 글에서는 비급여를 발생 유형과 메커니즘에 따라 비급여 분류를 〈표 3〉과 같이 제시함.
   - 비급여는 ① 항목(행위·약제·재료) 단위 비급여와 ② 에피소드(외래·입원) 단위의 비급여로 구분해야 함.

항목비급여	**1-1. 평가 전 항목 비급여:** 유효성 또는 경제성이 밝혀지기 이전 단계라, 비급여로 인정해 줌	① (행위) 신의료기술 : 안전(+), 효과(+), 경제성(미정) ② (약제) 임상시험 또는 중증환자의 식약처 허가 초과 약제 사용 ③ (한방) 한방물리요법, 한방생약제제
	1-2. 무조건 항목 비급여: 기준(조건) 없이 행위·약제·재료 항목이 비급여로 고시되어 있음	① 별표 2. 비급여 대상에 분류된 항목: 보조생식술, 보철 등 ② 행위·치료재료: '비급여 목록표'로 고시된 행위·치료재료 ③ 약제: '급여 목록표'에 나열되지 아니한 약제

	1-3. 조건부(기준) 항목 비급여: 기준(조건)-적응증 또는 회수·개수-에 따라 급여가 될 수도 있고 비급여가 될 수도 있음	① '별표 2. 비급여 대상'에 명시된 조건 있는 비급여
		  – 신체 필수 개선이 아니면 비급여: 미용목적 성형수술 등
		  – 예방목적이면 비급여: 예방접종, 치석제거
		  – 기타 조건부 비급여: 틀니
		  – 65세 이상이면 급여, 그외 비급여
		② '요양급여의 적용기준 및 방법에 관한 세부 사항 고시'에 명시된 조건있는 비급여

에피소드 비급여	외래/입원 전체가 비급여 대상이 됨	3대 사유 ① 일상생활 지장 없음 ② 필수기능 개선 아님 ③ 예방 목적
제도 비급여	행위·약제·치료재료의 속성을 가지지 아니 한 것	① 상급병상 ② 선택진료 ③ 보장구: 안경, 보청기 등 ④ 이송비용: 장기이송 ⑤ 진단서, 증명서
자격·절차 미충족 비급여	–	①-1 건강보험·의료급여 비대상자, 보험료 체납 ①-2 자보, 산재, 기타 외부 의료비 부담 등의 경우 ②-1 요양급여의뢰서 없이 2단계 요양급여 이용하면 비급여 ②-2 일반의약품: 처방 절차를 거치지 않으면 비급여 ③-1 마약류 중독자의 치료 보호 ③-2 범죄에 기인한 상해

표 3. 비급여 발생 사유에 따른 비급여 분류

비급여와 관련된 주요 이슈를 열거하면 다음과 같음.
- 건강보험 보장성 정체
- 가계의 의료비부담 증가
- 불합리한 가격 편차
- 안전성·유효성 불분명한 비급여 남용
- 민간의료보험 확산

● 건강보험 보장성 정체

건강보험 보장성 강화 정책에도 불구하고, 최근 5년간 법정 본인부담률은 1.6%p 감소한 반면에 비급여 본인부담률이 3.4%p 증가해 전체 보장률 상승 효과를 상쇄하여 건강보험 보장률 60% 초반에서 정체되고 있음(〈표 4〉).

구분	2010	2011	2012	2013	2014
건강보험 보장률	63.6	63.0	62.5	62.0	63.2
법정본인 부담률	20.6	20.0	20.3	20.0	19.7
비급여 부담률	15.8	17.0	17.2	18.0	17.1

표 4. 건강보험 보장률 추이(단위: % ‖ 자료: 2015 건강보험환자 진료비 실태조사, 건보공단, 2015)

● 가계부담 증대
 - 과중한 의료비 부담으로 가계 재정이 파탄 나는 이른바 재난적 의료비 발생 가구 비율이 '10년 3.68%에서 '13년 4.39%까지 증가, 특히 최하위 소득구간 가구들 중에는 12.86%으로 높음(서남규 외, 2015).
 - 본인부담상한제, 암 등 중증질환자 본인부담 경감 등 높은 가계부담에 대한 보호 기전에도 불구하고, 재난적 의료비로 인해 가구의 사적이전 증가, 부채/대출 증가, 소비지출 감소, 빈곤화로 이어짐.
 - 전문가들은 이러한 높은 가계부담의 대부분은 비용효과가 불확실한 신의료기술 등 비급여 의료비 증기 탓이라 지적하고 있음.

● 불합리한 비급여 가격 편차

   - 급여는 건강보험이 가격 등을 통제하나, 비급여는 의료기관이 가격, 진료량 등을 자율적으로 결정하므로 의료기관 간 비급여 항목에서 가격 차이가 평균 7.5배나 되는 것으로 확인되지만 그 이유를 합리적으로 설명할 수 없음(감사원, 2015).

● 안전성·효과성 불분명한 비급여 남용

   - 제공된 비급여 진료가 안전하고 유효한지 점검하고 환류하지 않아 질 관리 사각지대로 오남용 심각

    · 신의료기술평가 통과 못한 PRP치료 "하지마"(〈의협신문〉, 2016.4.25)

    · 주사제 남발, 비급여 진료위주 병원 면밀히 조사해야(〈YTN〉, 2016. 8.24)

● 민간의료보험 확산

   - 비급여 시장을 중심으로 민간의료보험의 무분별한 확산으로 인해 공보험의 위축 가능성이 있음.

   - 국민의 62%가 가입한 실손의료보험은 비급여 부문의 과잉진료, 과잉수령 등 도덕적 해이 발생으로 인해 비급여 진료비 증가뿐만 아니라 건강보험 재정 지출을 증가시킴(신현웅 외, 2015).

   - 건강보험급여 확대 이후 민간보험사 5년간 1조 5,000억 원의 반사이익 발생, 공보험이 민간보험사를 보조해 주는 결과subsidy가 나타남(신현웅 외, 2015).

Ⅲ. 비급여를 둘러싼 이해관계

비급여에 대한 이해는 의료계와 보건복지부에 국한되지 않으며, 최근에는 실손보험과 관련하여 다양한 주체들이 이에 대한 정책 대안을 요구하고 있음.

- **의료계**
  - 저부담-저수가-저급여 구조로 인해 비급여 진료 증가는 불가피하며, 급여수가에 대한 원가 보상 없는 비급여 통제는 반대하는 입장임.

- **보건복지부**
  - 보건복지부의 비급여 관련 이슈는 현재 우리나라 건강보험 보장성의 정책임.
  - 보건복지부의 국/과에 따라 비급여에 대한 관점과 정책을 조금씩 차이가 있어서, 체계적인 비급여 정책에 차질이 없지 않음. 예를 들어 보험급여과는 비급여의 급여화 추진에, 보험정책과는 비급여의 분류와 공개에 중점을 두고 있음.

- **기획재정부**
  - 기획재정부는 적정부담-적정급여 체계로 전환하는 개혁이 긴요하다고 보고 있음. 고령화에 따른 의료비 지출 증가에 따라 2025년 기금이 고갈될 것으로 전망, 현 제도 유지 시 지속가능성이 위험을 받을 것으로 지적하고 있음(기획재정부, 2015).

- **보험업계**
  - 보험업계는 비급여로 인한 손실을 줄이기 위하여 실손보험금 청구 서식 표준화와 별도의 전문심사기관 구축을 원하고 있음.
  - 〈의료법〉 개정에 대해서도 비급여 진료 관리 인프라 부족, 보험업계 자체적인 인프라 및 관리체계 구축 등의 개선 문제를 제시하고 있음.

- **금융감독원**(실손보험 관련)
  - 금융감독원은 실손보험 상품구조 개선, 체계적인 관리를 위한 전산시

스템 구축을 통한 비급여 관리를 주장하고 있음.

- 비급여 의료비 관리체계 미비로 인한 보험사의 손해율 악화, 보험료 급등으로 인해 실손보험제도의 지속가능성에 우려를 가지고 있음.

● 감사원

- 감사원에서는 비급여 항목 표준화, 진료비, 원가 정보에 대한 체계적인 수집관리 방안을 요구하고 있음.

- 현행 비급여 진료비용 고지제도, 진료비 실태조사, 진료비 확인제도의 실효성을 지적하고 있음.

● 국회

- 국회에서는 진료비세부내역서 표준화, 공개항목 확대 및 실손의료보험 상품세분화, 제3의 전문심사기관 구축이 필요하다고 지적한 바 있으며, 급여 진료비 위주의 건강보험 정책의 실효성과 비급여 의료비의 실질적 관리 등의 개선을 요구하고 있음.

- 그 밖에, 실손의료보험 상품구조의 보장범위 선택 및 적정성 심사 등의 개선을 요구하고 있음.

● 학계

- 학계에서는 기존 비급여의 급여화, 원가에 기반한 적정보상, 포괄수가제 등 선지불제도 도입, 비급여 의료비의 투명한 관리 등 지불제도를 포함하는 구조적인 비급여 관리 필요성을 주장하고 있음.

- 저부담-저수가 구조, 민간주도의 의료공급체계 및 행위별수가제로 인한 비용 효과적이지 않은 신의료기술 확산에 대한 문제점 역시 지적하고 있음.

- 실손의료보험이 비급여뿐만 아니라 건강보험 재정을 지출시키고, 건강보험의 급여 확대는 민간의료보험을 지원해 주는 결과를 발생시킴을 주목하면서, 민간의료보험의 역할을 한정할 필요도 제안함.

00

스템 구축을 통한 비급여 관리를 주장하고 있음.

1. 비급여 문제의 악순환의 고리를 끊어야 함.

● 현재의 비급여에 대한 상황을 보면 각 이해당사자가 본인들의 주장만을 내세우는데 이는 결국 문제의 악순환으로 이어짐(《그림 1》).

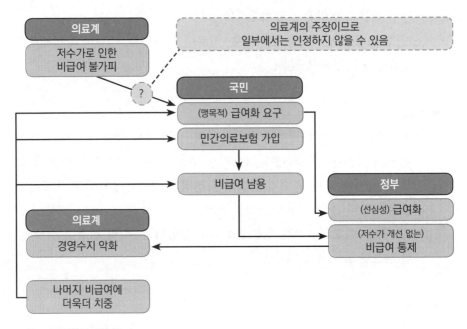

그림 1. 비급여의 악순환

- 의료계가 저수가로 인하여 비급여 불가피하다는 것에 대하여 건보공 단은 이를 인정하고 있지 않으며, 정부는 당장 저수가에 대해서 해결할 재원이 없다고 해결에 난색을 표하고 있음.
- 국민들은 효과성이 별반 차이는 없는, 그렇지만 고가인 의료에 대해 맹목적으로 급여화를 요구하고 있음(이는 결국 선거 공약으로 이어짐). 더 나아가 일부 몰지각한 의료기관과 실손보험 가입자들에서 도덕적 해이 moral hazard에 의한 의료비 지출이 증가하고 있음.
- 정부는 의료계의 저수가 개선 검토 없이, (공약 때문에) 건보 재정을 투 입할 우선순위가 되는지 의아스러운 것(예: 로봇 수술, 효과가 의심되는 항

암제 등)에 아낌없는 재정을 투입하고 있음.

- 저수가 개선 없는 비급여 통제 때문에 병의원 입장에서는 수익구조가 악화되는 결과가 초래됨. 그 결과 잔존하는 비급여에 집착하게 됨.
- 비급여가 급여로 전환되는 것은 국민의 입장에서는 비용 부담이 줄어드는 것이지만, 병의원 입장에서는 수익구조를 악화시키는 통제임.
- 한편, 이미 실손보험이 보편화된 상태라면, 비급여가 급여로 전환되는 것은 국민의 부담이 줄어드는 것보다 보험사의 이익이 증가되는 현상을 초래하게 됨.

● 따라서 비급여 문제의 출발점을 상대방에게만 전가하지 말고, 각자의 책임 분담이 있어야 함.
- 의료계: 비급여 표준화와 공개.
- 보건복지부: 급여수가 현실화를 동반한 비급여 개선.
- 기획재정부: 효과가 없는 일방적인 비급여 관리 규제는 불필요.
- 실손보험업계: 비급여 관련 약관을 구체화한 보험상품 개발 및 전환.

2. 비급여에 대한 정확한 실태 파악
● 제대로 된 비급여의 개념과 분류(내용) 정립이 필요함
- 최근 일부에서 의학적 비급여, 필수/비필수 비급여, 합의 비급여 등의 용어를 사용·분류하고 있으나, 이 용어들은 비급여 본질에 대한 오해를 초래할 수 있고, 비급여 발생 메커니즘을 설명하지 못하는 것임.
- 우선 종합병원급 이상에서 발생하는 비급여 발생 메커니즘과 의원급 의료기관에서 발생하는 비급여 발생 메커니즘이 다름.
- 의원급 의료기관에서는 '외래 또는 입원 진료비 전체가 비급여'가 대부분이며, 그 사유는 일상생활에 지장이 없는 경우 또는 신체의 필수 기능 개선 목적이 아닌 경우임.
- 반면, 종합병원에서는 상급병실료, 선택진료비, 제증명료 등이 대부분을 차지하고 나머지는 진료 과정에서 발생하는 특정 행위·약제·치료재료에서의 비급여임.

아

● 비급여에 대한 가격 공개보다 비급여의 표준화가 선행되어야 함.

  - 비급여 표준화 이후에 가격 파악 및 공개가 진행되어야 하는데, 현재
    는 정책 순서가 뒤바뀌어 있음.

  - 비급여 표준화는 '외래 또는 입원 진료비 전체가 비급여'가 되는 경우
    (예: 교정치료)의 표준화가 절실한데, 비급여 정책은 이미 알려져 있는
    행위·약제·치료재료만을 문제시하고 있음

  - 개별 의료기관별로 '경우'에 따른 내용과 가격 부여의 단위가 다르기
    때문에 비급여 파악을 위해 이를 표준화하는 작업이 선행되어야 함.

    · 예를 들면, 치과 교정치료의 경우, 의료기관마다 포괄적 비용을 고지
      하고 있으나 포함되는 재료, 행위 등이 표준화되어 있지 않음.

  - 비급여의 관리를 위해서는 의료기관별로 비급여 항목의 가격과 빈도
    가 동시에 파악될 수 있는 기전을 마련할 필요가 있는 바, 그 빈도를 함
    께 파악하는 기전을 만들어야 함.

3. 선별급여의 확대

● 현재 4대 중증질환에 적용하고 있는 소위 '선별급여' 방식은 이러한 '본
  인부담 차등제도'인 바 이를 일반화하고 적극 활용할 필요가 있음.

  - 예를 들어 수면내시경을 건강보험에서 급여화하되 본인부담률은 80-
    90%로 높게 한다든지 하는 것임.

● 의료기관별로 원하는 가격을 받을 수는 있지만 시장가격은 점차 참조가
  격을 향해 하향 조정되게 될 것이며, 이를 모니터링해서 사후적으로 참조
  가격을 인하해 나갈 수 있을 것임.

4. 신의료기술과 급여 등재 관련 비급여 정책 개선

● 급여 판정이 나기 전까지는 급여든 비급여든 전혀 시행할 수 없도록 법령
  을 개정하여야 함.

  - 신의료기술이란 의료행위 자체만이 아니라 신약과 치료재료가 동반되
    는 경우가 흔하기 때문에, 사실상 신의료기술은 아니지만 형식상 새로

운 약이나 새로운 치료재료를 추가시키면 얼마든지 〈의료법〉상 신의료기술로 인정을 받을 수 있음.

- 실질적으로는 신의료기술이 아니지만 형식적으로는 얼마든지 신의료기술로 '둔갑'할 수 있는 제도적 허점이 있음. 이렇게 '둔갑'된 신의료기술을 합법적으로 법정비급여로 하는 것은 문제가 많음.

● 보험등재 결정이 난 신의료기술이라 하더라도 아무 의료기관이나 무분별하게 시술을 허용할 것이 아니라 일정한 자격을 갖춘 의료기관test hospital에 한정함으로써, 국민건강증진에 기여하는 효과와 국민의료비에 미치는 영향을 고려하여 단계적으로 허가할 필요가 있음(이규식 외, 2017).

- 의료가 갖는 정보의 비대칭성으로 공급자인 의사가 비급여서비스 제공이 필요하다고 설명할 때 거절할 환자는 거의 없을 것이며, 환자는 의사가 권하는 대로 비급여인 신기술을 이용할 수 있게 되어 서서히 의사의 권유에 따라 신기술을 이용하는 의료이용이 관행이 될 수 있음.
- 이러한 이유로 일본이나 영국은 신의료기술을 시행할 수 있는 의료기관을 지정하여 지정받지 못한 의료기관은 신의료기술을 시행할 수 없도록 하고 있음.

● 보험등재로 결정난 신의료기술에 대해서 의료기관으로부터 원가를 신고받고, 정부가 이를 철저히 조사한 후에 원가를 기준으로 수가를 결정하는 제도를 확립하여야 할 것임.

- 의료기관은 법정 비급여 기간에 자유롭게 가격을 책정하여 환자에게 부담시킴. 이후 보험등재 결정이 난 후 정부가 비급여로 제공할 때의 높은 가격을 원가 기준으로 낮추는 것이 거의 불가능하기 때문임(이규식 외, 2017).

참고 문헌

감사원 (2015), 감사결과보고서 '의료서비스관리 실태'.

기획재정부 (2015), 2060년 장기재정전망.

서남규 외 (2015), 재난적 의료비 발생가구에 대한 심층연구, 건강보험정책연구원.

신현웅 외 (2015), 국민건강보험과 민간의료보험의 합리적 발전방안, 한국보건사회연구원.

이규식 외 (2017), 고령사회를 대비한 노인의료비 효율적 관리방안, 국민건강보험공단, 건강복지정책연구원.

지역사회중심의 통합서비스체계

이 규 식 연세대학교 보건행정학과 명예교수

Ⅰ. 왜 지역사회중심의 통합서비스체계가 필요한가?

1. 지역사회중심 통합서비스체계란?

- 지역사회중심의 통합서비스체계는 우리나라에서는 매우 생소한 개념이
  지만 1980년대 이후부터 많은 유럽 국가들은 초고령사회를 대비하여 '병
  원 중심의 의료체계는 의료비만 증가시킬 뿐 건강향상에는 기여하지 못한
  다'는 사실을 깨닫고, 병원중심에서 지역사회중심의 통합서비스체계로 전
  환하게 되었음(이규식, 2016).

- 일본도 초고령사회에 대비하여 2006년부터 의료제도구조개혁을 구상하
  고 의료제공체계와 의료보험제도를 체계적 종합적으로 개편·정비하기 시
  작하였음. 그리고 2012년부터 '지역포괄케어시스템'을 구축하기 시작하
  여 '병원완결형 의료체계'를 '지역완결형 의료체계'로 전환할 것을 명시적
  으로 밝혔음(사회보장제도개혁국민회의보고, 2013).

- 지역사회중심의 통합서비스체계란 서유럽 국가들에서는 홈케어home care

형태로, 1차의료를 중심으로 의료서비스health care와 요양서비스social care가 통합된 형태의 통합서비스integrated care of health and social care라는 명칭으로 등장하고 있는 서비스 제공체계를 의미함(이규식 외, 2017).

- 통합서비스는 1차의사를 중심으로 방문간호사, 물리치료사 등에 의하여 의료적인 서비스가 제공되며, 요양보호사, 돌봄서비스 제공자 등에 의하여 사회적 서비스(요양서비스)가 통합적으로 제공되는 형태임.

- 통합서비스는 재가 노인을 대상으로 제공되는데, 만성질병을 갖는 노인이 병원에 입원하게 되면 가급적 빨리 퇴원시켜 가정으로 보냄. 가정으로 돌아온 환자에 대하여 지역사회에서 개업하고 있는 1차의사가 주치의가 되어 방문간호사를 통하여 간단한 의료적인 처치(주사 등)를 하며, 돌봄이 필요하면 방문간호사가 요양보호사에게 의뢰하여 돌봄서비스를 제공하는 서비스 제공 형태가 됨.

- 서유럽 국가에서는 1차의사가 재가 노인의 상태를 확인하여 의료적 서비스가 필요할 경우에 ICT를 활용한 원격의료도 유용한 수단으로 등장하고 있음.

● 지역사회중심의 통합서비스 제공은 불필요한 입원을 줄임으로써 병상수를 대폭적으로 줄이는 결과를 초래하고 있음.

2. 지역사회중심 통합서비스체계로 전환이 필요한 이유

1) 의료기술의 발전과 병원중심 의료체계의 등장

● 의료기술의 발전은 의료체계의 발전에 지대한 영향을 미치고 있음(이규식, 2015).

- 의료기술이 발전하는 초기 단계는 의원(의사 사무실)을 중심으로 의료체계가 구성되었음.

- 20세기 초반까지도 중산층 이상의 사람들은 병이 나면 집에서 의사의 왕진 진료를 받았음.

● 20세기 들어, 특히 1920년내 이후부터 현대 의학이 발전하여 마취술의 개발과 외과수술의 급속적인 발전, 그리고 세균설의 등장과 소독 및 멸균

기술의 발전, 안전한 출산이 병원에서 이루어짐에 따라 점차 의료는 병원
중심으로 전환하게 되었음.

- 20세기(특히 1950년대 이후)에 병원은 돌봄care서비스보다는 치료cure서
  비스가 중심이 되기 시작함(Healy and McKee, 2002).

● 급성기질병이 중심일 때 병원은 단기간에 자원을 집중적으로 투입하여
빠른 기간 안에 완치시킬 수 있어 매우 효율적인 의료공급자였음. 그러나
현재와 같이 완치가 어려운 만성질병은 치료보다는 오히려 관리 개념이
적합(Strauss and Corbin, 1988)하기 때문에 병원은 효율적인 공급자 역할
을 하기 어렵게 되었음.

2) 만성질병과 병원중심체계의 한계

● 질병구조는 이미 만성질병 중심으로 바뀌게 되었음에도 불구하고 의료체
계는 급성질병에 부합하도록 이루어져 1980년대 이후 대부분 국가들이
국민의료비 증가로 고심하고 있음(Torrens, 1993).

- 완치가 불가능한 복합만성질병multi-morbidity을 병원에서 치료하겠다는
  것은 비용만 증가시킬 뿐 환자에게 적합한 서비스 제공은 어려운 문제
  가 있음.

● 만성질병 중심으로 구조가 바뀐 미국이나 유럽 지역에서는 1980년대부
터 두 가지 방향으로 의료체계를 전환시키려고 노력하고 있음.

- 첫째는 1차, 2차, 3차 의료를 통합한 통합의료체계의 모색임. 여기서
  1차의료는 care coordinator 기능을 하여 환자에게 적합한 서비스의
  제공과 함께 환자가 스스로 자기 질병을 돌아볼 수 있도록 훈련도 시키
  는 등의 시스템임.
- 다른 한 가지는 병원 중심의 의료체계를 지역사회중심의 의료체계로
  전환하여 의료와 요양서비스를 통합하여 환자들이 편안하게 가정에서
  돌봄서비스와 함께 필요한 의료서비스도 받게 하는 통합서비스체계로
  의 발전임.
- 그러나 우리나라는 여전히 병원중심의 의료체계를 가지고 있어 〈표
  1〉과 같이 병상수가 계속 늘어나는 문제가 발생함.

국가	1990	2000	2013
일본	12.3(1993)	9.6	7.9
한국	2.0	3.9	6.2
독일	7.1(1991)	6.1	5.3
프랑스	4.4(1997)	4.1	3.4
핀란드	3.1(1993)	3.5	2.8
OECD 평균	4.6	4.1	3.3
네덜란드	3.7	3.1	3.3('12)
호주	4.4(1991)	3.6	3.4('12)
덴마크	3.9(1997)	3.5	2.5
노르웨이	3.8	3.1	2.3
미국	3.7	3.0	2.5('12)
캐나다	4.1	3.2	1.7('12)
스웨덴	4.1	2.5	1.9

표 1. 주요 국가의 인구 1,000명당 병상수 (급성기 ‖ 자료: OECD Health Data, 2016)

3) 인구고령화와 통합서비스 제공의 필요성

● 고령인구는 건강이 쇠약해지기 때문에 병에 쉽게 이환되고 병이 나도 잘 낫지 않아 고생하므로 의료서비스가 지속적으로 필요한 경우가 많음. 동시에 건강의 쇠약으로 다른 사람의 돌봄을 필요로 하는 경우도 많음.

● 의료와 돌봄에 대한 필요가 동시에 생기지 않는 경우에도 언제 의료적 치료가 필요하고 언제 돌봄이 필요한지 그 시기를 예측할 수 없는 경우가 대부분이기 때문에, 의료서비스와 요양서비스를 분리 제공하게 되면 노인들의 불편함은 물론 비용도 따로 지불하여 총비용이 증가하는 문제도 있음.

● 〈표 2〉에서 동세청이 최근에 실시한 장래인구 추계 결과를 보면 2018년에 노인인구가 14%를 초과하여 고령사회가 되며, 7년 후인 2025년에는

20%가 되어 초고령사회가 될 전망임.

  - 이와 같은 빠른 인구고령화는 의료서비스는 물론 요양이라는 사회적 서비스의 필요도를 더욱 높일 것임.

	2015	2020	2025	2030	2035	2040	2045	2050
인구수								
0~14세	7,030	6,574	6,345	6,109	5,981	5,647	5,155	4,716
15~64	37,444	37,266	35,757	33,878	31,677	29,431	27,718	25,905
65~	6,541	8,134	10,508	12,955	15,176	17,120	18,179	18,813
계	51,015	51,974	52,610	52,942	52,843	52,198	51,052	49,434
구성비								
0~14세	13.8	12.6	12.1	11.5	11.3	10.8	10.1	9.5
15~64	73.4	71.7	68.0	64.0	60.0	56.4	54.3	52.4
65~	12.8	15.6	20.0	24.5	28.7	32.8	35.6	38.1

표 2. 장래 인구 추계(단위: 천 명, % ‖ 자료: 통계청 장래인구추계, 2016년 12월)

● 이와 같은 노인들의 필요도를 현재처럼 의료와 사회서비스를 분리하여 제공할 경우, <표 3>에서 볼 수 있는 바와 같이 의료이용도를 높이게 될 것임.

  - 의료와 사회서비스를 통합하여 제공하는 공급체계를 갖춘 덴마크나 스웨덴과 같은 서유럽 국가들은 우리나라에 비하여 입원이용도는 물론 외래이용도도 크게 낮음.

  - 2014년 기준으로 외래이용 횟수를 보면 우리나라는 단연 세계에서 가장 높은 이용도를 보이고 있으며, 입원의료는 일본 다음으로 높음. 그런데 일본은 1990년대 이후 입원일수가 계속 낮아지는 데 반하여 우리나라는 높아지는 문제가 있음.

  - 한편 통합서비스 체계가 잘 갖추어진 덴마크와 비교할 때 입원일수는 3.8배, 스웨덴에 비해서는 2.7배나 많은 문제가 있음.

● 우리나라는 2018년부터 고령사회가 시작되는데 그에 대한 대비는 이미 늦었음. 비록 늦었지만 초고령사회가 시작되는 2025년이 되기 전에라도 병원중심에서 지역사회중심으로 의료체계를 전환시키고 의료와 사회서비스를 통합하여 제공할 수 있도록 대비하는 것이 중요함.

　- 지역사회중심의 통합서비스 제공체계를 갖추어 병상수를 줄이고, 입원일수도 줄이는 등의 노력을 하여야만 의료체계는 물론, 건강보험제도, 장기요양보험제도와 같은 사회보장제도가 지속 가능해질 것임.

　- 초고령사회가 된다면 현재와 같은 의료와 돌봄체계로는 비용문제는 물론이고 서비스 제공을 위한 자원(병원, 의사, 간호사 등)이 뒷받침되지 못하여 '의료대란'은 물론이고 '돌봄대란'을 겪게 되는 무서운 현실에 직면하게 될 것임.

국가	입원(일수)			외래(방문 횟수)		
	1990	2000	2014	1990	2000	2014
일본	50.5	39.1	29.9	13.8	14.5	12.8('13)
한국	–	12.6('99)	16.5	–	8.8	14.9
독일	16.7	11.9	9	5.3('91)	7.7	9.9
덴마크	8.2	6.2	4.3('13)	3.7	4.2	4.5
스웨덴	18	7.1	6.1	–	2.9('01)	2.9
영국	–	10.7	7.7	6.1	5.3	5.0('09)
미국	9.1	6.8	6.2	3.3('95)	3.7	4.0
캐나다	–	–	–	6.7	7.4	7.6('13)
OECD	15.5	11.6	10.5	6.4	6.5	6.8

표 3. OECD 주요 국가들의 의료이용도(입원은 국민 1인당 연간 입원 일수, 외래는 1인당 연간 의사 방문 횟수 ‖ 자료: OECD Health Data, 2016)

1. 통합서비스의 등장 배경

- 인구고령화와 복합만성질병에 이환된 환자수의 증가로 인한 의료비 압박과 같은 과제는 여러 영역을 가로지르는 서비스통합integrated services이라는 새로운 care 모형의 개발을 요구하고 있음(WHO, 2003).
    - 1차의료가 중심이 되어야 함을 WHO가 제안하고 있음.
    - 1차의료가 강한 의료체계일수록 건강산출물이라는 더 좋은 결과를 나타내고 있으며, 환자의 만족도나 비용-효과성도 높다는 것임(Starfield, Shi and Macinko, 2005).

- 서비스 통합의 정확한 정의는 매우 복잡하여 논쟁적인데, 최근의 문헌에 등장하는 개념 정의만 무려 175가지에 이르고 있음(Armitage et al., 2009).

- 1차의료중심의 서비스통합은 병원이 중심이 되던 지금까지의 의료체계가 지역사회중심으로 전환되는 것을 의미하며, 또한 의료서비스와 요양서비스가 통합적으로 동시에 제공하는 체계가 됨을 의미함(이규식 외, 2017).
    - 이 모형은 주로 유럽지역에서 등장하였으며, 최근 일본에서는 '지역완결형'이라는 표현을 통해 지역포괄케어 시스템으로 등장하고 있음(일본 사회보장제도개혁국민회의보고, 2013).

- 의료와 사회서비스가 별도로 제공되던 병원 중심의료체계가 지역사회중심의 의료와 사회서비스가 통합 제공되는 체계로 바뀌게 된 것은 크게 두 가지 요인이 있음(이규식 외, 2017).
    - 첫째, 상병구조가 만성 질병으로 바뀜에 따라 병원이 만성 질병의 치료에 적합하지 못한 문제가 있음. 완치가 어려운 만성질환자를 자원이 집중적으로 투입된 병원에 입원시킬 경우 의료비만 낭비하는 문제가 있음.
    - 둘째, 1980년대 이후 세계적인 경제침체는 병원의 장기 입원을 감당

---

1 이 부분은 이규식 외(2017), 제4장을 인용하여 재정리하였음.

하기 어렵게 만들었음. 완치가 안되는 만성질병에 이환된 노인들은 혼자서 생활하기 어려워 병원 입원을 선호하지만 국가 경제가 더 이상 노인들을 장기간에 걸쳐 병원에 입원시켜bed blocker 관리하는 비용을 감내하기 어렵게 되었음.

2. 지역사회중심 서비스 공급체계의 약사

● 유럽에서 장기요양시스템long-term care systems이 등장하게 된 것은 1950년대 이후로 대략 60년의 역사를 갖고 있음. 일반적인 발전 패턴은 돌봄이라는 장기요양을 가족문제로만 간주하지는 않았으며, 대부분 국가들이 요양서비스를 시설에서 보완하는 모델을 택하여 다른 서비스와는 구분하였음(Leichsenring, 2004).

  - 북유럽 국가들은 이미 1950년대부터 장기요양을 복지 및 의료체계의 한 부분으로 정의하였음.
  - 남유럽 국가들은 1980년대에 이르러서야 겨우 요양문제가 사회적인 관심사로 대두되었음.

● 유럽 전체 차원에서 장기요양서비스는 가능한 한 시설이 아닌 가정에서 지원되어야 하며 이를 위하여 낮돌봄day care이나 단기체류돌봄short-term care과 같은 서비스가 지원되어야 한다는 일반적인 이론은 없었음.

  - 더구나 가족과 같은 비전문적인 돌봄informal care이 강화되고, 모든 공급자가 협력coordinate해야 한다는 논리도 없었음.
  - 지역사회중심 서비스와 같은 제안은 증가되는 시장 주도 규제 전략의 내용으로 등장하고 있고, 의료와 복지에 대한 공공지출을 줄이기 위한 일반적 시도로서 등장하게 되었음.

● 1980년대 이후부터 장기요양시스템은 국가에 따라 다른 발전 상황을 보이고 있음(RCN, updated 2014).

  - 덴마크는 간호양로원nursing home과 같은 시설의 건립을 법으로 금지시키고 있는 반면 네덜란드는 시설을 시외로 옮기는 개혁을, 프랑스는 소규모 생활단위와 생활지원시설assisted living schemes이 장려되고 있음.

- 노르웨이에서는 co-ordination reform을 통하여 간호사들에게 새로운 기회와 책임을 부여하고 있음.
  · 한 지역사회municipality에서는 퇴원 간호서비스 체계를 구축하여 병원에서 퇴원하여 가정으로 돌아가는 환자에게 원활한 서비스를 제공하는 틀을 구축하였음.
  · 오슬로의 한 지역사회에서는 24시간 가동되는 병원 간호팀을 만들어 퇴원하여 지역사회로 돌아가는 환자를 위한 co-ordinator 기능을 부여하였음.

3. 통합서비스 제공의 모형[2]

● 통합모형은 수직적 통합으로 1차, 2차, 3차의 다른 차원의 의료서비스를 통합 제공하는 모형과 단일 분야의 전문의들 간의 수평적 통합으로 구분할 수 있음(Leichsenring, 2004).

● 통합서비스는 수직적으로든 수평적으로든 노인 인구계층을 위하여 제공될 때 중요해짐. 노인 환자들은 복합적인 만성질병에 시달리고 있어 장기간에 걸친 다양한 니즈를 충족시킬 수 있는 방법이 필요함.
  - 따라서 의료와 사회서비스, 전문서비스formal care와 비전문서비스informal care, 병원이나 의사 서비스 그리고 재가서비스 등의 여러 가지 선택을 통하여 이러한 니즈의 충족이라는 과제가 해결될 수 있을 것임.
  - 이와 같은 상황을 고려할 때 통합의 필요성과 함께 통합을 달성하는 데 다양한 접근이 불가피하다는 것이 명확해짐.

● 서비스 제공의 통합은 수많은 국가에서 seamless care, transmural care, case management, care management, networking 등의 명칭으로 사용되고 있는데, 여기에는 두 가지 흐름이 있음(Leichsenring, 2004).
  - 첫째, 의료서비스 영역 안에서 출발하여 발전한 것으로 managed care 담론과 public health 담론이 있음.

---

2 이 부분은 이규식(2016)과 이규식 외(2017)을 종합하여 재정리하였음.

- 둘째, 사회서비스에 보다 중점을 강조하는 광범위한 접근 전략으로 인간중심의 접근person centered approach과 전체시스템 접근whole system approach이 있음. 전체시스템 접근은 서비스의 협력이나 통합을 실체화하는 조직화 전략에 초점을 두는 제도적 담론institutional discourse으로 보완되고 있음.

● 4가지 담론[3] 가운데 한 가지 담론이 어떤 한 국가에 특징적으로 적용되는 것은 아니고 여러 가지 담론이 적용되고 있음. 예컨대 덴마크의 경우, public health discourse, managed care discourse, horizontal integration, co-ordination/networking discourse가 존재함. 핀란드의 경우 public health discourse, managed care discourse, horizontal integration, vertical integration, person-centered discourse가 존재함(Leichsenring, 2004).

1) 덴마크

● 덴마크는 노인들에 대한 재가 및 지역사회중심의 서비스home and community based services 제공에서 지도적인 위치의 국가로 유럽 전문가들에게 모델 국가로 평가를 받고 있음(Stuart and Weinrich, 2001).

● 덴마크는 다른 북유럽 국가들과 마찬가지로 의료서비스는 지방정부(County였으나 현재는 Region)가 장기요양서비스long-term care는 지역사회Local authority, municipality[4] 책임으로 서비스의 제공과 재정 조달이 이루어짐.

　- 따라서 병원이나 GP는 전부 지방정부Region authority, County 소속이 되어 있었음.

　- 지역사회municipality에서 너싱홈과 홈케어home care 서비스를 관장하는 이원화된 제도를 유지하여 왔음.

　- 장기요양서비스에 관한 규칙은 〈사회서비스통합법Consolidation Act on Social services, CASS〉에 따르도록 하고 있음.

---

3 4가지 담론이란 managed care, public health, person-centered discourse, institutional discourse이며, 이에 대한 구체적인 설명은 이규식 외(2017)을 참고하기 바람.

4 덴마크는 2007년 1월 행정구역 개편을 통하여 16개 County를 5개 Region으로 하고, 275개 Municipality를 98개 Local authority로 전환하였음.

● 의료서비스와 마찬가지로 모든 형태의 장기요양에서 제공하는 서비스도 무료이며, 여기에는 간호양로원 서비스, 돌봄인력을 갖춘 노인들의 집단 거주지Modern close-care accommodation,[5] 재가서비스personal home care 그리고 가사 도움practical help이 있음.

    – 재가서비스나 가사 도움은 자기 집에 있거나 간병주거지nursing dwellings 에 있거나 노인을 위한 특별 주거지에 있거나 개인의 필요도에 따라 제공됨.

    – 수혜자는 2002년부터 가사 도움에 대하여 민간 사업자나 공공사업자 가운데 선택할 수 있고, 2003년부터는 재가서비스에 대하여 선택이 허용되고 있음.

● 덴마크는 노인 인구는 증가하고 노동인구가 감소함에 따라 병원중심의 의료체계로서는 국민 부담의 한계가 있음을 직면하고, 1980년대부터 지역사회중심의 제공 체계를 강구하기 시작하였음(RCN, updated 2014).

    – 1980년대 경제 침체로 인한 국민 부담을 줄이기 위하여 The Commission on Elderly를 발족시켜 가급적 병원 입원을 줄이고 가정에서 필요한 서비스를 받을 수 있도록 하는 서비스 제공 시스템을 구축하기 시작.

● 덴마크는 1984년 지역사회중심의 통합서비스 체계 구축을 위하여 'Skævinge Project'를 시작(Stuart and Weinrich, 2001).

    – 이 사업은 미래지향적이며 혁신적인 통합서비스체계 모형으로 덴마크의 장기요양서비스 발전을 위한 토대가 되었음.

    – 이 사업에서는 예방적이며 대상자 스스로가 자신을 돌볼 수 있는 셀프케어self-care 기술에 초점을 두었으며, 너싱홈과 가정 사이의 간격을 서비스 통합을 통해 대처하였음.

    – Skævinge community에서는 모든 너싱홈을 없애고 너싱홈 시설은 지역사회 지원서비스의 허브hurb로 활용하였음: 여기에서 노인 센터, 낮돌봄, 재활서비스, 24시간 홈케어 지원, 생활지원assisted living을 제공

---

5 입주자는 주택운영에 소요되는 비용을 집세로 부담하고, 서비스는 소득에 비례하여 접근 가능하였음.

하였음.

· 이 프로젝트를 통하여 덴마크형 24시간 홈케어 서비스를 개발하였음.

- 이 사업의 핵심적인 메시지는, 가능하면 노인들이 자신의 자원을 사용하여 독립적으로 살 수 있도록 자극하는 셀프케어 개념을 수용하는 것이었음.

· 가정에 있는 노인들이 스스로 할 수 있는 일에 대해서는 지역사회가 책임을 갖지 않으며, 병이 나면 생활지원 유닛unit으로 옮겨 집에 돌아갈 수 있을 때까지 돌봄을 제공하고, 병원에서 퇴원하게 되면 생활지원 유닛으로 옮겨 집에 돌아갈 수 있을 때까지 돌봄을 제공.

· 간호사는 치료, 돌봄 그리고 지도에 책임을 두도록 하는 것이었음.

· 홈케어의 내용은 청소를 위시한 가사 지원, 너싱케어nursing care, after-hours services for acute needs, 정규적인 가정방문 등이었음.

● 덴마크는 1980년대 중반부터 새로운 너싱홈을 건립하는 대신에 다양한 형태의 assisted living을 개발하였으며, 1988년에는 너싱홈 건축을 제한하는 입법을 하고, 기존의 너싱홈은 독실로 전환.

- 노인들이 케어를 받기 위하여 너싱홈에 입소하는 것이 재정적으로 유리하다는 잘못된 인센티브 구조를 고치기 위하여 입소자가 주거비용을 부담하고 지역사회에서 시설 종류에 상관없이 의료와 요양서비스health and social services 비용을 부담하도록 함(Stuart and Weinrich, 2001).

- 덴마크는 시설보다는 지역사회 서비스에 우선순위를 두고 있어 가급적이면 자기 집에서 돌봄을 받도록 유도하고 있음.

- 그리하여 1987년 노인 주거에 관한 법을 제정하고, 새로운 간호양로원의 건립을 더 이상 하지 않도록 하였음.

- 대신에 자기 집에서 살든, 특별한 주거시설care-close accommodation에 살든 가정간호home nursing, 재가서비스, 가사도움을 받을 수 있도록 하였음.

- 홈케어Home care에는 홈너싱home nursing과 홈헬프home help 개념이 등장.

· 홈너싱은 의사의 처방을 받아 간호사가 가정을 방문하여 의료적으로 필요한 처치(주사, 부상 치료 포함)를 하며, 여기에는 건강증진과 재활서비스가 포함됨.

· 홈헬프에는 일상생활ADL에 대한 지원인 개인서비스와 쇼핑이나 식사

준비, 세탁이나 청소와 같은 가사서비스가 있음.

● 1990년대 중반 덴마크는 전면적으로 의료와 사회서비스(요양서비스)의 통합체계를 달성하였음.

    - 과거에는 너싱홈과 홈케어를 담당하는 조직이 분리되어 있었으나, 두 조직을 하나로 통합하여 노인과 장애인의 돌봄을 (너싱홈에 입소하거나 가정에 있거나 상관없이) 하나의 조직에서 관장하게 되었음.

    - 1996년부터 75세 이상 노인 가정을 지역사회의 케어매니저case manager들이 연간 2회의 예방적 방문을 통하여 개인의 필요도를 평가하고 개인생활을 위한 계획을 도움(Schulz, 2010).

      · 2007년부터는 구역 간호사district nurse가 이 업무를 수행하면서 1차의료전문가들(의사가 아닌 물리치료사 등)이 팀을 이루었음.

● 의료와 사회서비스의 통합 제공 또는 협력적인 제공은 서비스를 효율적이고도 효과적으로 제공하는 데 큰 도움이 되었음.

    - 의료와 장기요양서비스의 조화를 위하여 덴마크에서는 사례관리시스템case management system이 도입되었음.

● 사례관리란 장기요양과 관련된 다양한 서비스를 시간, 장소(제공기관 포함), 서비스 영역에 구애받지 않고 대상자에게 제공하기 위하여 필요도의 사정, 제공 계획, 서비스의 주선, 협력, 모니터링의 모든 과정을 포괄적으로 시스템적으로 관리하는 것임(Schulz, 2010).

    - 재가간호home nursing는 가정간호사에 의하여 제공되며 개인적 돌봄은 요양보호사에 의하여, 가사 도움은 홈헬프워커home help worker, 가정돌보미housekeeper나 자원봉사자에 의하여 제공됨.

    - 모든 서비스는 팀이 구성되어 서비스가 조정되고 정기적으로 모니터링이 이루어짐.

    - 또한 사례관리시스템의 의료 측에서 지원 컨설팅을 담당하는데 지역사회 병원의 노인전문의 또는 노인전문 팀에 의하여 이루어짐.

    - 비록 의료와 사회서비스가 잘 통합이 되었지만, 지방정부의 병원과 지역사회의 사회서비스 행정 간 소통에서 문제가 일어나기도 함.

● 2007년 지역사회 개혁_{Municipal Reform}을 단행(RCN, updated 2014).
- 이 개혁의 목표는 병원 입원일수를 단축하고, 입원 환자를 외래 시설로 이동시켜 병원의 효율성을 높이는 데 두었음.
- 이와 같은 목표 달성을 위하여,
  · 첫째, 지방자문위원회_{Regional Consultative Committee}를 설립하여 지방정부, 지역사회, 개업 의사들이 모여 지역사회 내의 병약한 노인 환자의 퇴원 계획을 수립하고, 정신보건 문제를 갖는 사람에게 요양서비스를 제공하며, 예방과 재활서비스를 제공하는 문제를 협의하도록 하였음.
  · 둘째, 예방과 재활서비스를 지원하기 위하여 지역사회를 감독하는 보건소_{health center}를 건립: 이것은 GP들이 자율성 침해 가능성과 관료화 문제 등의 이유로 반대함에 따라 성과를 거두지 못함.
- 2007년 개혁 이후 덴마크의 의료제공체계는 변화를 이룸.
  · 인구구조가 더욱 고령화됨에 따라 병원은 단기입원환자에 치중하게 되었고, 홈케어는 더욱 복잡하고 다원적인 서비스_{more complex and multiple-care}를 다루게 되었음.
  · 많은 중소병원은 문을 닫고 그 기능이 전문화된 대형병원으로 넘어가거나, 재활 또는 예방, 건강증진을 다루는 진료소로 넘어갔음.

● 지역사회중심의 서비스에서 간호사의 역할은 매우 다양하고 중요함.
- 복합증상의 만성질병을 갖는 환자의 복잡하고 다양한 니즈를 가정에서 돌보는 인력 집단 가운데 간호사의 역할이 매우 중요함.
- 홈케어를 위한 간호사의 역할은 정맥주사_{IV medication}, 원격부상치료, 튜브영양, 호흡요법, 암에 대한 화학요법, 환자교육, 가정투석과 같은 서비스를 제공하는 데 있음.
- 간호사는 또한 완화의료와 호스피스를 위한 사례관리나 조정_{co-ordination}과 같은 새로운 업무도 맡아야 함.
- 그러나 많은 간호사가 필요한 훈련을 받지 못하여 복잡한 간호업무 수행이 어려운 경우가 많음.

2) 스웨덴
● 스웨덴은 덴마크에 비하여 지역사회중심의 통합체계로 전환이 늦었음.

스웨덴에서 병원중심의 의료체계를 지역사회중심의 의료와 요양서비스의 통합체계로 전환하게 된 배경은 덴마크와 거의 유사함.

- 스웨덴도 인구고령화에 따라 새로운 패러다임이 필요하였으며, 특히 스웨덴은 의료 분야에서의 분업division, 그리고 전문화specialization가 분절화fragmentation의 위험을 초래함. 또한 공급자가 공공이든 민간이든 구분 없이 일관성coherence의 결여라는 문제를 초래함에 따라 의료 분야의 모든 참여자 간에 관계를 새롭게 정립하기 위한 통합적인 기전integrative mechanism이 필요해졌음(Andersson and Karlberg, 2000).

● 스웨덴은 전통적으로 의료는 지방정부(County council, 현재 21개)에서 담당하였으며, 요양서비스social care는 지역사회(Municipality, 현재 290개)에서 담당하여 분업화가 이루어졌음. 그리고 지방정부와 지역사회도 징세권이 있어 의료와 요양서비스가 따로 제공될 수 있었음.

- 의료는 지방정부가 담당하여 지역사회의 요양서비스와는 완전히 분리된 체계를 유지하였으며, 요양시설은 단지 병원과 1차진료소와 협력할 것을 명기하였을 뿐 실행이 이루어지지 못하여 사회적 패러다임social paradigm이 아니라 생의학 패러다임biomedical paradigm이 지배하여 의료 이용이 과다해지는 문제가 있는 체계였음.

- 1990년대 경제의 장기 침체로 병원도 구조조정restructuring을 하여 전문화와 집중화를 기하였음(RCN, 2013).

· 응급의료는 대형병원에서 전담하고, 중소병원은 외래와 지역요양서비스를 전문적으로 제공하도록 하였음.

· 노인들에 대한 서비스는 지역사회로 넘기면서 1차의료와 예방의료를 중시하도록 하였으며, 병원서비스와 협력과 연계를 강조하였음.

● 1차의료 이용을 활성화시키고, 의료와 사회서비스 간의 조정co-ordination을 개선하기 위하여 혁신적인 조치innovative initiative를 위하여 'Jönköping County Council' 지역에서 'Esther project'가 실시되었으며, 'Stockholm County Council' 지역 안에 있는 'Norrtälje municipality'에서도 시범사업이 이루어졌음.

● 'Esther project'에서는 'Continuum of care'를 위하여 서비스를 시작하는 진입과 다른 공급자에게 넘어가는 과정을 재설계하여 다음과 같이 실시하였음(RCN, updated 2014; NHS Confedration website, 2017).
  - 서비스 일정의 공개적인 접근introducing open-access scheduling
  - 공급자와 공급을 지원하는 조직들 간의 협약이나 문서 그리고 소통을 통합integrating documentation and communication across providers and commissioners
  - 서비스 제공 팀에 의한 전화 상담introducing team-based telephone consultation
  - 환자 스스로 사용할 수 있는 기구나 기술에 대한 교육의 실시educating patients on self-management tools and skills

● Esther project는 환자에 대하여 1차의료, 병원의료, 사회서비스(재가 서비스 포함) 간의 분절을 극복하여 연속적인 서비스seamless care를 제공하여 3~5년 기간 중에 입원율의 감소, 재원일수의 단축, 진료대기일수의 단축과 같은 성과를 거둠(NHS Confederation website, 2017).

● 2006년에는 Stockholm County Council 안에 있는 'Norrtälje municipality'에서는 세 연령 그룹(-18세, 19-64, 65세 이상)에 대하여 계획, 재정조달, 서비스의 조직화에 초점을 둔 의료와 사회서비스를 통합 제공하는 모형을 설정하였음.
  - 이 개혁을 추진하는 핵심적 요소는 Norrtälje 병원의 폐쇄에 있었음.
  - 지역의 이해당사자stakeholders, 노동조합원, 지역사회 그리고 지방정부와의 자문 과정을 거쳐 의료와 사회서비스를 제공하는 새로운 조직인 'TiaHundra'를 설립하고, 지역주민에게 서비스 제공을 지원하는 거버넌스 구조로 활용하였음.
  - TiaHundra는 Norrtälje municipality와 Stockholm County Council이 공동으로 재정을 부담하기 때문에, 관련되는 사업요원, IT e-health records, stroke 환자에 대한 co-ordinated patient pathway, 홈케어와 개인돌봄서비스 등이 전부 새로운 조직으로 통합이 됨.
  - Norrtälje model이 정착되는 초기 단계에서는 의료진의 관심이 낮았으나, 뒤에는 서비스 제공 과정care pathway을 결정하는 데 보다 적극적인

자문을 하여 서비스의 co-ordination을 개선하는 방법을 정립하고 예 방적 서비스에 역점을 두도록 하였음.

● 의료와 요양서비스 제공의 분화는 많은 단점이 있었음(Johansson and Borell, 1999).

　- 특히 만성질병은 언제 의료적 처치가 완료되고 요양서비스social care가 시작되어야 할지 알기 어려운 문제가 있었음.

　- 노인들은 의료와 요양서비스 두 가지를 모두 필요로 하는 경우가 많음. 그런데 병원, 1차진료소, 요양시설nursing home, 가정으로의 분업은 자원의 비효율적 활용, 협력coordination의 어려움, 서비스 제공의 연속성 결여, 지방정부와 지역사회 간의 비용이나 책임의 전가 등의 문제를 야기하였음.

　　· 예컨대 병원에서 의료적 처치가 완료된 노인이 퇴원하여 가정으로 왔을 때, 스스로 관리할 능력이 없어 퇴원하지 못하고 어쩔 수 없이 병상을 차지하고 있는 bed blocker 문제가 제기되었음.

　　· 1980년대 이후의 유럽사회의 경제적인 장기 침체는 노인의료비 문제에 관용을 둘 수 없는 형편이 되었음.

　　· 그리하여 노인들을 어떻게 돌볼 것인가 하는 문제가 정치적인 이슈가 되었음.

● 스웨덴은 이와 같은 문제를 해결하기 위하여 1992년 Ädel ReformThe Care for Elderly Reform을 단행하였음. 1992년 개혁을 하게 된 배경은 다음과 같이 3가지를 들 수 있음(Andersson and Karlberg, 2000).

　- 첫째, Bed blocker 문제에 대한 해결책이 필요하였음. 의료적 처치가 아니라 호텔 기능의 필요성으로 장기 입원하는 환자가 많아 전문적인 의료(hip replacement, 심장수술 등)가 필요한 사람들의 대기 문제가 심각해짐. bed blocker의 60%가 80세 이상의 노인들이었음.

　- 둘째, 개혁에 대한 사회적인 압력이었음. 고령으로 인한 장애를 고가의 장비나 집중적인 생의학적 처치라는 접근 방법에서 벗어나 보다 개인적 요구에 부합하고, 자율적이고 생의 가치를 지향하는 관점으로 지원 패러다임을 바꾸어야 한다는 사회적 분위기가 있었음.

- 셋째, 경제적 측면이었는데 이 문제가 가장 절박한 배경이었음. 고령
자들을 전문화된 병동에 입원시키는 것은 요양시설에 비하여 훨씬 비
싸고, bed blocker들에게는 병원이 단지 호텔 기능만 하는데 비싼 비
용이 소요된다는 문제가 있었음.
- 이상과 같은 이유로 지역사회 안에서 노인들을 위한 더욱 포괄적인
책임을 갖고 보다 비용-효과적인 방법을 개발할 필요성으로 인하여
1992년 개혁이 이루어졌음.

● Ädel 개혁으로 전문화specialization와 다양화diversification가 이루어짐(Johansson
and Borell, 1999).
- 다양화는 지역사회 활동에서 이루어졌음. 지역사회는 노인들에 대하
여 사회서비스만 전담하였는데, 개혁 후에는 의료적인 업무도 담당하
게 되었음.
- 가정뿐만 아니라 요양시설에서도 의료적인 서비스의 비중이 증가하고
있음. 만성적인 질병을 갖거나 치매를 가진 사람들과 같은 새로운 범주
의 환자들이 지역사회서비스 범주에 포함되었음.
· 제공되는 홈케어로는 청소, 쇼핑, 세탁, 요리와 같은 가사일과 목욕
과 같은 개인 수발, 인슐린 주사나 부상 치료와 같은 의료적 처치, 그
리고 정서적 및 사회적 도움emotional and social support과 같은 것들이 포함
(Szebehely and Trydegärd, 2012).
- 반면 지방정부 영역에서는 1차의료와 병원의료에 집중하는 전문화가
이루어짐.
· 너싱홈은 개혁 전에는 지방정부 책임이었으나 개혁으로 지역사회 책
임으로 넘어갔음.

● Ädel 개혁의 성과가 가장하게 잘 나타난 곳은 bed blocker 수의 감소
와 그에 상응하여 병상수를 줄일 수 있었다는 점임(Johansson and Borell,
1999).
- 이것은 재정 책임을 지방정부에서 지역사회로 넘김에 따른 직접적인
효과로, 의료영역 종사자들이 가능한 한 자신의 환자를 빨리 처리하고
지역사회에서는 보다 비용이 저렴한 주거 형태를 찾도록 하는 인센티

브가 작동한 결과임.

● 스웨덴은 1990-2000 기간 중에 노인인구 증가에 비하여 노인을 위한 서비스 지출은 14%나 감소하였음. 그리고 2000-2009년 기간 중에 아동들에 대한 서비스 예산이 67%가 증가하고 장애인에 대한 예산이 66%가 증가함에 따라 노인들에 대한 서비스 지출의 희생은 불가피하였음(Szebehely and Trydegärd, 2012). 이미 1992년 Ädel Reform으로 병상수를 줄이고 있었는데 2000년대의 노인에 대한 서비스 지출의 감소는 병상수 감축을 더욱 부채질하였음.

  - 이와 같은 개혁의 결과 1992-2005년 기간 중에 병상수는 무려 50%나 감축이 이루어졌음.
  - 의료적 필요도가 남아있는 노인들도 퇴원이 강요되는 지경에 이름.
  - 이와 같은 정책으로 인하여 지역사회municipality는 시설이나 재가노인들에 대한 요양서비스 제공으로 일거리가 많아지게 됨.

● 지역사회 역시 재정 압박을 받고 있었기 때문에 노인들에 대한 서비스 제공을 위한 엄격한 가이드라인을 만들고 케이스매니저case manager의 문지기 기능을 분명하게 하였으며, 많은 지역사회에서 고소득층 노인과 서비스 필요도가 낮은 노인에게 높은 본인부담을 부과하였음(Szebehely and Trydegärd, 2012).

  - 그리고 1980년대 후반부터 세계적 추세가 된 신공공행정New Public Management의 영향을 받아 노인들의 서비스에 대하여 민영화marketisation를 도입하기에 이름.

3) 일본
● 일본도 2012년부터 지역사회중심의 서비스 공급체계인 지역포괄케어를 구축하기 시작하였음.[6]

  - 지역포괄케어시스템은 베이비붐 세대가 75세 이상이 되는 2025년까지 구축을 완료하는 것을 목표로 중증인 요양 간호가 필요한 상태가 되

---

6 일본의 지역포괄케어에 대해서는 후생노동성 홈페이지를 참고하여 정리하였음.

어도 생활이 익숙한 지역에서 인생의 최후까지 지낼 수 있도록, 거주·
의료·개호·예방·생활 지원이 포괄적으로 제공되도록 하는 시스템임.

- 특히 치매노인의 증가가 예상되기 때문에 치매노인이 지역사회에서
생활할 수 있도록, 지역포괄케어시스템의 구축이 중요함.

● 일본은 북유럽 국가들이 1980년대 의료체계를 지역사회중심으로 전환
하고, 의료와 사회서비스를 통합 제공함으로써 병원에서의 재원일수 단축
및 병상수를 단축하는 성과를 보고 지역포괄케어시스템 도입을 결정하여
2025년까지 종결하는 것을 목표로 하고 있음(사회보장제도개혁국민회의보고,
2013).

- 일본은 급성기 병상수가 비록 줄고 있기는 하지만 여전히 세계에서 가
장 많음에 따라 병상수의 감축이 큰 과제가 되고 있음.

- 일본은 지역포괄케어시스템을 통하여 지금까지 '병원완결형' 의료체계
를 '지역완결형' 의료체계로 전환하기 위하여 노력하고 있음.

● 지역포괄케어시스템은 개호보험의 보험자인 시·정·촌이나 도·도·부·현
이 지역의 자주성이나 주체성에 기초하여, 지역의 특성에 따라 만들어 가
도록 하고 있음.

● 지역포괄케어시스템에서 강조하는 것은 ① 치매지원책에 충실, ② 의료
와의 연계, ③ 고령자의 거주와 관련된 시책과의 연계, ④ 생활지원서비스
의 충실임.

- 중점적으로 실행해야 할 사항은 지역 실정에 따라 선택하여 단계적으
로 계획을 수립하도록 하고 있음.

● 지역포괄케어시스템의 구성 요소

- 생활 기반으로서 필요한 거주지가 정비되어 본인의 희망과 경제력에
필적한 거주 지분을 확보하는 지역포괄케어시스템이 전제됨.

- 생활지원·복지서비스: 심신 능력의 저하, 경제적 이유, 가족관계의 변
화 등에서도 존엄 있는 생활을 계속할 수 있도록 생활지원을 실시함.

- 개호·의료·예방: 개인이 갖는 문제에 맞추어 '개호·재활', '의료·간

호', '보건·예방'이 전문직에 의해서 제공됨(유기적으로 제휴하여 일체적으로 제공). 케어매니지먼트에 의해 필요에 따라 생활지원을 함.
- 본인·가족의 선택과 마음가짐: 1인가구·고령자만의 세대가 주류가 되는 가운데 재택생활을 선택하는 것의 의미를 본인 가족이 이해하고 그것을 위한 마음의 준비를 하는 것이 중요.

● 의료와 개호의 연계
- 복합적인 지원으로 생활을 지지하는 지역포괄케어시스템은 여러 주체 간·직종 간의 연계(네트워크)가 중요함.
- 연계를 위해서는 다직종의 상호 이해가 불가결함. 또한, 간호직은 의료와 개호 간에 있으며 다주체 및 다직종의 제휴·협동을 재촉하는 중심적인 역할을 담당함.
- 재택의료를 담당하는 의사에게 다직종 협동IPW, Inter-Professional Work의 중요성을 교육.
  · 재택의료 제휴 거점의 정비를 위해 시·정·촌이 타 지역 의사회 등의 전문직 단체 등과 협력하게 하는 것도 중요함.
  · 다직종이 함께 배워 실천을 공유하는 다직종 교육IPE, Inter-Professional Education의 실시가 중요함.
- 가능한 한 의료 의존도를 높이지 않기 위한 예방적인 시점에서 개호와 케어매니저나 개호직 등에 대하여 재활·간호직의 초기의 적절한 조언이 중요함.

Ⅲ. 지역사회중심 통합서비스 제공체계의 설계[7]

● 지역사회중심의 통합서비스를 제공하기 위한 설계는 매우 정교하게 준비하여야 함.
  - 정교한 준비가 없는 가운데 지역사회중심으로 할 경우, 병원을 퇴원하여 가정으로 돌아간 환자를 가족이 돌봐야 하는 문제가 생김. 이에 따라 다시 병원이나 요양시설을 찾게 되어 국민들만 불편하게 하고 의료비 관리도 어려워지는 문제가 생길 수 있음.
  - 이 절에서는 병원중심의 의료체계를 지역사회중심의 통합서비스 제공체계로 전환하기 위한 준비에 관하여 서술하기로 함.
  - 여기서는 우리나라도 통합서비스를 제공해야 할 필요성을 강조하는 데 초점을 두고 있기 때문에 제공체계의 대략적인 윤곽만 제시할 뿐 구체적인 설계까지 하기는 어려움이 있음.
    · 만약 지역사회중심의 통합서비스 제공체계를 도입하기로 정책적 결정이 나면 보다 구체적인 모형과 이 모형을 토대로 하는 시범사업을 통하여 현실적인 모형이 제시되어야 할 것임.

1. 서비스 제공체계

● 지역사회중심의 통합서비스는 북유럽 국가들의 사례와 같이 의료와 요양서비스integrated health and social care가 같이 제공되도록 해야 함.

● 통합서비스는 가정에 거주하는 대상자를 상대로 다음과 같은 서비스를 제공하여 불필요한 입원을 원천적으로 차단하도록 함.
  - 가정에서 생활하는 대상자에게 필요한 의료를 방문간호사의 지도에 따라 원격으로 제공하거나, 간단한 처치(주사, 상처 치료 등)는 방문간호사가 직접 제공함.
  - 대상자가 기능적인 재활훈련이 필요하면 물리치료사나 작업치료사 등이 방문하여 기능 회복훈련을 제공함.

---

7 이 부분은 이규식 외(2017)을 토대로 일부 내용을 수정하였음.

- 고령의 대상자가 회복 불능의 생의 마지막 단계에 이르면 호스피스를 통하여 완화의료palliative care 서비스를 제공함.
- 그리고 일상의 개인적 돌봄personal care은 물리치료사나, 요양보호사가 제공하고, 가사(청소, 요리)는 다른 도우미가 제공함.

● 이러한 가운데 폐렴과 같은 급성기질병에 이환될 경우 급히 병원으로 이송하여 신속하게 입원 치료를 제공함.
- 급성기질병이라도 병원에 입원하지 않고 외래로 처치가 가능한 경우에는 지역사회가 제공하는 교통수단을 이용하여 병원 외래나 지역사회 개업 전문의의 진료를 제공하도록 함.

● 지역사회중심의 통합서비스 제공과 관련하여 중요한 원칙은 대상자가 병원이나 요양시설nursing home에 입원하지 않고 스스로 가정에서 생활할 수 있도록 지원하는 것임.
- 따라서 환자가 병원이나 요양시설에 입원하지 않고 스스로 생활할 수 있도록 자가관리self-care하는 방법을 습득하는 것이 중요함.
- 대상자에 대한 자가관리에 대한 교육은 병원이나 요양시설에서 퇴원하는 경우 병원이나 요양시설에서 담당하고, 가정에 있는 환자는 방문간호사가 교육을 담당하여 스스로 자기 관리를 할 수 있도록 해야 함.

● 고령사회에서 지역사회중심의 서비스 제공체계는 〈그림 1〉과 같이 구상할 수 있음.
- 급성기의료는 병원과 개업한 전문의가 제공하고, 특히 병원은 급성질병으로 입원하는 환자를 가급적 단기에 완치시킬 수 있도록 더욱 전문화되어야 함.
- 만성질병은 지역사회에서 개업하고 있는 1차의사가 담당하게 됨.
- 지역사회에서 제공되는 사회서비스(돌봄서비스)는 1차의사와 긴밀한 협력하에 방문간호사, 물리치료사, 영양사, 요양보호사, 가사도우미 등에 의하여, 생활상의 장애ADL를 갖는 사람이나 당뇨나 고혈압과 같은 만성질병을 갖는 사람들이 가정에서 불편없이 의료와 돌봄이라는 사회서비스를 받게 되어야 함.

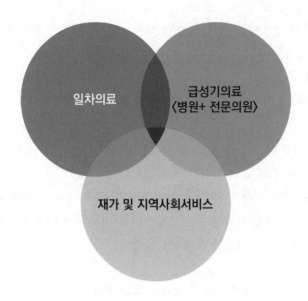

그림 1. 지역사회중심 통합서비스 제공체계

1) 서비스 제공자
● 가정에서 받을 수 있는 통합서비스는 의료와 사회서비스가 통합되었기 때문에 서비스 제공자들도 다양할 수밖에 없음.

① 1차의료 제공자로서의 의사
● 지역사회중심의 통합서비스 제공에서 가장 중요한 인력은 지역사회에 개업하고 있는 1차의사가 되어야 함.

● 1차의사는 사전에 대상자의 집을 방문하여 지역사회 방문간호사 등과 협의하여 사례관리care management를 위한 진료계획care plan을 작성하고, 이 계획에 따라 환자의 집을 왕진하여 의료적 서비스를 제공하거나 원격의료를 통하여 방문간호사로 하여금 필요한 처치를 하도록 처방할 수 있음.
  – 의사는 환자가 의원을 찾아오면 당연히 외래 진료를 제공하고, 급성질병으로 전문의 진료가 필요하다고 판단되면 지역사회에서 개업하고 있는 전문의나 병원으로 후송을 의뢰함.

● 지역사회 통합의료의 핵심 역할을 1차의사가 하기 때문에 1차의사의 수

도 많아져야 할 뿐만 아니라 1차의사의 수준도 가정전문의 수준은 되어야 할 것임.

   - 지역사회중심의 통합서비스를 제공하는 유럽 국가들이 1차의사 자격을 의과대학 졸업 후 의사 면허만 취득한 사람으로 하지 않고, 2-3년의 실습교육을 시키는 것도 모두 이와 같은 이유 때문임.

   - 일본에서 지역종결형 의료체계로 가기 위하여 지역포괄케어가 시작되기 이전인 2003년부터 1차의사가 되기 위해서는 면허 취득이후 2년간의 임상 수련을 요구하고 있는 것도 이와 같은 이유가 있음.

   - 특히 대상자들은 주로 노인임을 감안하여 노인병에 대한 임상적인 수련이 중요함.

● 지역사회중심으로 통합서비스를 제공하기 위해서는 먼저 1차의사 양성 방법부터 개선하여 가정전문의로 전환하거나 임상 수련을 최소 2년간 요구하여 만성질병(특히 노인병) 관리에 차질이 없도록 해야 할 것임. 또한 1차의사가 통합의료의 중심이 되어야 하기 때문에 의사의 숫자도 대폭 늘어나야 할 것임.

   - 반면에 개업하는 전문의 숫자는 대폭 줄어야 할 필요가 있음.

   - 1차의사의 증가와 전문의 감축이 얼마나 필요한지는 정부가 의료계획을 수립하여 대처할 필요가 있음.

② 통합서비스 제공팀 구성
● 지역사회 통합서비스는 통합서비스 제공과 관련되는 인력(의료 및 사회서비스)으로 통합서비스 제공 팀을 구성하여야 함.

● 통합서비스 제공 팀에는 의사, 방문간호사, 물리치료사, 작업치료사, 영양사, 요양보호사, 가사도우미 등이 포함되어야 함.

● 통합서비스 제공 팀은 두 가지 방법으로 구성할 수 있을 것임.

   - 첫째는 1차의사를 중심으로 의원에 방문간호사를 위시하여 참여할 수 있는 인력으로 구성할 수 있음.

   - 둘째는 참여 인력을 모두 한 장소에서 같이 일하는 것이 아니라 의사

와 방문간호사만 한곳에서 근무(의원 1개소에 의사 1인과 다수의 방문간호사)하고, 다른 인력은 각자 속한 기관에서 근무하면서 통합서비스 제공 네트워크를 구성하여 서비스를 제공할 수 있음.

③ 기존 요양사업자와 관계
● 기존 요양사업자는 통합서비스 제공 팀과 합류하여 일할 수도 있고, 통합 서비스 제공 팀과 계약을 통하여 필요한 서비스를 제공할 수도 있음.

2) 서비스 제공을 위한 사례관리care management 도입
● 지역사회에서 통합서비스를 원활하게 제공하기 위해서는 사례관리가 필요함.

● 사례관리란 의사와 방문간호사가 중심이 되어 대상자에 대한 진료계획care plan을 작성(필요 시 요양보호사도 참여)하고, 이 계획에 따라 네트워크를 이루면서 대상자에게 필요한 서비스를 제공하는 것을 말함.

● 진료계획은 의사가 대상자의 건강상태를 진단하고 이를 토대로 필요한 서비스 제공에 대하여 계획표를 작성하게 됨.
  - 이 계획표에는 의사의 주기적인 왕진 계획, 방문간호사의 주기적인 방문 계획, 기능회복을 위한 물리치료사나 작업치료사의 방문 계획, 요양보호사의 방문 계획 등의 진료 및 돌봄서비스 계획이 수립됨.
  - 비전문적인 서비스인 가사 도움은 가사도우미와 가족이나 친지와 같은 비전문가informal care에 의하여 제공되기 때문에 진료계획에는 포함시키지 않아도 됨.

3) 통합서비스 제공과 예방적인 케어
● 통합서비스 제공이 성공하기 위해서는 가능한 한 의료에 대한 의존도를 줄이는 것이기 때문에 예방적인 케어의 제공이 중요함.

● 예방적인 케어는 의료적 차원에서는 예방이나 건강증진이 필요하며, 돌봄에서는 요양예방이라는 두 가지 차원에서 노력이 필요함.

- 의료적인 측면의 예방은 건강증진사업, 건강검진사업, 그리고 건강검진 결과를 토대로 하는 건강지도 등의 적극적인 추진을 들 수 있음.
- 요양적인 측면에서는 기능의 악화를 방지하기 위한 기능 재활과 같은 서비스의 적극적인 제공이 중요할 것임.

2. 통합서비스 제공의 거버넌스

● 통합서비스 제공을 위한 거버넌스에는 서비스 제공을 위한 재정 조달, 관리 주체를 설정할 필요가 있음.

1) 통합서비스 관리 조직

● 통합서비스는 건강보험에서 제공하는 의료서비스와 장기요양보험에서 제공하는 요양서비스가 대종을 이루게 됨.
- 따라서 통합서비스는 국민건강보험공단에서 제공하도록 관리 조직을 검토하여야 함.

● 제공되는 서비스 내용을 볼 때, 통합서비스 제공을 위하여 건강보험과 요양보험을 별도로 운영할 필요가 없을 것임.
- 통합서비스 제공과 관련한 관리 조직은 건강보험공단이 하도록 〈건강보험법〉과 〈노인장기요양보험법〉을 조정하여 단일화할 필요가 있을 것.
- 제공되는 서비스 내용은 단일화된 법의 보험급여에 재가서비스를 포함시키면 간단하게 정리될 것.

● 건강보험공단이 통합서비스를 원활하게 제공하기 위하여 공단지사에 통합서비스를 관리할 수 있는 기구로서 '지역포괄서비스관리소'를 설치할 필요가 있음.
- 지역포괄서비스관리소는 주로 노인들이 필요로 하는 의료 및 사회서비스 제공을 위한 케어매니저 기능을 수행하여야 함. 일본의 '지역포괄지원센터'와 유사한 형태가 될 것임.
- 지역포괄서비스관리소의 이용자는 장기요양보험의 수급자만 아니라 등외자를 비롯한 지역사회에 거주하는 모든 노인들이 그 대상이 되도

록 함.

    - 지역포괄서비스관리소가 제대로 기능을 발휘하려면 방문간호사 인력을 포함하여 물리치료사, 보건교육사, 영양사 등의 인력을 대폭 확보하여야 할 것임.

    - 의료적인 요구 중 급성기질병은 관내의 병원 및 의원과 계약을 맺어 제공하고, 돌봄과 같은 사회서비스는 관내의 요양서비스 제공기관과 계약을 통하여 제공하도록 해야 할 것임.

● 보건소의 진료실 및 보건지소는 지역포괄서비스관리소가 설치된 다른 의료기관과 마찬가지로 지역포괄서비스관리소와 계약을 통하여 주로 노인들의 만성질병을 관리하는 업무를 수행할 수 있을 것임.

● 지역포괄서비스관리소의 구체적인 업무는 일본의 지역포괄지원센터를 벤치마킹할 필요가 있음.

● 통합서비스 제공 팀 설치를 통한 지역사회 단위의 통합서비스 제공 모형 개발을 위하여 몇 개 지역을 시범지역으로 하여 사업모형을 구체화할 필요가 있음.

● 이 모형의 실현은 전반적인 의료체계의 개편이 전제되어야 하기 때문에 지역포괄서비스관리소 모형은 통합서비스 제공 팀의 설립에 앞선 전 단계 조치로 이해하면 좋을 듯함.

● 이 모형은 지역사회 통합서비스 제공을 공단지사가 실행하기 때문에 건강보험공단의 의지에 따라 실천 가능성이 높음.

● 그리고 지역포괄서비스관리소가 설립이 된다면 현재 장기요양보험에서 문제가 되는 요양등급 인정의 지역 간 편차문제도 해결할 수 있는 이점이 있을 것임.[8]

---

8 사공진 외(2016)은 장기요양수급자 인정의 지역 간 편차문제를 없앨 수 있는 대안으로 일본에서 활용하고 있는 '지역포괄지원센터' 설립을 제안한 바가 있음.

2) 재정 조달과 진료비 지불

● 통합서비스 제공을 위한 재정은 현재의 건강보험에서 조달하는 보험료와 정부의 재정 지원으로 조달하면 될 것임. 즉 통합서비스를 제공하기 위하여 별도의 재정 조달은 필요하지 않음.

● 현재 건강보험재정으로 통합서비스를 제공하도록 하고 장기요양보험을 위하여 건강보험재정의 일부를 요양보험으로 넘기는 절차를 없애면 될 것임. 두 법을 통합할 경우, 이 문제는 자연스럽게 해결될 것임.

● 진료비 지불은 1차의사에 대한 것과 1차의료팀에 대한 것을 분리하기보다는 의사를 포함하여 포괄적인 지불 방식으로 하는 것이 타당할 것임.
  - 예컨대 미국의 ACO에서 사용하는 방법과 같이 등록 환자 1인당 정액으로 1차의료팀에 지불하는 방식이 있음.
  - 이 방법은 네덜란드의 질병관리프로그램disease management program 등에서 사용되고 있어 이를 벤치마킹하여 활용할 수 있을 것임.
  - 독일의 질병관리프로그램에서는 등록 환자들의 morbidity-based risk를 기준으로 1인당 정액으로 지불하고 있음.
  - 이와 같은 각국의 사례를 연구한다면 적정한 지불 방법이 고안될 수 있을 것임.

3) 통합서비스 제공과 요양서비스 위축문제

● 통합서비스 제공과 관련하여 사회복지 분야의 종사자들은 자칫하면 통합서비스가 주축이 되어 요양이 위축될 것으로 간주하여 반대하는 입장을 가지고 있음.

● 통합서비스는 어느 직종을 유리하도록 제공하려는 것이 아니라 고령화시대를 맞아 노인들이 완치도 되지 않는 질병(특히 만성질병)으로 급성기병원이나 장기요양병원에 입원하여 의료비를 사용하기 때문임. 따라서 초고령사회가 되기 이전에 제도 개혁을 하지 않으면 건강보험제도도 장기요양보험제도도 지속불가능하다는 위기감에서 시작함을 인식할 필요가 있음.
  - 이 제도가 시행되면 의료 분야가 유리해지는 것이 아니라 입원일수 단

축과 같은 현상이 초래되어 현재보다 더욱 불리해지는 측면이 많음.

- 지역사회 통합서비스 제공은 요양서비스가 위축되는 것이 아니라 의료서비스(특히 입원)를 위축시키고, 대신 가정에서 여러 가지 요양 및 돌봄서비스로 입원서비스를 대체하는 것이기 때문에 요양서비스 제공이 오히려 활성화될 것임.

- 단지 재가 대상자에게 의료와 요양서비스가 통합되어 제공될 때 대상자들의 특성상, 1차의사가 주도권을 쥘 수밖에 없는 현실을 놓고 요양분야가 위축된다고 반대한다는 것은 요양제도의 지속가능성을 위해서도 바람직하지 못함.

3. 지역단위 통합서비스 제공체계 도입에 따른 고려 사항

● 북유럽의 통합서비스를 도입한 국가들은 우리나라와 다르게 의료를 규범적 차원의 공공재로 간주하여 대부분을 지방정부_{county}가 담당하여 병원들도 지방정부 소유로 되어 있었으나, 우리나라는 아직도 정책 당국이나 의료공급자들이 공공성이 강한 사적 재화로 인식하여 입원을 제한하고, 병상수를 줄이는 데 많은 저항이 생길 수 있음.

- 이 문제에 대처하기 위해서는 지금부터 의료계획을 수립하고 그 계획에 맞추어 서서히 입원을 줄이고, 병상수도 줄이는 정책을 사전적으로 도입하여야 할 것임.

- 우리나라와 거의 같은 처지에 있는 일본은 앞에서 살펴본 바와 같이 1990년대 이후부터 입원을 줄이고, 이에 따라 병상수도 서서히 줄어들고 있음. 일본에서 이와 같은 정책이 가능하였던 것은 지역의료계획을 수립하여 실천하였기 때문임.

● 다음으로 통합서비스의 대상을 누구로 하느냐의 과제가 있음. 유럽은 모든 국민을 대상으로 하고 있으나, 우리나라는 현재 노인장기요양보험 대상자를 대상으로 할 필요가 있을 것임.

- 장기요양보험대상자인 65세 이상 노인 전부를 할 것인가 아니면 요양등급을 받은 사람을 대상으로 할 것인가의 문제가 있음.

· 장기요양보험의 대상자는 돌봄이 위주이나 의료를 통합적으로 제공

할 수 있는 시스템을 만들어 현재 장기요양보험에서 의료가 제외되는 불편을 보완하는 데 있음.

- 그리고 장기요양보험의 대상자가 아니라도 만성질병으로 입원하는 사람에 대해서는, 입원기간을 2-3일로 단축하고 퇴원시켜, 가정에서 1차 의료팀에 의하여 만성질병을 관리받을 수 있도록 적용할 필요가 있음.

· 이 경우에는 돌봄서비스 제공은 엄격히 제한되어야 하며 제공할 필요가 있는 경우에도 서비스 기간이 설정되어야 함.

● 유의할 점은 이 제도를 통하여 임상적으로 치료 효과가 없음에도 불구하고 돌봄 문제를 해결하기 위하여 장기간 입원하여 병상을 차지하는 사회적인 문제bed blocker를 줄여 의료체계와 돌봄체계의 지속가능성을 높이도록 하는 데 초점을 두어야 함.

● 노인인구의 비율이 5% 이내로 되어 노인의료비를 걱정하지 않아도 되는 시대에 북유럽은 노인들의 복지 천국이었다고 하여도 과언이 아니었음. 몸이 조금 불편해도 병원에 입원하면 의·식·주는 물론 친구 문제까지 모두 해결되었음.

● 인구고령화가 심각해진 1980년대로 접어들고 경제가 침체기에 들어서면서 낫지 않는 질병으로 무한 입원하는 노인bed blocker들 문제는 국가 전체로 큰 짐이 되었음.

● 이에 덴마크를 필두로 북유럽 국가들은 불필요한 입원(낫지 않는 만성질병으로 입원하는 경우를 말함)을 줄이고 입원일수를 단축시키기 위하여 지역사회중심의 통합서비스 제공체계(의료와 요양서비스의 통합 제공)를 개발하여 입원일수를 대폭 줄이게 되었음.

● 우리나라는 2025년이면 초고령사회로 접어들게 되는데, 이에 대한 대비는 고사하고 입원일수가 세계에서 일본 다음으로 높다는 문제가 있음. 그러나 일본은 이러한 문제의 심각성을 깨닫고, 2012년부터 지역포괄케어라는 지역사회중심의 의료체계로 전환하는 노력을 기울이고 있음. 반면 우리나라는 병상수가 계속 증가하고, 해마다 입원일수가 늘어나 조만간 일본을 앞지를 전망임.

● 우리는 비록 늦었지만 지금부터라도 의료계획을 수립하여 의료체계의 발전 방향을 정하여 병원중심체계를 벗어나, 병상수를 감축시킴과 동시에 지역사회중심의 통합서비스를 제공체계를 도입하여 초고령사회를 대비하지 않으면 2030년대에 '의료대란'이나 '돌봄대란'과 같은 문제에 봉착할 것임.

참고 문헌

사공진 외 (2016), 인정률 편차분석 및 관리방안 마련, 국민건강보험공단, 건강복지정책 연구원.

이규식 (2016), 한국의 노인 의료 및 장기요양 서비스 제공체계의 발전과 개혁방향, 제11회 한일정기심포지움, 연세대학교 원주캠퍼스, 11월 12일.

이규식 외 (2017), 고령사회를 대비한 노인의료비 효율적 관리방안, 국민건강보험공단, 건강복지정책연구원.

日本 社會保障制度改革國民會議報告, 2013年 8月 6日.

Andersson G and Karlberg I (2000), Integrated care for the elderly, the background and effects of the reform of Swedish care of the elderly, *International Journal of Integrated Care*, 41(1): 1-10.

Armitage GD et al. (2009), Health systems integration: state of evidence. *International Journal of Integrated Care*, 9(2): e82.

Johansson R and Borell K (1999), Central steering and local networks: old-age care in Sweden, *Public Administration*, 77(3): 585-598.

Leichsenring K (2004), Developing integrated health and social care services for older persons in Europe, *International Journal of Integrated Care*, 4: 1-15.

Royal College of Nursing (2013), Sweden's Experience with Shifting Care Out of Hospitals, RCN Policy and International Department Policy Briefing 26/13, September.

Royal College of Nursing (updated 2014), Moving Care to the Community: an International Perspective, RCN Policy and International Department Policy Briefing 12/13, March(updated December 2014).

Schulz E (2010), The Long-term Care System for the Elderly in Denmark, ENEPRI Research Report No. 73/May.

Starfield B, Shi L and Macinko J (2005), Contribution of primary care to health systems and health, *Milbank Quarterly*, 83: 457-502.

Strauss A and Corbin JM (1988), Shapping A New Health Care System, The Jossey-Bass Public Administration Series, San Francisco: Jossy-Bass Inc.

Stuart M and Weinrich M (2001), Home- and community-based long-term care: lesson from Denmark, *The Gerontologist*, 41(4): 474-480.

Szebehely M and Trydegård GB (2012), Home care for older people in Sweden:

a universal model in transition, *Health and Social Care in the Community*, 20(3): 300-309.

Torrens PR (1993), "Historical Evolution and Overview of Health Services in the United States", in *Introduction of Health Services*, edited by SJ Williams and PR Torrens, 4th ed., Albany, New York: Delmar Publisher, Inc.

WHO (2003), *The World Health Report 2003: Shaping the Future*, Geneva.

WHO (2010), *Home-Based Long-Term Care*, WHO Technical Report Series 898, Report of a WHO Study Group, Geneva.

http://www.mhlw.go.jp/stf/seisakunitsuite/bunya/hukushi_kaigo/kaigo_koureisha/chiiki-houkatsu/(일본 후생노동성 홈페이지 2016. 10. 01 열람).

http://www.nhsconfed.org/resources/2015/04/esther-model(NHS Confedration website, 2017년 1월 10일 열람).

책임의료조직 도입 방안

김 윤 서울대학교 의과대학 의료관리학교실 교수

Ⅰ. 필요성

1. 고령화와 부적절한 만성질환 관리

- 노인인구의 증가와 높은 만성질환 유병률은 우리나라 보건의료체계의 지속가능성을 위협하고 있음.
    - 이는 우리나라 보건의료체계가 과거 급성질환에 대한 생의학적 중재를 하는 의료체계에서 노인 건강과 만성질환을 효과적으로 관리할 수 있는 체계로 전환하지 못하고 있기 때문임.
    - 2030년 노인의료비는 현재 건강보험 진료비의 약 4배에 달하는 약 92조 원에 이를 것으로 추정되었음.

- 만성질환의 높은 유병률에도 불구하고 적절하게 관리되지 못하고 있음.
    - 2014년 국민건강영양조사 결과에 따르면 고혈압의 혈압 조절률은 45%에 불과하며, 당뇨병의 혈당 조절률은 13%에 불과함.

2. 노인과 만성질환관리에 적합한 의료제공체계[1]

- 여러 선진국은 앞서 기술한 조건을 충족하는 새로운 의료제공체계를 구축하기 위해 오래전부터 다양한 개혁을 추진해 옴.
  - 미국 CMSCenter for Medicare and Medicaid Service는 ACAAffordable Care Act를 근거로 다양하고 혁신적인 의료제공체계 모형의 구축을 시도해 왔음.
  - 영국은 1차의료 트러스트와 병원 트러스트의 형성, 책임 있는 구매자로서 CCGClinical Commissiong Group의 형성 등 다양한 시도를 계속해 오고 있음.

- 선진국에서 새로운 의료제공모형을 시도한 경험을 바탕으로 노인과 만성질환을 효과적으로 관리하기 위해서 새로운 의료제공체계가 어떤 조건을 갖춰야 하는지 알 수 있음.[2] 새로운 의료제공체계는 다음과 같은 조건을 갖춰야 함.
  - 전통적인 입원과 외래 서비스 이외에 퇴원환자 추구관리, 사례관리, 방문진료와 같은 서비스를 포괄적으로 제공할 수 있어야 함.
  - 노인과 만성질환자들이 여러 가지 건강문제를 가지고 있기 때문에 여러 의료기관과 다양한 유형의 의료기관에 걸쳐 의료서비스를 잘 조정할 수 있어야 함.
  - 환자의 건강결과와 의료의 질, 효율성에 의료제공자의 책임이 강화되어야 함.

3. 우리나라에서 책임의료조직의 적합성

- 선진국의 여러 의료 제공체계 모형 중 미국에서 시도되고 있는 책임의료조직 모형이 우리나라에 적합한 모형이라고 할 수 있음. 그 이유는 다음과 같음.
  - 첫째, 행위별수가제를 기반으로 하고 있기 때문임. 예를 들어 영국의

---

1 책임의료조직은 특정 인구집단의 건강결과 진료의 효율성을 책임지기 때문에, 노인과 만성질환자만을 진료하는 것은 아님. 하지만 기존 의료제공자 조직이 노인과 만성질환자(특히 복합만성질환자)를 적절하게 관리하지 못한 것이 책임의료조직 출현의 배경임. 또한 책임의료조직을 통한 진료비 절감효과의 대부분은 중증도가 높은 만성질환자에서 응급실 방문과 입원이 감소하여 얻어진 것임.

2 여기서 의료제공체계는 새로운 모형의 공급자 조직과 지불제도, 인센티브 기전을 모두 포함함.

모형은 인두제를 기반으로 하고 있기 때문에 우리나라에 적용하기 어려움.

- 둘째, 정부의 재정 지원을 받지 않는 민간의료기관을 대상으로 재정기전을 이용하여 새로운 의료제공체계를 구축하는 모형이기 때문임. 미국을 제외한 모든 선진국에서는 공공병원이거나 정부의 재정 지원을 받는 비영리 민간병원이 대부분이라 민간병원이 절대 다수인 우리나라에 상대적으로 적용하기 어려움.

- 셋째, 환자의 의료기관 선택권을 제한하지 않기 때문임. 미국 책임의료조직과 환자중심가정의료PCMH, Patient-Centered Medical Home의 일부 모형은 환자의 등록을 전제로 하지 않으면서도 환자관리에 대한 의료제공자의 책임성을 강화할 수 있는 모형을 제시하고 있음. 물론 궁극적으로 특정 인구집단에 건강관리의 책임성을 강화하기 위해서는 환자들이 등록제를 기반으로 자기가 속한 책임의료조직에서 대부분의 의료이용이 이뤄지도록 하는 제도가 적용되어야 할 것임. 예를 들어 자기가 등록한 책임의료조직 바깥에 있는 의료제공자를 이용할 경우 높은 본인부담률을 부과하는 방안이 있음.

● 하지만, 우리나라와 미국 의료체계의 역사적 발전 경로와 의료제도가 다르기 때문에 책임의료조직을 도입하기 어려운 측면 또한 존재함.

- 1차의료기관을 의료기관 네트워크 또는 집단개원 형태로 운영해 본 경험이 없어서 초기에 책임의료조직을 구성 및 운영하는 과정에서 적지 않은 어려움이 있을 것으로 예상됨.

- 병의원이 찾아온 환자를 진료하는 것에 익숙하지만, 환자의 일상생활을 관리하거나 환자의 건강문제를 해결하기 위해 다양한 외부 기관과 연계 및 조정해 본 경험과 능력이 부족함.

- 의사들이 환자의 건강결과와 효율성에 대해 책임을 지는 것을 수용하기 쉽지 않을 가능성이 높음.

4. 시범사업 모형 개발 필요성

- 책임의료조직 모형을 우리나라에 도입하기 위해서는 반드시 시범사업을 거쳐야 할 필요가 있음.
  - 첫째, 개별 의료기관을 중심으로 운영되어 의료제공자들이 연합하여 의료제공체계를 구축한 경험이 없기 때문임.
  - 둘째, 의료기관에 찾아오는 환자만을 진료하던 방식에서 벗어나 적극적으로 환자를 찾아 관리하는 새로운 방식으로 진료 모형이 변화해야 하기 때문임. 새로운 진료모형에 적응하는 데 적어도 2-3년 시간이 소요됨.
  - 셋째, 환자사례관리와 같이 이제까지 해 보지 않았던 서비스를 제공해야 하기 때문임. 시범사업이 의료진의 서비스 제공 역량을 강화하는 과정이기도 함.
  - 넷째, 우리나라와 미국의 사회경제적 환경과 보건의료체계가 달라서 생기는 중재이질성효과intervention heterogeneity 때문임. 즉 미국에서 의료의 질과 효율성을 개선하는 효과를 냈다고 해도, 우리나라 보건의료체계에서도 같은 효과를 낼 수 있는지를 검증할 필요가 있기 때문임. 예를 들어 우리나라에서는 미국의 전자의무기록 기반의 정보교류체계를 단기간에 구축하기 쉽지 않음.

- 이 글은 책임의료조직 시범사업을 시행하기 위해서, 미국 책임의료조직 시범사업의 모형 설계를 구성요소별로 검토하고 이를 바탕으로 우리나라 시범사업의 모형을 제안하는 것을 목적으로 함. 따라서 책임의료조직의 유형, 조직 구성, 조직 내 거버넌스 체계 등은 이 글의 초점이 아니라 다루지 않음.

1. 미국 CMS 지불제도 개편(Chee et al., 2016; CMS)[3]

● 미국의 지불제도는 의료서비스의 양에 대한 보상에서 가치에 대한 보상(달리 말하면, 의료 질과 효율성에 대한 보상) 방식으로 급격하게 옮겨 가고 있음.

- 미국은 2018년까지 기존 행위별수가제 진료비의 50% 이상을 책임의료조직과 같은 대안적 지불체계로 전환시키려고 계획하고 있음.

● 2015년 제정된 MACRAMedicare Access and CHIP Reauthorization Act에 의해 CMS의 기존 가치기반지불제도value-based payment는 'Quality Payment Program'이라는 명칭하에 두 가지 유형의 대안적 지불 방식으로 통합됨.

- Merit-based Incentive Payment SystemMIPS
- Advanced Alternative Payment ModelsAPMs

1) Advanced Alternative Payment ModelsAPMs

● Advanced APM은 기존 APM[4]에 비해 이익과 손실을 더 많이 공유하는 CMS의 모든 대안적 지불제도를 말함.[5]

● Advanced APM에 해당하는 사업에 참여하면 진료비의 5%를 인센티브로 받음.

- CMS 기존 혁신적 지불제도 사업 중 이익과 손실의 공유 비율이 낮은 것은 Advanced APM에 속하지 않음. 예를 들어 책임의료조직 이익공유모형 유형 1은 여기에 해당하지 않음.

---

3 https://www.cms.gov/Medicare/Quality-Initiatives-Patient-Assessment-Instruments /Value-Based-Programs/MACRA-MIPS-and-APMs/MACRA-MIPS-and-APMs.html.

4 CMS에서 기존에 행위별수가제에 의료의 질과 효율성에 인센티브를 연계한 것을 APMs이라고 함.

5 다음과 같은 것들이 Advanced APM에 속함.
- Comprehensive ESRD Care(CEC): Two-Sided Risk
- Comprehensive Primary Care Plus(CPC+)
- Next Generation ACO Model
- Shared Savings Program: Track 2
- Shared Savings Program: Track 3
- Oncology Care Model (OCM): Two-Sided Risk
- Comprehensive Care for Joint Replacement(CJR) Payment Model(Track 1- CEHRT)
- Vermont Medicare ACO Initiative(as part of the Vermont All-Payer ACO Model)

2) The Merit-based Incentive Payment System_MIPS

● CMS의 기존 인센티브 프로그램은 MACRA에 의해 2017년도부터 모두 MIPS로 통합되었음.

   - 기존 Physician Quality Reporting System_PQRS, Value Modifier_VM, Medicare Electronic Health Record_EHR 인센티브가 한 개의 인센티브 프로그램으로 통합되었음.

   - MIPS는 Advanced APM에 참여하는 의사를 제외한 모든 의사에게 적용됨.

● MIPS에서는 다음 4가지 영역에 대한 평가점수에 가중치를 적용하여 산출된 성과점수를 근거로 인센티브를 제공함.

   - 의료 질_Quality 50%

   - 전자의무기록 인센티브_Meaningful use of certified EHR technology 25%

   - 질 향상 활동_Clinical practice improvement 15%

   - 자원 사용량_Resource use 10%

2. 책임의료조직의 정의[6]

● 책임의료조직_Accountable Care Organizations, ACOs은 CMS의 새로운 의료제공체계 모형의 하나로 Advanced APM에 속함.

● 책임의료조직은 "의사, 병원을 포함한 의료제공자들이 함께 환자에게 잘 조정된 양질의 진료를 제공하는 의료제공자 조직"으로 정의됨.

● 책임의료조직은 특히 만성질환자에게 잘 조정된 양질의 진료를 제공하고 불필요한 서비스의 중복과 의료사고를 예방하는 것은 목적으로 함.

   - 이러한 목적이 성공적으로 달성될 경우 의료의 질 개선과 함께 의료비를 절감할 수 있을 것으로 기대하고 있음.

---

6 https://www.cms.gov/Medicare/Medicare-Fee-for-Service-Payment/ACO/.

3. 모형 유형

1) 1단계 시범사업 모형(McWilliams, 2016)

● 메디케어는 1단계 시범사업에서 다음과 같은 3가지 유형의 책임의료조직 모형으로 시범사업을 시행하였음.

① 이익공유모형 Medicare Shared Savings Program, MSSP

ⓐ 이익공유 프로그램은 책임의료조직 시범사업 중 가장 중요하고 동시에 규모가 큰 사업임. 2017년 1월 기준 현황은 다음과 같음.
- 프로그램 수는 480개이며 대상 인구 9백만 명임.
- 이익만을 공유하는 방식인 유형1(track 1)의 비중 91%로 압도적으로 높음.
- 책임의료조직을 구성하는 의료제공자의 유형은 단독개원의 56%, 집단개원의 group practice 36%, 병원-의원 네트워크 32%, 병원이 1차진료의사를 고용한 경우 14%임(중복 응답을 허용한 결과임).

ⓑ 이는 행위별수가제로 진료비를 지불받는 의료제공자에서 진료비를 절감할 경우 일정 비율의 보너스를 받을 수 있도록 함으로써, 의료의 질과 함께 효율성을 향상시키고자 하는 새로운 제공체계의 모형임.

ⓒ 각 책임의료조직의 과거 3년 동안의 평균 진료비를 기준으로 목표 진료비를 설정함. 이는 진료비 절감액 또는 손실액을 판단하는 기준이 됨.
- 목표 진료비보다 일정 수준 이상 진료비를 절감했을 경우 보너스를 받을 수 있음. 반대로 일정 수준 이상의 손실이 발생했을 경우에 손실을 공유하기도 함.
- 33개 의료 질 지표에서 일정 수준을 충족하지 못할 경우 진료비 절감액에서 받는 보너스를 감액함.

ⓓ 이익공유프로그램 유형 1(MSSP Track 1)
- 최대 이익공유율은 50%이며, 손실은 공유하지 않음.
- 차세대 대안지불제도는 아니기 때문에 5% 사업 참가 보너스를 받지는 못함.

- 7년차 이후에는 유형 2 또는 3으로 반드시 전환해야 함.

ⓔ 이익공유프로그램 유형 2·3(MSSP Tracks 2 and 3)
  - 최대 이익공유율은 60-75%이며 손실도 함께 공유함.
  - 차대세 대안지불제도로서 향후 시범사업에서 계속될 예정임.

② 선지불 책임의료조직 모형Advance Payment ACO Model
  ⓐ 이익공유모형에 일부 환자에 한하여 인센티브를 선지불하는 프로그램
    을 덧붙인 것임.
    - 일부 메디케어 대상자에 대해 일정액의 인센티브를 매월 선지불함.
    - 이는 책임의료조직 구성을 위한 초기 자본투자 여력이 부족한 소규모
      의료제공자 조직에 대해 초기 투자비용을 지원하기 위해 만들어진 모
      형임.
    - 정액방식, 기존 대상자 수 기준 정액방식, 대상자 수 비례 매월 정액을
      지불하는 방식으로 구분됨.
    - 모두 35개 책임의료조직이 선지불 모형 시범사업에 참여하였음. 2차
      시범사업에서 중단된 모형임.

③ 선구자 책임의료조직 모형Pioneer ACO Model
  ⓐ 기존에 이미 포괄적이고 잘 조정된 의료서비스를 제공하고 있었
    던 의료제공자 조직을 대상으로 하였음. 대부분 managed care
    organization들이 참여함.

  ⓑ 이 모형은 이익공유모형shared savings payment model에서 인구집단기반모형
    population-based payment model으로 신속하게 전환하기 위해 만들어진 모형임.

  ⓒ 최초 2년 동안은 이익과 손실을 모두 공유하는 모형으로 운영되나, 3
    년째부터는 인구집단기반모형에 의해 진료비를 지불받는 방식으로 전
    환함.
    - 이익과 손실을 공유하는 비율은 60-75%로 원래 이익공유모형보다
      높았음. 의료 질 평가 결과에 따라 이익공유비율과 손실공유비율이 달

라졌음.

ⓓ 선구자 모형에 참여한 책임의료조직들은 시범사업 기간 동안 의료 질 향상과 함께 재정을 절감하는 성과를 냈음. 하지만, 모형의 경직성과 예측하지 못한 결과 등을 이유로 많은 의료제공자 조직이 중간에 사업 참여를 중단함. 2012년 32개 책임의료조직으로 시작했으나, 2016년 에는 8개만 남음.

3) 2단계 시범사업 모형(McWilliams, 2016)
● 메디케어는 2단계 시범사업에서 3가지 유형의 책임의료조직 시범사업을 시행하였고, 그중 하나는 기존 메디케어 이익공유모형의 유형 2와 3을 지 속하는 것임. 새로운 모형은 다음 2가지임.

① 차세대 책임의료조직 모형Next Generation ACO Model[7]
ⓐ 이익공유모형을 기반으로 하여 재정적 인센티브를 강화한 모형임. 구 체적인 내용은 다음과 같음.
 - 이익뿐만 아니라 손실도 의무적으로 공유.
 - A 유형은 이익과 손실을 80%까지 공유.
 - B 유형은 이익과 손실을 100% 공유.
 - 최소 기준 없이 이익과 손실을 모두 공유.
 - 환자관리와 참여를 활성화하기 위한 기전을 포함.

ⓑ 기존 메디케어 급여 관련 규정 적용을 유예함으로써 환자참여와 환자 관리 활동을 지원하고자 하였음.
 - 적용 유예되는 규정은 원격의료, 퇴원 후 방문진료, 상급요양시설의 3 일 규정three-day skilled nursing facility rule임.
ⓒ 2016년과 2017년에 새로 시작되어 2018년까지 시범사업을 예정하 고 있음. 모두 44개 책임의료조직이 참여하고 있음.

---

7 https://innovation.cms.gov/initiatives/Next-Generation-ACO-Model/index.html.

② 투자 책임의료조직 모형ACO Investment Model[8]

　ⓐ 투자 책임의료조직 모형은 선지불 책임의료조직 모형을 발전시킨 모형으로 다음과 목적으로 개발되었음.
　　- 선지불 책임의료조직과 마찬가지로 초기투자비용을 조달하기 어려운 시골지역의 의료제공자 지원.
　　- 책임의료조직이 없는 농촌지역에 책임의료조직의 확산.
　　- 기존 이익공유모형에 참여한 의료제공자가 더 높은 이익공유비율을 원하는 경우.

　ⓑ 이 모형에서는 책임의료조직이 다음과 같은 방식으로 초기투자비용을 지원받음.
　　- 고정액, 대상자 수 기준 연간 지원금, 대상자 수 기준 월별 지원금.

　ⓒ 2017년 기준 38개 주에 걸쳐 45개 책임의료조직이 이 모형에 참여하고 있음.
　　- 이 모형에 참여한 대부분의 책임의료조직은 100병상 내외의 취약지 병원Critical Access Hospital, CAH이나 입원진료비선불제Inpatient Prospective Payment System, IPPS 병원이 포함되어 있는 것으로 보고되었음.

4. 모형 설계(CMS, 2017)

1) 대상 환자 정의beneficiary assignment

● 책임의료조직이 책임지고 진료하는 대상 환자를 어떻게 정의하는가에 따라 많은 재정적 보상의 크기가 달라지고 성과평가 결과가 달라질 수 있음.
　- 대상 환자가 많을수록 인두제 방식으로 보상받는 진료비가 많아짐.
　- 대상 환자의 위험도가 높을수록 더 많은 진료비가 배정됨. 위험도를 계산하는 데는 나이, 성별, 동반질환, 교육수준 등 다양한 요인이 영향을 미칠 수 있음.

---

8 https://innovation.cms.gov/initiatives/ACO-Investment-Model/index.html.

● MSSP_{Medicare shared savings program}에서는 1차의료서비스(외래 진료)를 많이 받은 기관에 환자를 배정함. 환자는 자신이 속하는 책임의료조직을 선택하지 않음.

2) 목표 진료비 설정_{Benchmark}

● 진료비 목표 진료비(spending targets, 또는 benchmarks)는 책임의료조직 시범사업의 성패와 각 조직의 손익에 큰 영향을 미치는 중요한 제도 설계 요소임.

 - 1단계 시범사업에서는 각 책임의료조직의 목표 진료비를 시범사업 참여 전 3년 동안의 행위별수가 기준으로 산출함.
 - 하지만, 2단계 시범사업에서는 가장 최근 연도의 진료비를 기준으로 산출하고, 각 책임의료조직의 진료비뿐만 아니라 지역 진료비를 함께 사용하여 목표 진료비를 산출하는 것으로 변경됨.

● 각 책임의료조직의 진료비와 함께 해당 지역의 진료비를 이용하여 목표 진료비를 산출하는 이유는 해당 책임의료조직의 진료비 기준으로 목표 진료비를 설정할 경우 다음과 같은 문제가 발생하기 때문임.

 - 첫째, 비효율적인 의료제공자에게 더 많은 보상이 돌아가고 효율적인 의료제공자는 보상을 받을 기회가 줄어듦.
 - 둘째, 1차 시범사업에서 달성한 효율성 수준을 유지하는 것에 대해 보상하지 못함.
 - 다음 번 사업 참여 시에는 직전 3년 동안 진료비가 다시 진료비 목표치가 되기 때문에, 최초 시범사업 기간 동안 진료비를 절감하려는 노력을 유인하지 못함.

● 환자의 위험도를 보정하여 진료비를 산출하지만, 중증환자를 기피하는 등의 부작용이 나타날 수 있음.

 - 정확한 중증도 보정을 통해 책임의료조직의 재정적 목표 달성 노력을 유인할 수 있어야 함.
 - 최근 연구에서 MSSP에서 진료비 목표(spending targets, 또는 benchmarks)가 부적절하게 설정된 결과 취약계층을 주로 진료하는 책임의

료조직이 더 많은 손실을 보는 경향이 있음을 보고하였음(Rose et al., 2016).

● 위험도를 보정한 이후에도 행위별수가제 기반으로 산출한 책임의료조직 간 진료비 변이는 여전히 매우 컸음.

   - 진료비 위험도 보정모형의 예측능력이 여전히 충분하지 않아 위험도 보정 이후에도 설명되지 않는 상당한 크기의 변이가 남았을 가능성이 있음.

   - 따라서 진료비 목표 진료비에 기반한 재정적 보상의 크기를 단계적으로 확대해 나가는 것이 바람직함. 이렇게 해야 한편으로 불공정한 보상이 이뤄지는 것을 막을 수 있고, 기존에 진료비 지출수준이 높은 의료제공자를 시범사업에 참여시킬 수 있음.

   - 환자의 주관적 신체건강상태, 정신건강상태, 흡연 여부와 같은 조사결과를 진료비 예측모형에 추가한 결과 모형의 설명력을 높일 수 있는 것으로 나타났음.

● 목표 진료비 설정 방법 중 가장 최근에 사용하고 있는 차세대 책임의료조직 모형에서 목표 진료비 결정 방법을 구체적으로 살펴보면 다음과 같음.

   - 1단계: 책임의료조직의 과거 진료비 결정.

   - 2단계: 지역 진료비 결정.

   - 3단계: 위험도 보정(Hierarchical Condition Category HCC 기반).

   - 4단계: 의료 질 평가 결과와 효율성 평가 결과를 기반으로 진료비 조정.

① 과거 진료비 결정 ACO's historic baseline expenditure

  ⓐ 최근 1년간 해당 책임의료조직의 행위별수가 기반 실제 진료비를 근거로 과거 진료비를 결정함. 이는 매년 직전 해의 진료비를 기준으로 변경됨.

   - 기존 메디케어 이익공유모형에서는 과거 3년간의 진료비를 사용했음.

② 지역 진료비 결정 regional projected trend

  ⓐ 차세대 모형에서는 목표 진료비를 해당 책임의료조직의 진료비와 지

역 진료비를 모두 반영하여 설정함.
- 책임의료조직의 진료비와지역의 직전 연도 진료비의 비ratio를 적용하여 목표 진료비를 조정함.
- 지역 진료비는 Medicare Advantage의 국가 진료비 추정 방식을 사용하며, 지역 물가지수를 적용하여 산출함.

③ 위험도 보정
ⓐ 목표 진료비 설정 시 각 책임의료조직의 대상자의 진료비 지출에 대한 위험도를 보정하는 것임.
- 이는 책임의료조직이 위험도가 높은 대상자를 기피하지 않도록 하는 효과가 있음.

ⓑ 위험도 보정을 위한 도구로는 CMS가 개발한 HCCHierarchical Condition Category를 사용함.
- HCC 위험도 점수는 성, 연령, 진단명을 사용해서 산출함.
- HCC 위험도 점수는 최대 매년 3%의 증가를 인정함.

④ 의료 질 점수와 효율성 지표를 근거로 한 조정
ⓐ 의료 질 점수: 조정률 0-1%
- 책임의료조직에서 사용하는 의료 질 지표는 다음과 같음.
- 환자경험: 환자경험평가설문 1-7번, 34번 문항.
- 진료 조정 및 환자 안전: 재입원율, 외래민감질환 종합점수, 등통증에서 영상검사, 퇴원 후 투약 조정, 낙상위험평가.
- 예방: 예방접종(인플루엔자, 폐렴), 체질량지수 평가와 추구관리, 우울증 평가와 추구관리, 암검진(대장암, 유방암), 심혈관질환 예방을 위한 스타틴 치료.
- 위험인구집단 관리: 우울증(회복률), 당뇨병(혈당조절, 안저검사), 고혈압(혈압조절률), 허혈성심질환(아스피린 또는 항응고제 투여).

ⓑ 지역 효율성Regional Efficiency: 조정률 +/- 1.0%
- 지역 효율성: 해당 책임의료조직의 최근 연도 1인당 위험도 보정 진료

비와 지역수준에서 1인당 위험도 보정 진료비의 비를 산출하여 적용.

ⓒ 국가 효율성National Efficiency: 조정률은 +/- 0.5%
 - 해당 책임의료조직의 최근 연도 1인당 위험도 보정 진료비와 국가수준에서 1인당 위험도 보정 진료비의 비를 산출하여 적용함.

ⓓ 모든 조정 요소를 다 적용하면 조정률은 최소 0%에서 최고 3.75%가 됨.

3) 이익 공유 모형Risk Arrangements
● 책임의료조직에서 진료비 지불 방식은 의료기관과 의료진에게 동기를 부여함으로써, 의료 질과 효율성을 향상시키는 데 중요한 영향을 미침. 어떤 진료비 지불 방식을 선택하느냐에 따라 의료제공자가 이익을 볼 수 있는 기회를 제공함과 동시에 손실을 입을 수 있는 위험의 크기가 달라짐.

● 책임의료조직에 대한 지불모형은 다음과 같은 5가지 방식으로 구분할 수 있음(American Academy of Actuaries, 2012).
① 이익 공유"One-sided" shared savings
 ⓐ 공급자는 행위별수가제를 기본 지불 방식으로 하면서 발생한 이익의 일부를 보험자와 공유하며, 손실에 대해서는 책임지지 않는 모형임.

 ⓑ 이익과 손실은 환자의 인구학적 특성과 동반질환을 이용하여 산출한 기대진료비와 실제진료비의 차이를 근거로 산출됨.
  - 과거 진료비를 근거로 이익과 손실을 계산할 경우, 의료제공자는 기저 진료비 산출의 근거가 되는 기간 동안 의료제공량을 늘리려는 바람직하지 않은 동기가 생길 수 있음. 또한 기존에 비효율적인 기관에 더 많은 보상을 받고 반대로 효율적인 기관은 손해를 보게 될 수도 있음.
  - 따라서 개별 기관의 과거 진료비와 함께 비슷한 유형의 의료기관의 평균 진료비를 함께 사용함으로써 이러한 바람직하지 않은 동기를 해소할 수 있음.

② 이익과 손실을 모두 공유"Two-sided" shared savings

ⓐ 공급자는 행위별수가제를 기본 지불 방식으로 하면서 진료 결과 발생하는 이익과 손실에 모두를 보험자와 공유하는 방식임.

ⓑ 이러한 모형은 의료제공자로 하여금 손실의 위험을 회피하기 위해 비용을 줄이는 데 강력한 동기를 부여함. 따라서 효율성을 높이기 위해 의료의 질이 나빠질 가능성이 있음.

4) 차세대 책임의료조직 모형의 이익공유 방식

● 이익과 손실은 해당 책임의료조직의 목표 진료비와 실제 진료비의 차이로 계산됨.

  - 진료비 극단치에 해당하는 대상자의 진료비는 이익과 손실을 산출하는 대상에서 제외함. 99% 이상에 해당하는 대상자의 진료비에 대해서는 책임의료조직이 책임을 지지 않아도 됨.

● 이익과 손실의 최대치는 15% 상한선이 설정되어 있어 과도한 이익이나 손실이 발생하지 않도록 하였음.

● 차세대 책임의료조직 시범사업에는 다음과 같은 2개의 이익공유 유형이 있음.

① 유형 A: 높은 수준의 위험 공유Increased Shared Risk

  ⓐ Parts A and B Shared Risk

  ⓑ 1~3년차: 80% 이익 공유율

  ⓒ 4~5년차: 85% 이익 공유율

  ⓓ 이익률 또는 손실율 상한 5~15%(매년 각 책임의료조직이 결정)

② 유형 2: 완전한 위험 공유Full Performance Risk

  ⓐ 100% 이익 또는 손실 공유율

  ⓑ 이익률 또는 손실률 상한 5~15%(매년 각 책임의료조직이 결정)

5) 진료비 지불 방식

● 차세대 책임진료조직에서 진료비 지불 방식은 다음과 같음.

① 유형 1: 행위별수가

ⓐ 기존 메디케어 행위별수가와 동일하게 진료비를 지불하는 방식임.

② 유형 2: 행위별수가+월 단위 기반비용Monthly Infrastructure Payment

ⓐ 행위별수가 진료비 이외에 대상자 1인당 매월 정액 인프라 비용을 지
불함. 이는 책임의료조직에 속한 의료기관을 지원하는 다양한 활동의
비용에 대해 보상하는 것임.

- 이익 또는 손실 발생과 무관하게 책임의료조직에 지불됨.

- 1인당 6$를 넘지 않도록 되어 있음.

- 이는 직전 연도 실적을 근거로 책임의료조직에 지불됨. 또한 이는 책
임의료조직 운영에 안정성을 부여함.

③ 유형 3: 인구집단기반 지불Population-Based Payments

ⓐ 대상자 1인당 월정액의 진료비를 지불하는 방식임.

- 대상자가 해당 책임의료조직이 아닌 곳에서 받은 진료량을 고려하여
행위별수가제 진료비에서 일정 비율로 감액한 진료비를 기준으로 1인
당 인구집단기반 지불액수가 정해짐.

- 1인당 월정액 진료비는 직전 연도의 진료비를 기준으로 하며 감액율
은 책임의료조직마다 달라질 수 있음.

- 이익과 손실을 공유할 때는 감액된 진료비가 아니라 원래 행위별수가
진료비를 기준으로 함.

④ 유형 4: 인구집단기반 포괄지불All-Inclusive Population-Based Payments

ⓐ 인구집단기반 포괄지불에서 지불되는 진료비는 연간 총 진료비 예측
금액을 기준으로 산출됨.

ⓑ 이 유형을 선택한 책임의료조직은 행위별수가 진료비를 전혀 진료비
를 청구할 수 없음.

6) 위험도 보정

- 책임의료조직은 의료비 손실의 위험부담을 피하기 위해 중증환자를 진료하지 않으려는 경향이 생김. 이를 해결하기 위해서는 각 환자가 어느 정도의 진료비를 사용할 것인지를 보정하는 위험도 보정이 필수적임.
  - 위험도 보정이 정확하지 않으면 중증환자를 많이 보는 제공자가 손해를 보게 됨.
  - 일반적으로 사회경제적 지위가 낮은 지역에 위치한 의료기관이 중증환자를 더 많이 진료하는 경향이 있기 때문에, 중증도 보정이 정확하지 않으면 형평성을 떨어뜨리게 됨.

- 위험도 보정 모형은 인구학적 변수와 동반질환을 이용한 CMS-HCC 모형을 사용함.
  - CMS-HCC 모형은 설명력R-square은 약 40-50% 수준에 머무르고 있어 개선할 필요가 있음.

5. 평가

1) 효율성(McWilliams et al., 2016): MSSP

- 2012년과 2013년에 시범사업에 참여한 220개 책임의료조직에서는 진료비가 약간 줄어든 것으로 나타남. 하지만, 책임의료조직에게 지급된 인센티브를 고려하면 진료비 절감 효과는 거의 없었음.
  - 2012년에 참여한 책임의료조직에서 대상자 1인당 진료비 절감액은 144$였으며, 이는 진료비의1.4%에 해당함.
  - 2013년에 참여한 책임의료조직에서는 대상자 1인당 진료비 절감액은 3$에 불과함.
  - 진료비 절감 효과가 미미했던 이유는 대부분의 책임의료조직이 손실위험을 공유하지 않는 이익공유모형 유형(1)을 선택했기 때문임.
  - 이처럼 진료비 절감효과가 미미했던 유형(1) 모형은 2단계 advanced Alternative Payment ModelAPM 시범사업에서 제외되었음.

- 1차 진료의사 중심 책임의료조직에서 병원중심 조직에 비해 진료비 절감

액이 더 컸음.

2) 효율성(L&M Policy Research, 2016): 선구자책임의료조직 모형_{Pioneer ACO Model}

- 선구자책임의료조직 모형에 참여한 의료제공자들은 인구집단의 건강을 관리하는 데 어려움을 겪었음. 그 외에 목표 진료비 설정 방법, 대상자 배정 알고리즘과 같은 규정 때문에 진료비 절감 효과를 내기 어려움.
  - 이런 이유로 책임의료조직 대부분이 중간에 시범사업 참여를 중단함.
  - 하지만, 2차 년도까지 사업에 참여한 조직들은 대부분 진료비 절감 효과를 이루어 냄.

- 선구자 책임의료조직에 참여한 의료제공자들은 상당한 환자관리경험이 있었음에도 불구하고 적극적으로 이익을 공유하는 유형을 선택하지 않음.

3) 성공적인 책임의료조직의 특성(D'Aunno et al., 2016)

① 지역병원과의 좋은 협력관계

  ⓐ 책임의료조직의 참여 공급자 유형 중 병원-의원 네트워크는 약 1/3에 불과함. 따라서 1차의료기관 중심의 책임의료조직은 효과적인 환자의 뢰 및 퇴원환자 추구관리를 위해 지역병원과 좋은 협력관계를 구축할 필요가 있음.
    - 우수한 책임의료조직은 시범사업 참여 전부터 지역병원과 좋은 협력관계를 맺고 있음. 이러한 협력관계를 바탕으로 책임의료조직이 자기 환자가 어떤 이유로 언제 입원했는지, 응급실을 방문했는지, 언제 퇴원했는지를 알 수 있게 됨.

  ⓑ 이러한 정보를 바탕으로 책임의료조직은 환자가 퇴원한 후 30일 이내에 효과적인 치료 및 추구관리를 수행할 수 있음.

  ⓒ 책임의료조직이 지역병원과 좋은 협력관계를 유지할 수 없는 이유는 다음과 같음.
    - 첫째, 책임의료조직에 속한 1차진료의사들이 여러 지역에 분산되어 있는 경우.

- 둘째, 책임의료조직의 1차 진료의사와 지역병원이 오랫동안 경쟁관계에 있었던 경우. 이와 비슷하게 지역 병원들 간 치열하게 경쟁하는 상황에서 경쟁적 분위기가 책임의료조직에서도 영향을 미치는 경우.
- 셋째, 책임의료조직이 지역병원과 좋은 협력관계를 갖는 것의 중요성을 인식하지 못하고 있거나, 동기부여가 되지 않은 경우.
- 넷째, 책임의료조직의 1차진료의사가 지역병원에 환자의뢰 흐름을 통제할 수 없는 경우.

ⓓ 이는 지역병원과 의원으로 구성된 정보교류체계를 기반으로 체계적이고 집중적인 추구관리(퇴원환자와 응급실 방문환자를 관리하는 체계)가 필요함을 의미함.

② 원래 좋은 성과를 냈던 1차진료의사 그룹

ⓐ 지역병원과의 좋은 협력관계는 책임의료조직이 퇴원환자를 효과적으로 추구관리 할 수 있는 중요한 기반을 제공함.
- 책임의료조직 형성 이전에 큰 규모의 1차진료의사 그룹[9]으로 존재하던 의료제공자 조직이 좋은 성과를 내는 것으로 나타남.
- 이는 책임의료조직이 달성 가능한 최고 수준의 성과를 내기 위해서는 상당한 시간이 걸릴 가능성을 시사함.

ⓑ 이는 의미 있는 수준의 성과 개선이 이뤄지기 위해서는 대개 2-3년이 걸린다는 기존 조직 변화 관련 연구 결과에 부합함.

③ 효과적인 의사 지도자

ⓐ 책임의료조직 내에 지도력이 있는 의사가 의료기관을 경영하는 경우 좋은 성과를 내는 것으로 나타남. 특히 경영진이 오랜 기간 지속적으로 질을 개선하기 위해 노력해 온 경우 좋은 성과를 냄.
- 의료진과 신뢰에 바탕을 둔 변화 추진.
- 지속적인 변화에 익숙해져 책임의료조직이 된 이후 진료 과정의 변화에 잘 적응.

---

9 대개 약 200명 이상의 1차진료의사가 참여하는 경우를 말함.

ⓑ 책임의료조직에서 좋은 성과를 내는 경우에는 질 향상 관련 다음 2가
지 요인이 큰 영향을 미치는 것으로 나타남.
- 전자의무기록의 사용.
- 의사별 성과에 대한 시의적절한 정보 환류.

④ 전자의무기록의 수준 높은 사용
ⓐ 의료기관 전자의무기록의 기능이 책임의료조직의 성과에 많은 영향을
미치는 것으로 나타남.
- 개별 환자의 관리뿐만 아니라 환자군을 관리하는 데도 유용.
- 책임의료조직 내에서 환자가 많이 몰리는 1차진료의원에 대해 사례관
리자를 파견하는 등에 활용.

ⓑ 이와 함께 정보교류체계의 활용함으로써 환자 진료정보를 보다 완전
하게 파악할 수 있음.

⑤ 의사에 대한 효과적인 정보 환류
ⓐ 의사 개인별 성과평가 결과를 신속하게 의사들에게 제공함으로써 의
사들의 질 개선 노력을 유도할 수 있음.
- 적절한 성과평가지표의 선정.
- 신속한 평가 결과의 환류.

⑥ 환자 사례관리와 의사 진료를 긴밀하게 결합
ⓐ 성공적인 책임의료조직은 환자 사례관리를 환자 진료 과정에서 통합
하여 적극적으로 활용하는 것으로 나타남.
- 사례관리자는 대부분 급성기 진료, 요양병원, 방문간호 등 다양한 분
야에서 경력이 있는 간호사로 구성되어 있음.

1. 대상 환자 정의

- 1단계 사업에서는 후향적으로 1차의료서비스(외래 진료)를 가장 많이 받은 기관에 환자를 배정하는 방식으로 책임의료조직의 대상환자를 정의함.
  - 우리나라 국민은 오랫동안 의료기관을 자유롭게 선택할 자유를 누려옴. 따라서 사업 초기에는 등록을 전제로 의료이용을 제하는 방식이 적합하지 않음.
  - 이는 미국 책임의료조직 사업에서 대상환자를 정의하는 방식과 동일함.

- 2단계 사업에서는 전향적으로 환자가 책임의료조직을 선택하도록 하는 방식으로 진화시킴으로써, 이러한 전향적 대상자 등록은 인구집단기반 진료비 지불 방식과 함께 사용하는 적이 바람직함.
  - 책임의료조직에 대한 환자의 신뢰가 생기면 이를 기반으로 전향적인 등록제를 시행할 수 있을 것임.
  - 전향적인 등록방식을 택하면 책임의료조직은 의료 이외에 주거, 영양, 이동 등과 같은 건강에 큰 영향을 미치는 사회복지서비스를 연계하거나 제공할 수 있음.

- 책임의료조직 도입으로 인한 의료 질과 효율성의 편익은 노인과 만성질환자에 대한 건강관리에서 생겨나지만, 대상환자를 노인과 만성질환자로 제한할 필요는 없음. 어린이와 건강한 성인도 포괄적인 서비스와 지속적인 건강관리서비스로부터 편익을 기대할 수 있음.

2. 목표 진료비 설정

1) 고려 사항

- 목표 진료비 해당 책임의료조직의 진료비를 근거로 설정하면 다음과 같은 장단점이 있음.

- 이러한 방식의 장점은 대상자 1인당 평균 진료비가 높은 기관도 시범사

업에 참여할 수 있다는 것임.

● 반면에 이러한 방식은 효율적인 조직에 불리하다는 것임.
  - 첫째, 비효율적인 의료제공자에게 더 많은 보상.
  - 둘째, 과거에 달성한 높은 효율성 수준을 유지하는 것에 대한 보상하지 않음.
  - 다음번 사업 참여 시에는 직전 3년 동안 진료비가 다시 진료비 목표치가 되기 때문에, 최초 시범사업 기간 동안 진료비를 절감하려는 노력을 유인하지 못함.

● 이러한 비판을 고려하여 CMS는 차세대 책임의료조직 모형에서는 개별 의료기관의 대상자 1인당 진료비와 함께 시범사업 지역의 진료비를 함께 사용하는 방식을 도입함.

2) 방안
① 1차 시범사업의 목표 진료비(3년 동안)
  ⓐ 목표 진료비=해당 책임의료조직의 최근 3년 진료비 평균
  - 시범사업을 처음 시작할 때는 평균 진료비가 높은 의료기관도 시범사업에 참여할 수 있도록 개별 책임의료조직의 진료비를 목표 진료비로 설정함.

② 2차 이후 사업에서의 목표 진료비의 설정
  ⓐ 1차 시범사업 이후로는 해당 책임의료조직의 평균 진료비와 행위별수가로 진료하는 다른 의료기관을 포함한 국가와 지역 진료비 평균값을 반영함.

  ⓑ 점진적으로 해당 책임의료조직 진료비 평균값의 가중치를 낮춰감으로써 개별 의료제공자의 변이가 미치는 영향을 줄여 나갈 수 있음.

  ⓒ 이와 함께 기존에 성취한 효율성 개선 결과에 대한 지속적인 재정적 보상이 가능함.

- 국가 평균과 지역 평균은 행위별수가제로 운영되는 대부분의 의료제
공자의 진료행태를 반영한 진료비이기 때문에 책임의료조직이 과거 진
료비 절감 성과를 지속적으로 인정받을 수 있음.

③ 목표 진료비 설정 예

ⓐ 1차 사업

목표 진료비= 해당 책임의료조직의 최근 3년 진료비 평균

ⓑ 2차 사업

목표 진료비= ½ *(국가 평균 + 지역 평균) + ½ *(해당 책임의료조직 평균)

ⓒ 3차 사업

목표 진료비= ⅓ *(국가 평균 + 지역 평균 + 해당 책임의료조직 평균)

3. 이익공유 모형

1) 1단계: 이익만을 공유하는 방식을 허용 "One-sided" shared savings

● 의료제공자들이 새로운 의료서비스 제공 방식에 익숙하지 않고, 그 결과
제공되는 의료의 질과 효율성에 불확실성이 존재함. 1단계에서는 "이익만
을 공유하는 방식을 허용"하는 것이 바람직함.

● 따라서 1단계에서는 다음과 같이 2개의 이익 공유 모형을 제시하고, 사
업에 참여하는 책임의료조직이 선택을 허용함.
  - 모형 1: 이익만을 공유하는 모형.
  - 모형 2: 이익과 손실을 모두 공유하는 모형.

● 이익공유 모형의 다음과 같은 세부 사항도 정의해야 함.
  - 이익 또는 손실의 공유 비율 설정.
  - 이익 또는 손실의 진료비의 상하한 설정.
  - 책임의료조직의 실제 진료비 산출에서 제외해야 할 열외군 환자의 기
    준 설정(예: 95% 또는 99%).

2) 2단계: 이익과 손실을 모두 공유"Two-sided" shared savings

● 의료제공자들이 새로운 의료서비스 제공방식에 익숙해지고, 이익과 손실의 발생에 대한 불확실성이 낮아지면 2단계에서는 "이익과 손실을 모두 공유하는 방식"으로 전환하는 것이 바람직함.

● 이익의 공유 비율에 따라 세부 모형을 설정할 수 있음.

4.진료비 지불 모형

1) 모형

● 차세대 책임진료조직에서 진료비 지불 방식은 다음과 같음.
   - 유형 1: 행위별수가
   - 유형 2: 행위별수가 + 월 단위 기반비용Monthly Infrastructure Payment
   - 유형 3: 인구집단기반 지불Population-Based Payments
   - 유형 4: 인구집단기반 포괄지불All-Inclusive Population-Based Payments

2) 방안

● 1단계 사업에서는 행위별수가를 기반으로 하되 월 단위 환자관리비용을 지불하는 유형 2 방식이 적절할 것으로 판단됨.
   - 유형 1: 행위별수가
   - 유형 1: 행위별수가

● 환자의 건강 결과와 효율성에 대해 책임의료조직이 위험과 이익을 공유하는 유형 3과 유형 4는 2단계 사업에서 도입하는 것이 바람직할 것임.
   - 책임의료조직의 인구집단 건강관리에 대한 책임과 여기에 가입한 환자의 의료이용에 대한 책임은 상호 비례해야 함. 환자의 책임의료조직 외부에서의 의료이용이 빈번하게 이뤄지면 환자의 건강을 책임지고 관리하기 어렵기 때문임.
   - 따라서 유형 3과 4의 모형에서는 책임의료조직에 등록된 환자가 조직 외부에 있는 의료기관을 이용할 경우 높은 본인부담률을 적용하는 것이 적절함.

- 유형 4인 인구집단기반 포괄지불은 미국의 HMOs와 같은 대규모 폐쇄적 의료제공자 네트워크가 시장에서 서로 경쟁하는 환경이 마련된 이후에 도입될 수 있을 것임.

5. 위험도 보정

● 우리나라에서 건강보험청구자료를 이용하여 CMS-HCC 위험도 보정 모형을 구축한 결과에 따르면 미국에서 개발된 모형의 설명력과 유사한 수준임(김윤 외, 2016).

   - 하지만, 위험도 보정이 정확하지 않으면 중증환자를 많이 보는 제공자가 손해를 보기 때문에 모형의 설명력을 개선할 필요가 있음.

   - 1단계에서는 각 책임의료조직의 진료비를 인정해 주기 때문에 위험도 보정이 재정적인 영향을 미치지 않으나, 2단계에서는 지역 진료비를 반영하기 때문에 위험도 보정의 설명력이 높아야 함.

● 위험도 보정 모형에 환자 진료비에 영향을 미칠 수 있는 환자의 건강행태와 사회경제적 요인을 모형에 포함하는 방안을 검증할 필요가 있음.

6. 정보체계

● 지속적인 환자관리를 위해서는 책임의료조직 내에서 환자정보 교류가 가능해야 함. 이를 위해서 필요한 조치는 다음과 같음.

   - 정보교류, 환자정보보호를 포함한 전자의무기록의 기능에 대한 정의와 인증 체계.

   - 의료기관 사이에서 교류해야 할 의무기록 서식과 그에 포함될 정보의 항목에 대한 합의.

   - 교류하기로 합의한 정보를 실제로 교류할 때, 상호운용성inteoperability을 보장하기 위한 보건의료정보 표준의 마련.

   - 병의원이 전자의무기록을 구축하는 데 필요한 초기 자본투자에 대한 지원과 지속적 사용에 대한 재정적 인센티브.

7. 시범참여 유인

● 병의원의 책임의료조직 시범사업을 유도하기 위해서 다양한 유인을 마련할 필요가 있음.

- 첫째, 시범사업 참가에 대한 진료비의 5%에 해당하는 가산. 이는 새로운 방식의 서비스 제공을 위해 의료진에 대한 교육을 포함한 변화관리 비용과 초기 시설 개선과 같은 자본적 투자비용에 대한 보상이 필요하기 때문임.

- 둘째, 의료인력에 대한 교육과 벤치마킹, 상호학습 등을 포함한 다양한 지원을 담당하는 사업 지원 조직을 운영해야 함.

- 셋째, 책임의료조직에 참여하는 의사와 의료기관이 자신들의 성과를 알 수 있도록 다양한 지표를 활용한 정보 환류 체계가 마련되어야 함.

1. 쟁점

1) 상급종합병원의 참여 허용 여부

● 상급종합병원이 중심이 되어 책임의료조직을 구성할 경우 여러 가지 긍정적인 요인이 있음.

- 초기에 병의원을 조직화하여 책임의료조직을 구성해 내는 역량 보유.
- 환자가 상급종합병원을 신뢰하기 때문에 적극적으로 참여할 가능성.
- 규모의 경제를 갖는 책임의료조직 가입자 수 확보 가능(예: 5만 명).

● 하지만, 상급종합병원중심 책임의료조직이 갖는 부정적인 요인 역시 적지 않음.

- 우리나라 의료제공체계가 상급종합병원을 중심으로 수직적으로 계열화되어 상급종합병원의 영향력이 지금보다 더 커질 가능성을 우려.
- 상급종합병원의 시장지배력 확대를 우려하여 의원과 중소병원이 책임의료조직 시범사업 자체에 반대할 가능성.
- 책임의료조직이 환자의 건강결과와 효율성을 개선하기 위해서는 노인과 복합만성질환자에 대한 지역사회서비스 관리를 강화해야 하는데, 입원과 첨단기술 중심의 진료에 익숙한 상급종합병원이 이러한 서비스에 적극적이 않을 가능성.

2) 만성질환관리 전문기관의 참여

● 만성질환자에 대한 사례관리를 1차의료기관에서 직접 담당하는 것이 아니라 이를 담당할 별도의 만성질환관리 전문기관이 담당하도록 하는 것이 바람직하다는 주장이 있음.

- 사례관리 간호사, 사회복지사, 영양사, 약사 등으로 구성된 사례관리팀이 환자에 대한 교육과 추구관리, 서비스의 조정과 연계를 담당.

● 만성질환관리자 전문 대행기관은 다음과 같은 장점이 있음.

- 동네 의원이 만성질환를 관리할 수 있는 경험과 역량이 부족하기 때문에 전문성이 있는 기관이 담당하는 것이 바람직함.

- 동네 의원이 사례관리인력 또는 사례관리팀을 운영할 수 있을 만큼 충분한 수의 만성질환자를 확보하기 곤란하기 때문에 별도의 전담조직을 두는 것이 바람직함.

● 하지만, 다음과 같은 단점도 있음.
- 만성질환자 관리가 성공하기 위해서는 1차 진료의사 중심의 만성질환 관리가 되어야 함. 그런데 별도의 전문기관이 환자사례관리를 맡을 경우 1차의료기관이 아니라 전문기관 중심으로 환자관리가 이뤄질 가능성이 높다. 이 경우 만성질환관리의 성과를 내기 어려울 가능성이 높음.
- 미국에서 이뤄진 다양한 모형의 만성질환관리 중 의사 중심 모형인 PGP Physician Group Practice 시범사업이 성공하여 PCMH 사업으로 발전하였음.

2. 고려 사항

1) 협력 체계(Kastor, 2011)
● 책임의료조직이 성공적이기 위해서는 의료진, 진료과, 의료기관 사이에 협력이 잘 이뤄져야 함. 의료기관 사이, 진료과 사이, 의료진 사이에 협력을 촉진하는 방안을 마련해야 함.

2) 부작용 모니터링체계 구축
① 진단명의 정확성과 진단명 과잉에 대한 우려
 ⓐ 목표 진료비를 설정하기 위해서는 진단명을 활용한 위험도 보정이 필요함. 진단명의 정확도를 높여야 하며 동시에 실제 진단명보다 중증의 진단명을 부여하는 경향(upcoding 또는 code creeping)을 최소화해야 함.

② 의료 질 평가 자료의 정확성
 ⓐ 일정 수의 의무기록을 무작위로 표본추출하여 자료의 정확성을 검증하는 체계를 구축함. 특히 의료 질 평가 대상에서 제외하는 편법을 예방하기 위해 관련된 진단명을 포함하여 포괄적인 표본추출 방안을 마련함.

- 진료 결과가 나쁜 환자를 평가 대상에서 제외하면 해당 의료기관은 좋은 성적을 받을 수 있기 때문임.
- 영국 QOF에서는 예외적인 환자를 평가 대상에서 포괄적으로 제외할 수 있는 자율권을 의료제공자에게 부여하는 exception reporting을 허용하고 있으나, 미국은 배제 기준에 해당하는 환자만을 제외될 수 있도록 함.

ⓑ 의료 질 평가 자료의 정확성이 보장되지 않으면 시범사업의 성과에 대해 확신할 수 없게 됨. 또한 이익과 손실을 조정하는 과정에서 불합리한 조정이 이뤄질 수 있음.

V. 맺는 말

- 고령화와 만성질환의 도전에서 보건의료체계의 지속가능성을 보장하기 위해서는 책임의료조직과 같은 새로운 의료제공체계가 반드시 필요함.

- 하지만 새로운 의료제공체계가 도입되고 정착하기 위해서는 적어도 5년 이상의 시간이 소요될 것으로 예상됨.

- 지금 책임의료조직을 도입하기 위한 시범사업을 시작하지 않으면 다가오는 고령화와 만성질환의 도전에 적절하게 대응하기 어려움.

참고 문헌

김윤 외 (2016). 포괄적 1차의료 제공을 위한 제도적 지원 방안 연구: 만성질환 환자사례 관리 수가 개발을 중심으로. 보건복지부.

American Academy of Actuaries (2012). Issue brief: An Actuarial Perspective on Accountable Care Organizations.

Chee TT, Ryan AM, Wasfy JH, Borden WB (2016), Current state of value-based purchasing programs. *Circulation*. 133(22):2197-2205.

Centers for Medicare & Medicaid Services(2017), Center for Medicare and Medicaid Innovation. Next Generation ACO Model: Request for Applications.

D'Aunno T, Broffman L, Sparer M. Kumar, SR (2016), Factors that distinguish high-performing accountable care organizations in the Medicare Shared Savings Program. *Health Serv Res*. doi:10.1111/1475-6773.126420.

Kastor JA (2011), Accountable Care Organizations at Academic Medical Centers. *N Engl J Med*: 364:e11.

L&M Policy Research (2016). Evaluation of CMMI Accountable Care Organization Initiatives: Pioneer ACO Final Report.

McWilliams J (2016), Savings from ACOs-building on early success. *Annals Of Internal Medicine* [serial online]. 165(12):873-875.

McWilliams JM, Hatfield LA, Chernew ME, Landon BE, Schwartz AL (2016). Early performance of accountable care organizations in Medi-care. *N Engl J Med*. 374:2357-66.

Rose S, Zaslavsky AM, McWilliams JM (2016), Variation in accountable care organization spending and sensitivity to risk adjustment: implications for benchmarking. *Health Aff*(Millwood). 35:440-8.

의료체계 개편과
1차의사 양성의 혁신

이 규 식 연세대학교 보건행정학과 명예교수
조 희 숙 강원대학교 의학전문대학원 의료관리학교실 교수

I. 서론

● 만성질병이 주요 질병으로 등장하고 인구는 고령화되고 있으나 우리나라는 1977년 사회의료보험제도를 도입할 때의 의료체계를 큰 변화 없이 그대로 유지함. 이에 따라 인력 양성에서도 거의 변화가 없어 문제가 됨.

 - 1977년 당시만 하여도 완치가 가능한 급성질병을 치료하는 의료에 대한 접근성이 문제가 되어 의료체계는 급성질병에 초점이 모아질 수밖에 없었음.

 - 사회의료보험제도의 도입으로 의료수요가 증가하자, 이를 수용하기 위하여 의과대학이 증설되고, 병원이 확충되어 이제는 치료 가능한 급성질병은 큰 문제없이 극복 가능함.

 - 그러나, 만성질병은 현재의 의료지식으로 완치가 어려움[1]에도 불구하고, 우리나라에서는 만성질병의 관리를 외면하고 여전히 급성질병 치료에 관심이 집중되는 문제가 있음.

---

1 Strauss and Corbin(1988)은 만성질병은 현재의 의료지식으로 완치가 되지 않기 때문에 치료 개념이 아니라 관리하는 개념으로 접근하여 상황이 악화되는 것을 막는 것이 중요함을 강조하였음.

- 그러다 보니 의사인력의 양성도 만성질병 시대에 적합한 1차의료를 담당하는 의사[2]의 양성에 초점이 주어지는 것이 아니라 전문의 양성에 초점이 모아지는 문제가 있음.

● 만약 우리나라의 의료체계를 만성질병을 관리하기 위하여 미국형의 통합의료체계나, 유럽형의 지역사회중심의 통합서비스체계 또는 일본형의 지역포괄케어로 전환을 하게 될 경우, 1차의사 양성이 제대로 되지 않아 어려움을 겪게 될 것임.
  - 의료인력은 의료서비스 공급에서 핵심적인 기능을 맡는 중요한 요소이므로 인력이 제대로 양성되지 않는다면 의료체계 개편은 불가능해질 것임.
  - 통합의료로 전환할 때 의사 가운데 가장 혁신이 필요한 분야가 1차의사라 하겠음. 1차의사는 단순하게 의료체계의 문지기 기능[3]이 아니라 미래 의료체계를 끌고 나갈 핵심적인 역할을 수행할 것임에도 불구하고, 교육 내용이나 훈련 방법이 1970년대에 머물고 있는 심각한 문제가 있음.

● 여기서는 왜 1차의료가 만성질병구조에서 중요한지, 그리고 만성질병 관리를 위하여 의료체계를 개편할 때 1차의사 양성을 어떻게 하는 것이 합리적인지 논의하고자 함.

---

2 여기서는 1차의료를 담당하는 의사를 편의상 1차의사로 칭하였음.

3 지금까지 1차의사 이야기가 나오면 문지기 기능만 생각하여 주치의 제도니 하여 의사들에게 외면받았음.

1. 1차의료의 중요성

● 1차의료란 의료행위 가운데 환자에게 치료 및 예방적 필요도를 만족시키는 제일 처음 제공하는 의료라 하겠음.

　- Boerma and Kringos(2015)는 1차의료primary care를 조직화 개념organizational concept으로 볼 때 환자가 접하는 1차적 수준의 의료서비스로 정의하면서, 광범위한 의미를 갖는 정치적 개념의 PHCprimary health care와는 구분되어야 함을 주장.[4]

● 1차의료가 강하다는 것은 다음과 같은 특성이 있을 때를 이야기 함(Boerma and Kringos, 2015).

　- 1차의료의 필수 역할은 의료체계의 관문이며, 사람들이 살고 있는 지역사회 안에서 물적, 심리적, 기타 재정적 장벽 없이 쉽게 이용될 수 있어야 함.

　- 환자의 후송을 의뢰할 때, 1차의료에서부터 연속적 의료의 제공이 필요하며 환자는 의료체계를 따라가면서 진료와 사후 관찰 등이 조화된 서비스를 받아야 하며, 1차의사가 모든 과정을 지켜볼 수 있는 시스템이 되어야 함.

　- 환자는 다양한 서비스의 조합을 1차의사의 지도 아래서 이용 가능하여야 하며, 보건교육이나 예방 프로그램도 제공되어야 함.

　- 이러한 과정이 잘 지켜질수록 1차의료가 강하다고 이야기할 수 있음.

● 1차의료가 잘 발전된 의료체계일수록 비용통제가 용이하며, 건강 산출물의 성과가 좋아 의료체계 전체에 큰 편익을 주는 것으로 알려지고 있음(Boerma and Dubois, 2006; Rechel and McKee, 2009).

4　PHC란 단순히 1차의료가 아니라 국가 보건정책의 기본적인 전략을 의미(이규식, 1984)하기 때문에 여기에서 1차의료인 primary care와는 구분되어야 한다고 기술하고 있음. Hollnsteiner(1982)는 PHC를 기존 보건의료체계의 한 말단 사업조직(periphery of a health system)으로 해석해서는 안 되며 기존 체계에 대한 새로운 체계 또는 새로운 보건의료 접근 전략으로 파악해야 한다고 주장. 말단 사업조직으로 해석하게 되면 PHC는 이류의 열등한 의료(second class medicine for the poor)가 된다고 경고를 하였음. 그러나 우리나라에서는 아직까지도 많은 전문가들이 1차의료(primary care)와 PHC(primary health care)를 구분하지 못하고 있음.

- 전문의료에 대한 의존성이 높아 인구 대비 전문의의 비중이 높은 지역
일수록 의료비는 많이 지출되는 데 반해 의료의 접근성, 질, 건강산출
물health outcome, 환자만족도에서 개선은 이루어지지 않고 있음이 지적되
고 있음(ACP, 2008; Kravet et al., 2008).
- Starfield et al.(2005)은 미국을 대상으로 한 연구에서 1인당 1차의사
의 수가 많은 주州일수록 건강산출물이나 성과지표가 높아짐을 입증하
고 있음.
- 유럽지역에서 1차의료에 대하여 연구한 PHAMEU 프로젝트[5]도 1차
의료가 잘 개발된 국가들은 1차의료와 전문 의료 간의 협력이나 의료
의 연속성이 제대로 이루어지고, 비용통제로 비교적 잘되고 있으며, 국
민들의 건강수준도 높고, 사회경제적인 불평등도 적으며, 불필요한 입
원도 적었다는 것임(Boerma et al., 2015).

● 1차의료는 우리나라만이 아니라 1차의료가 잘 작동하는 유럽에서도 다음
과 같은 3가지 측면에서 그 중요성이 인식되고 있음(Boerma and Kringos,
2015).
- 첫째, 재정적인 제약으로 인하여 1차의료의 중요성이 부각되고 있음.
1차의료가 강한 국가일수록 의료비 지출의 증가 속도가 낮음(Kringos
et al., 2015). 2008년 글로벌 금융위기로 경제사정이 악화된 유럽 국가
들은 의료 분야의 공공재정 지출을 억제하기 위하여 1차의료의 중요성
을 강조하고 있음.
- 둘째, 고령화에 따른 복합 만성질환multi morbidity의 증가로 서비스의 통
합 제공을 위한 의료체계의 개편에서 1차의료의 역할이 중시되고 있
음. 의료기술의 혁신으로 복잡한 서비스가 지역사회를 기반으로 제공
가능해짐에 따라 지역사회중심의 의료체계로 개편이 이루어지면서 1
차의사에 의한 서비스의 조정이 필요해지게 되었음.
- 셋째, 의료공급 측면에서 1차의료도 새로운 기술의 응용과 전문적 역
량의 필요성이 제기되었음. 1차의료도 다학제적 팀을 구성하여 이러한

---

5 HAMEU 프로젝트는 2009/10 기간 중에 EU 27개 국가와 터키, 스위스, 노르웨이, 아이슬란드가 추가된 31개
국가를 대상으로 primary care activity monitor한 것인데 기존의 OECD Health Data, WHO Health for All D/
B, Eurostat, World Bank MHPStat's, EUPHIX에서 필요한 지표를 찾아 정리한 내용임.

요구에 대응할 수 있게 되었으며, 다학제적 팀에 의한 서비스 제공 방식은 신규 의사가 될 의과대학생들을 1차의사로 확보하는 것이 용이하였음.

2. 질병구조 변화와 1차의사의 역할 변화

1) 급성기질병과 1차의료의 문지기 기능

● 급성질병이 지배하던 시기에 환자들은 계층적 지역주의 모형hierarchical regionalism을 따라 1차, 2차, 3차로 이동하면서 의료를 이용하는 것이 효율적이었으며, 이와 같은 진료체계를 환자의뢰체계referral pathway 혹은 patient pathway라 불렀음.

 - 계층적 지역주의 모형에서 1차의료는 의료체계의 입구gate 기능을 하였음.
 - 이 모형에서 1차의사는 의원을 개설하고 간단한 의료장비로 환자를 초기에 진료하고, 자신의 능력과 구비된 장비로 진료가 어려우면 2차인 전문의에게 진료를 의뢰하였음.
 - 1차의사의 임무는 일상에서 발생하는 비교적 단순한 질병의 치료에 한정했기 때문에 의과대학을 졸업하고 면허를 취득하면 누구나 개업하여 1차의사가 될 수 있었음.

● 이 모형은 19세기 후반에 등장하였으며, 1920년대 미국과 영국의 의사들에 의하여 계층적 지역주의 모형이라 불렸음(Fox, 1986).

 - 이 모형은 1900년대 특히 1920년대 이후 의료기술이 발전하면서 모든 산업화 국가들의 의료제공체계의 근저를 이루었음.
 - 급성질병은 완치가 가능하기 때문에 1차, 2차, 3차의 단계를 거치면서 질병의 경중에 따라 필요한 수준의 의료를 이용하는 것이 매우 효율적이었음(Fox, 1988).
 - 1948년 영국이 국가 공영의료제NHS를 도입하면서 모든 환자들로 하여금 강제로 1차의사를 거치도록 하면서 1차의사는 의료체계의 문지기gate keeper가 되었음.
 - 제2차 세계대전 이후에는 세계보건기구와 미국의 원조기구에서 이 모

형을 개발도상국가에 권유하게 되었음(Fox, 1986).

● 계층적 지역주의 모형을 택한 국가들의 관심사는 1차의사를 의료체계의 강제적인 문지기로 하느냐는 것이었음(Kringos et al., 2015).
  - 1차의사에게 강제적으로 문지기 기능을 부여한 국가로는 영국, 이탈리아, 포르투갈, 스페인과 같은 중앙정부 공영의료제NHS를 갖는 국가와 노르웨이, 스웨덴과 같은 지방정부 공영의료제RHS를 갖는 국가, 그리고 건강보험국가로 네덜란드가 있음.
  - 1차의사를 문지기로 활용하기 위하여 인센티브제도를 유지하는 국가로는 NHS형의 그리스, RHS형의 덴마크와 핀란드, 그리고 건강보험형의 프랑스가 있음.
  - 1차의사에게 문지기 기능을 부여하지 않고 전문의를 바로 찾아갈 수 있도록 환자에게 자유 선택권을 부여하는 국가로는 오스트리아, 벨기에, 독일, 룩셈부르크가 있음.

2) 만성질병과 의료공급의 조정자 역할
● 급성질병이 중심일 때, 1차의료는 의료체계의 문지기 기능으로 중요성이 인정되었으나 만성질병이 중심이 되면서 다른 차원에서 1차의료의 중요성이 강조되고 있음.

● WHO(2002)에서는 21세기 의료체계가 직면하는 가장 큰 과제의 하나로 만성질병으로 인한 부담 증가를 들고 있음.
  - 고령화, 현대화되는 생활양식, 만성질병 위험요인에 대한 노출 증가, 과거에는 손도 대지 못하고 사망에 이르게 하였던 질병으로부터 인간을 살리게 하는 능력의 향상 등이 복합적으로 어우러져 만성질병이 증가되고 있음.

● 그러나 지금까지의 의료체계는 한 가지의 특정 질병acute episodes of one illness을 집중적으로 다루어 치료cure하는 개념으로 체계화되어 돌봄care이 필요한 만성질병에 적합지 못한 문제가 있음(Boerma and Kringos, 2015).
  - 완치cure가 가능한 급성질병일 때는 지금까지의 의료체계가 효과적이

지만, 치료보다 돌봄care 개념이 중요한 만성질병에서는 비효과적인 문제가 있음.

  - 따라서 만성질병에서는 의료기관이든 지역사회든 치료cure와 돌봄care 서비스의 통합 제공이 요구되어 새로운 의료체계가 등장하게 되었음.

  - 또한 예방이나 건강증진을 통한 건강한 삶을 지속시키는 것도 중요한 역할을 하게 됨.

  - 이러한 상황에서 1차의료는 환자와 지속적인 관계를 유지하면서 예방이나 건강증진을 위하여 매우 중요한 역할을 하게 됨. 특히 1차의료를 지역사회 중심으로 운영한다면 환자의 편의성 측면에서 그리고 의료비 관리측면에서 큰 이점이 있음.

● 만성질병을 연속적으로 관리하기 위해서 1차의료는 급성질병 시대의 1차의료와는 다르게 강화될 필요가 있음.

  - 강화된 1차의료는 연계된 구조coherent structure 속에서 새로운 과제를 수행해 낼 전문가들과 새로운 기술의 혼합을 요구하고 있음.

  - 이와 같은 과제를 수행하기 위해서는 다양한 전문가들로 팀을 구성할 필요가 있음.

  - 이러한 측면에서 현재의 1차의료는 지나치게 진료 위주로 단절적discrete이 되어 만성병 시대의 요구를 수용하지 못하는 문제가 지적되고 있음.

● 만성질병의 관리를 효과적으로 하기 위해서는 1차의료의 연속성이 요구되는데, 연속성continuity에는 관계의 연속성과 관리의 연속성relationship and management이라는 두 가지 속성이 필요함(Wilson et al., 2015).

  - 관계의 연속성relationship continuity은 특정 질병을 넘어서 환자가 1차공급자와 연속적인 관계를 맺을 때 편익이 커진다는 것으로 단골의사 개념이 등장하는 것임.

  - 관리의 연속성management continuity은 1차의료와 관련되는 조직 경계를 넘나들면서 케어제공자 간의 협력과 팀워크를 이루는 것을 의미하며, 여기에는 환자와 관련된 여러 의료기관으로부터의 정보medical record의 취합도 포함됨.

3. 1차의료의 강화 방안

1) 1차의료 강화를 위한 개념적인 틀

● 1차의료란 의료체계의 하부 시스템으로 인구집단의 건강이라는 편익을 위하여 조정된 서비스coordinated services의 접근성과 이용을 활성화하는 데 초점을 두고 있는 것으로 이해할 수 있음.

● 유럽 지역에서 1차의료를 강화하려는 의도에서 연구된 보고서(Boerma and Kringos, 2015)에서는 1차의료와 관련하여 10개의 요소로 분류하여 설명을 하고 있음(〈그림 1〉 참고).

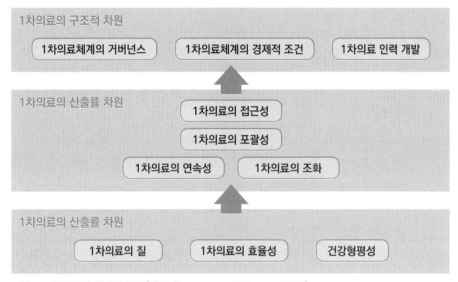

그림 1. 1차의료의 체계적 접근(자료: Boerma and Kringos, 2015)

2) 1차의료의 강화를 위한 구조적 측면(Lember et al., 2015)

● 1차의료의 체계적 접근을 〈그림 1〉에서 살펴보면 구조적 측면은 거버넌스/스튜어드십,[6] 경제적인 조건, 인력개발이라는 3가지 요소가 있음. 구조적 측면의 3가지 요소는 결국 1차의료를 강화하기 위하여 반드시 고려되어야 할 내용이라 하겠음.

---

6 Lember 등은 거버넌스로 표기하고 있으나, WHO(2008)에서 두 용어를 같은 의미로 다루고 있어 여기서 두 용어를 병용하여 기술하였음.

① 거버넌스

ⓐ 거버넌스 또는 스튜어드십과 관련되는 중요한 내용은 원칙, 규범, 역할, 의사결정 과정의 설정이며 가장 중시되어야 하는 것이 비전과 목표의 설정이라 할 수 있음(Lember et al., 2015).

- 1차의료의 중요성은 대부분 국가에서 인식하고 있으며, 구체적인 비전으로서 다학제적인 협력multidisciplinary collaboration과 1차의료의 균형적인 분포를 제시하고 있음.

- 유럽지역의 많은 국가들은 1차의료의 개혁을 목표로 하고 있음.

· 문지기 제도를 갖춘 국가일수록 1차의료개혁은 친 1차의료정책pro-primary care policies으로 공식화하고 있음.

ⓑ 1차의료의 비전으로 등장하고 있는 내용들을 보면 다음과 같음 (Lember et al., 2015).

- 접근성 제고: 일반적 또는 오지지역에 대한 접근성, 만성질병 보유자에 대한 접근성.

- 1차의료의 특징: 다학제적 협력, 1차의료의 포괄적인 제공comprehensiveness of primary care services, 지속적인 의료continuity of care, 조정된 의료coordination of care, ICT 활용.

- 시장 구조: 경쟁적인 시장, 집단개원group practices, 문지기 제도, 환자중심 또는 환자참여 서비스 제공.

- 제공되는 서비스 내용: 예방서비스, 보건교육 및 건강증진, 정신보건, 간호서비스, 의약품 제공.

- 의료체계: 1차의료에 주도되는 의료체계 개혁, 새로운 1차의료구조의 창설.

- 의료계획: 1차의료인력 수용 능력에 대한 계획과 인력 개발, 공급계획.

- 기타 사항: 서비스 질 모니터링, 질 향상, 의사나 환자만족도, 1차의료인력의 과제 목록, 1차의료인력의 훈련과 인증제.

- 1차의료의 비전으로 제시되는 내용은 매우 다양함.

ⓒ 거버넌스에서 또 다른 중요한 과제는 분권화임. 즉 1차의료에 대한 의사결정이나 실행에 대하여 중앙정부가 모든 권한을 행사하느냐, 지방

정부가 하느냐, 아니면 중앙과 지방이 권한을 나누어 하느냐가 과제임.
- 분권화는 지역주민과 밀착된 정책을 수행하는 이점이 있는 반면에 1차의료의 접근성이나 서비스 질에서 지역 간의 불균평 문제가 발생할 위험성이 있음.

ⓓ 거버넌스와 관련된 다른 과제는 의료체계의 반응성과 서비스 질에 관한 과제임.
- 의료체계의 반응성은 정책 개발에 이해집단stakeholders이 관여하거나 서비스의 조직화와 제공에 지역사회가 참여할 수 있도록 함으로써 활성화됨.
- 치료에 대한 환자의 동의informed consent와 같은 환자권리는 환자가 자신의 의무기록에 대한 접근, 의무기록의 비밀 유지에 관한 규제, 1차의료시설에서 환자 불만을 수용할 법적 근거의 마련 등으로 보호받게 됨.
- 1차의료의 질 보장은 1차의료를 제공하는 의사 교육에 대한 충족 요건의 강화, 의료시설을 운영할 수 있는 자격의 허가, 1차의료에 대한 근거를 토대로 하는 임상진료지침의 설정 등으로 이루어질 수 있음.

② 경제적 조건
ⓐ 경제적인 조건에는 국민의료비에 대한 1차의료비의 비중과 환자들이 1차의료에 접근할 수 있는 재정적 조건에 의하여 설명됨.
- 환자에게 1차의료 이용에 대한 비용을 일부 부담cost-sharing and co-payment 시키는 정책은 1차의료 접근에 대한 재정적 형평성을 위협함.
- 1차의료에 종사하는 인력에 대한 재정적 인센티브가 중요한 역할을 하게 됨.
- 1차의사의 고용 형태나 보수지급 방법은 1차의료에 대한 의사의 애착심과 결부됨.

ⓑ 1차의료에 대한 비용은 1차의료를 어느 범위로 하느냐에 따라 좌우됨. 1차의료를 1차의사(가정의 수준 포함)의 진료와 관련시킬 수 있고,
- 지역사회 방문간호, 1차 정신보건, 치과, 그리고 응급의료까지 포함시킬 수도 있음.

- 1차의사의 진료로 제한할 경우에도 처방의약품을 포함하느냐에 따라 비용이 달라짐.

ⓒ 1차의사의 고용 형태는 유럽 국가들의 경우 매우 다양함.
- 유럽에서 가장 흔한 고용 형태는 1차의사에게 자유 개업을 허용하고 건강보험이나 정부(공영의료제인 경우)와 계약을 맺어 서비스를 주민에게 제공하고 있음.
  · 이 경우 1차의사에 대한 보수는 인두제와 행위별수가를 혼합하는 경우가 대부분이고, 행위별수가제도만 택하는 국가도 있음.
- 공영의료제도를 택한 상당수 국가들은 정부(중앙 또는 지방)가 의사를 고용하여 월급제로 보수를 지불하고 있음. 이들 국가 가운데 일부 국가는 업무가 끝난 후 민간 영역에서 시간제로 일하는 것을 허용하기도 함.

③ 1차의료인력 개발
  ⓐ 1차의료에 종사할 수 있는 인력으로는 의사와 다른 인력으로 구분하여 살펴볼 수 있음.
  - 먼저 의사의 경우, 대부분은 일반의나 가정의가 되며 그 외 전문의로 산부인과, 소아과, 내과, 안과, 이비인후과, 심장병, 신경과, 외과가 될 수 있고, 치과의사도 될 수 있음.
  - 의사 외 인력으로는 간호사, 전문간호사, 방문간호사, 조산사, 물리치료사, 작업치료사, 언어치료사가 될 수 있음.

  ⓑ 유럽 국가들은 대부분이 1차의사의 업무를 명세화job description하고 있음. 일부 국가는 업무를 법에 명기하기도 함.

  ⓒ 유럽의 상당수 국가들은 간호사에 대하여 지역사회간호사community nurse 나 1차의료간호사primary care practice nurse를 전문화시키기도 함.

3) 1차의료 발전을 위한 과제
● 유럽의 많은 국가들은 1차의료의 발전을 위하여 명시적인 공공 전략과 구체적인 발전 계획을 수립하고 있음.

- 1차의료의 발전을 위한 전략이나 발전 계획의 수립이 국민에게 1차의료를 제공하는 데 매우 중요한 역할을 함.
- 1차의료에 관한 국가 전략은 국가 의료체계 형성의 기초가 됨.
- 그리고 이러한 전략이 있을 때 1차의료의 지역화도 가능할 것임.

● 1차의료 발전 전략에는 포괄적인 서비스 제공과 서비스 간의 조화coordination가 명기되어야 함.
- 그러기 위하여 1차의료 수준에서 제공되는 예방과 치료, 그리고 전문적 서비스 수준 간의 역할이 명확히 구분되어야 하며, 의료체계 안에서 여러 서비스 간의 조화, 그리고 공급자에 대한 인센티브와 같은 사항들이 명기되어야 함.
- 1차의료에 관한 명확한 발전 계획이나 규제가 없을 경우에는 건강성과나 의료비 절감과 같은 이점을 살리기 어렵다는 점을 깨달아야 함.

● 의료체계의 반응성 제고는 의료정책가나 의사들에게 끊임없는 도전 과제가 되고 있음.
- 복합만성질병은 다양한 전문인력들의 긴밀한 협력collaboration에 의하여 효과적으로 대처가 가능하도록 업무가 재편되어야 함.
- 예방적인 의료에서 중심적인 역할을 하는 것은 통합된 1차의료이며, 특히 지역사회 서비스와 사업장 서비스의 제공에서 중요함. 따라서 1차의사가 단독 개원하는 경우 직면하는 도전 과제가 바로 전문인력 간의 긴밀한 협력임.

● 전문인력 교육은 새로운 기술이나 새로운 기술의 혼합, 그리고 팀워크 기술의 습득에 주어져야 함.
- 지속적 교육은 새로운 기술의 개발과 케어의 변화하는 수요에 초점을 두어야 함.
- 전문인력이 이와 같은 태도를 갖추도록 올바른 인센티브를 만들어 낼 수 있는 규제나 재정 조달에 이루어져야 함.

1. 의사인력 정책의 중요성[7]

- 의료인력 가운데 의사인력은 의료자원의 사용이나 배분에 있어서 의사결정을 하는 직종이기 때문에 가장 중요한 역할을 수행함(Dubois, Nolte and McKee, 2006).

- 의료인력의 양성 정책에는 인력을 선발하고, 훈련하고, 보상하고, 규제하고, 관리하는 방법을 모두 포함하고 있음.
  - 현재 의료인력 정책의 문제점은 의료수요는 급속히 변화하고 있는데 인력 양성이 변화하는 수요를 제대로 수용하지 못하고 있다는 점임.
  - 의료는 다른 분야에 비하여 노동집약적이기 때문에 의료개혁의 성패는 의료인력이 변화하는 수요를 제대로 수용하느냐에 달려 있음.

- 의료체계에서 스튜어드십stewardship의 목적은 의료체계의 성과를 향상시키는 것임. 의료인력health care workers의 효과적인 활용이 스튜어드십의 핵심적 과제가 되며, 건강 향상과 반응성 향상이라는 의료체계의 목표 달성을 위하여 필수적인 조건이 되고 있음(WHO, 2000).
  - 동시에 조직 측면에서 그리고 환자의 건강이라는 차원에서 의료인력의 효과적인 관리가 주는 잠재적인 편익에 대한 근거가 점점 많아지고 있음.
  - 많은 연구에서 병원에서 효과적인 인력관리가 환자 사망률을 낮추는 데 기여한다는 점을 강조함.

- 그러나 불행하게도 의료인력에 관한 정책은 지금까지 의료정책의 우선순위에서 밀려나 있었음(Narashimhan et al., 2004).
  - 이렇게 된 연유는 의료인력에 대한 투자를 미래를 대비하는 자본재 투자[8]로 여기지 않고 의료서비스 생산의 경상비용으로 간주하기 때문임.

---

7 이 부분은 Dubois, Nolte and McKee(2006) 및 Dubois, Singh and Jiwani(2008)을 참고하여 정리하였음.

8 의료인력은 비용이 아니라 미래의 투자라는 점을 보여 줄 목적으로 WHO, ILO 그리고 OECD가 협동작업단(alliance)을 2016년에 구성하였음(Editorial of Lancet, 2016).

- 그 결과 대부분의 국가에서 의료인력의 지역 간 불균형, 수요와 공급 간의 불균형, 작업 환경의 악화, 인력관리 및 규제의 빈약성과 같은 고 질적 문제에 직면하고 있음.

● 의사들은 필요한 진단과 치료 방법을 결정하고 어떠한 치료 과정이 필요 한지 그리고 어떠한 자원이 소요될지를 결정함으로써 변화하는 과제에 대 응하는 데 중심적인 역할을 맡고 있음.

- 동시에 의료인력들도 새로운 역할은 발전시키고 옛날 역할은 버리는 변화를 하고 있으며, 새로운 영역의 인력이 등장하여 기존의 영역과의 구분을 모호하게 만들고 있음.

● 환자들도 자가진단 가이드나 인터넷을 통하여 의료지식을 습득하는 등의 변화가 일어나고 있으며, 폭넓은 환자 문화의 성장과 함께 환자들의 기대 감이 높아지고 있음. 더불어 그들은 자신을 치료의 대상이 아니라 치료의 파트너로서 인식하고 있음.

● 이와 같은 변화는 의료인력, 특히 의사를 운용하는 전통적인 방법에 대한 도전 과제로 다가오고 있음. 도전 과제들을 정리해 보면 다음과 같음.

- 2차의료와 1차의료(또는 사회적 돌봄) 간의 전통적인 상호 접촉을 넘어 서는 협력의 강화가 과제가 되고 있음.
- 질병예방과 서비스 제공에서 인구집단 중심 관점population-based perspectives 이 과제로 등장함.
- 새로운 형태의 다학제적 팀워크의 설정이 과제가 되고 있음.
- 임상적 거버넌스 시스템의 도입이 새로운 과제가 되고 있음.

● 인력의 중요성이 명백함에도 불구하고 많은 보고서들은 현재 인력 양성 시스템이 의료체계의 발전과 조화를 기하지 못하는 문제를 지적하고 있음 (Kohn et al., 1999; NHS, 2000).

- 의료에서 중요시하는 영역의 하나가 의료의 질에 대한 것임. 많은 국 가에서 전문가적 자유를 의료행위의 특징으로 간주함에 따라, 이러한 독립성이 소비자나 구매자들의 반응성을 무시하고, 고삐 풀린 비용의

원천이 되고 있다는 것임(Light, 1997).

  - 의료과오에 관한 보고서는 현재의 규제시스템이 대중을 효과적으로 보호하지도 못하고 지속적인 능력도 보장하지 못한다는 문제점을 지적함(Smith, 1998; Beecham, 2000).

● 목적에 부합하는 의료인력 관리나 새로운 인력 정책은 의료개혁을 위한 핵심적인 과제가 되기 때문에 매우 중요함. 이것은 서비스 제공의 개선에 기여할 수 있고, 대중을 보다 더 잘 보호할 수 있으며, 유연하고 비용-효과적인 의료체계를 만들어 낼 뿐만 아니라, 의료체계의 성과를 최적화하고, 공급자, 소비자, 구매자 간의 조화를 잘 이끌어 낼 수 있게 할 것임.

2. 만성질병과 인력 양성의 변화 방향

● 질병구조의 변화, 고령화, 의료에 대한 기대감, 의료기술의 발전, 새로운 시술 행태나 재정 조달 방법의 변화는 공급자의 의하여 제공되고 이용자가 접근하는 기존 방법을 바꾸고 있음.

  - 여기에는 의료진의 구성staffing이나 의료인력의 변화가 만성질병 관리chronic care를 성공적으로 수행하기 위한 핵심 요인이 되고 있음(Dubois, Singh and Jiwani, 2008).

  - 의료와 같은 노동집약적 분야에서 만성질병의 조건을 갖춘 사람들에게 꼭 필요한 서비스를 제공하기 위해서는 적절한 기술을 갖추고 조직화된 인력이 매우 중요함.

  - 다양한 분야의 사람들로 팀을 이루는 통합체계가 필요한 사람들이 필요한 시점에 필요한 형태의 서비스를 이용할 수 있도록 보장할 것임(Norris et al., 2003: Singh, 2005).

● 만성질병에 대처하기 위하여 만성질병 관리 방법을 바꾸거나, 환자 스스로 케어하는 방법을 지원한다거나, 근거중심의 접근법을 택한다거나, 재정의 조달 방법을 바꾸거나 그리고 서비스 공급체계를 재편한다든가 하는 여러 가지 요소 가운데 의료인력이 중심에 있기 때문에 인력 양성 방법의 개선에 초점을 두고자 함.

● 만성질병을 관리하기 위한 모형으로 미국에서 제시된 것으로 CCM~Chronic Care Model~이 있음.[9] CCM은 6가지의 구성요소를 갖추고 있는 바, 그 가운데 하나가 공급체계~delivery system~이며 공급체계에서 가장 중요한 부분이 인력에 관한 것임(Dubois, Singh and Jiwani, 2008).

● 만성질병의 관리에서 인력에 중요한 영향을 미치는 것으로 다음의 4가지의 요소가 있음.
  - 통합과 다학제적 접근~increased integration and multidisciplinary approaches~
  - 사람(환자)중심 관리~person-centered~: 이용자의 관점을 강조
  - 인구집단중심의 접근~population-based approach~
  - 질 향상에 초점~focusing on quality improvement~

1) 통합

● 지금까지는 급성질병이 중심이었기 때문에 단일 건의 질병을 치료하기 위하여 서비스는 단절적인 개별 공간에서 의사 한 사람이 제공하는 시스템이었음. 그런데 만성적 조건~chronic condition~은 회복되지 않고 영구적~permanent and non-reversible~이며, 서서히 진행되어 장기화되기 때문에 장기간에 걸쳐, 관찰과 관리, 그리고 여러 종류의 시설이나 공급자에 걸친 지원이 요구되는 특성이 있음(Nodhturft et al., 2000).
  - 예컨대, 고혈압 환자의 경우 뇌졸중으로 쓰러지면 우선은 급성기병원에서 치료를 받고, 재활훈련을 위하여 별개의 거주지 인근의 시설을 찾으며, 지역사회 홈케어서비스를 받게 됨. 이렇게 다양한 시설을 가치면서 가정의, 지역사회간호사, 다양한 지원조직으로부터 사회서비스 지원을 받게 됨.

● 이와 같이 장기적인 조건의 만성질병의 경우 가장 효과적인 관리체계~care pathway~가 통합적 접근이라는 것임(Wagner et al., 2001). 따라서 의료인력에 있어서도 핵심적인 과제는 환자를 서비스 내 및 서비스 간의 이전~transition of service users~을 어떻게 제대로 관리하느냐에 있음.

---

9 만성질병 관리를 위한 모형으로 Chronic Care Model(CCM)과 Disease Management Program(DMP)이 있음(Leeman and Mark. 2006).

● 다양하고 복합적인 니즈를 갖는 개별 환자의 욕구를 충족시키기 위하여 여러 가지 서비스를 사정하고, 계획을 세우고, 서비스를 연결시키고, 모니터링을 하는 포괄적이고 체계적 과정은 개인 관리와 서비스 조정coordination 의 형태로 나타남.

  - 이것은 단일 문제 위주의 접근에서 통합적 제공으로 방향을 바꾸어야 함을 의미함.
  - 의료인력은 매우 광범위한 영역의 기술을 보유해야 함.
  - 개인 관리는 단순히 형식화된 case management 직원이 아니라 시스템 전체를 보면서 연계linkage를 할 수 있어야 함.
  - 만성질병은 다양한 측면을 갖고 있어 사람들은 하나의 만성질병 이상을 갖게 되기 때문에 다양한 전문인 간의 협력이나 조정interprofessional coordination이 필요함.
  - 그리하여 케어는 다양한 기술과 지식 및 경험을 갖춘 다른 분야의 인력들로 팀을 구성하여 제공하여야 함.

● 복합만성질병을 갖는 사람을 돌보기 위해서는 병원이 중심이 되어 제공하는 시스템에서 벗어나 공식적인 의료 및 사회서비스 제공 그룹뿐만 아니라 지역사회 자원도 포함되는 조직에 의하여 케어가 연속적으로 제공될 수 있도록 패러다임을 바꾸어야 함(Dubois, Singh and Jiwani, 2008).

  - 여기에서 핵심적인 과제는 참여하는 인력이 기존의 직업적 또는 조직적인 경계를 뛰어넘어 새로운 형태의 업무를 통하여 서비스를 제공하는 역할을 이끌어 내는 데 있음.
  - 이러한 일이 가능할 수 있는 시스템이 '지역사회중심체계'라 하겠음.

● 서비스의 통합을 위한 의료체계 개편이 제대로 이루어지기 위해서 인력 간의 직업적 경계를 넘어야 하는데 그 방안의 하나가 업무 위임임. 업무 위임은 훈련을 많이 받은 인력(예: 의사)이 적게 받은 인력에게 하는 것임. 의사, 간호사 등의 인력은 현장에서 자신들이 습득한 지식을 모두 활용하지 못하기 때문임(Richardson et al., 1998).

2) 사람(환자) 중심의 접근법

● 급성질병에서는 의사가 환자의 질병을 가장 잘 알고 치료 과정을 결정하게 되지만, 만성질병에서는 환자가 진행 중인 치료에 참여하고, 생활습관을 바꾸기도 하며, 만성질병이 초래하는 기능장애와 같은 부작용에도 적응해야 함. 따라서 서비스 이용자가 caretaker면서 질병관리를 위한 인력work force이 되기도 함.

● 이 접근법에서 의사의 역할은 기존의 환자에 대한 조언과 컨설팅 이외에 의료서비스 기술을 교육하고, 정서적·심리적 지원support을 하고, 의료 및 사회서비스 자원에 대한 접근을 도우며, 건강생활을 지원하는 것임 (Stubblefield and Mutha, 2002).

● 이 접근법은 공급자가 시스템을 이끄는 것이 아니라 서비스 이용자의 관점에서 개인에게 맞춤형 지원을 할 수 있도록 시스템을 바꾸는 것임 (Dubois, Singh and Jiwani, 2008).

3) 인구집단중심의 접근법

● 이 접근법은 인구집단의 건강증진, 예방, 검진, 진단, 진료, 재활, 완화의료와 같이 의료의 범주를 넘어 1차, 2차 및 3차를 아우르는 조화로운 서비스 제공coordinated intervention을 위한 포괄적인 시스템을 만드는 것임 (Dubois, Singh and Jiwani, 2008).
  - 이 접근법은 앞서 설명한 이용자중심 접근의 보완책에 속함.
  - 이용자중심의 접근은 개인의 선호나 개인의 특정한 니즈에 대한 치료의 반응성을 강조하는데, 인간중심 접근법은 건강에 관련된 광범위한 요소(사회경제적 위치, 주거, 물리적 환경, 생활습관)와 서비스의 연속적인 모든 과정을 고려하도록 하는 특징이 있음.

● 이 접근법은 개인 단위로 케어를 제공하기 위한 인력을 생각하는 것이 아니라, 주어진 인구집단에 대한 케어를 제공하고 계획을 세워 인구집단에게 효과적인 서비스를 제공하는 것을 의미.
  - 의료인력은 인구집단을 관리할 능력을 갖추고, 광범위한 인구집단의

건강상 니즈를 평가하고, 적절한 수준의 의료 및 사회서비스를 계획하여 제공할 수 있어야 함.

● 이 접근 전략을 따르자면 전통적인 공식적 의료 및 사회서비스 제공기관의 경계를 넘어 인력을 배치하고 활용해야 함.
  - 예를 들면, 이 접근법은 기존의 1차나 2차 의료기관에 배치하였던 인력을 지역사회 기관이나, 사회서비스 또는 자원 분야voluntary sector에 배치하여 지역사회라는 인구집단이 접근할 수 있게 해야 함.
  - 즉 지역사회기관에 배치된 인력들이 기존의 공공기관들이 제공하지 못한 서비스를 제공하여 만성질병조건을 예방하거나 만성질병을 관리할 수 있도록 해야 함.

4) 의료 질의 향상

● 만성질병 관리의 새로운 모형은 의료인력이 질 향상에 관심을 갖도록 하고 있음. 환자안전을 포함하는 질 향상은 만성질병 관리에서 매우 중요함 (Dubois, Singh and Jiwani, 2008).
  - 의료과오나 안전에서 실수는 만성질병을 갖는 사람에게 치명적인 위해가 됨. 만성질병으로 의료이용이 많거나 의약품을 많이 복용하는 사람은 의료체계와 접촉이 많기 때문에 의료과오나 의료에서의 다른 실수에 노출될 위험성이 높음(Corcoran, 1997).
  - 만성질병을 갖는 사람들은 건강이 허약하며 여러 가지 기능장애를 갖고 있어 위험으로부터 자신을 보호하기 어렵기 때문에 조금의 실수에도 건강에 치명상을 입을 수 있음.
  - 그런데 만성질병 관리의 복잡성이나 협력collaboration은 자칫 시스템에서 결함을 초래하여 의료과오를 낳게 될 위험성이 있음(IOM, 2001).

● 안전 및 질 향상과 같은 목적을 달성하기 위해서는 의료인력에게 안전문화를 촉진하고, 의료과오를 체계적으로 관리하고 공개하는 것을 장려할 뿐만 아니라, 질 향상을 위한 개인이나 조직의 행동에 대하여 보상하는 것이 중요함.
  - 의료인력에 대해서는 임상적인 기술을 훈련하고, 환자와의 관계를 전

문가적 능력으로 설정하는 새로운 모형을 정립하여야 함.

- 그리하여 의료인력의 전문성을 높이는 새로운 기술과 재능의 개발이 중요하며, 또한 조직에서의 재능(관리 능력을 변화시키고, 거버넌스를 개발)도 중요함.

3. 1차의사 양성에 대한 외국의 사례

- 세계 여러 국가들은 1차의료의 중요성을 깨닫고 이를 담당하는 1차의사 양성 방법부터 바꾸어 1차의사의 자질 향상에 유의하고 있음. 우리와 가장 유사한 제도를 운영하는 일본의 경우, 2003년 4월 이후부터는 의과대학 졸업 후 2년간의 임상 훈련을 거쳐야 개업을 할 수 있도록 강제화하였음(Tataro and Okamoto, 2009).

- 우리나라 의사들이 가장 많이 훈련을 받고 오는 미국을 보면 이미 1970년대 초반에 1차의사의 양성방법이 바뀌었음. 미국은 일반의general practitioner라는 용어가 1971년부터 가정의family physician라는 전문의로 바뀌었고 학회 명칭도 같은 해에 일반의학회American Academy of General Practice에서 가정의학회American Academy of Family Practice로 바뀌었음(이규식, 2015).

- 캐나다는 미국보다 앞서 1967년 일반의학회The College of General Practice of Canada를 가정의학회College of Family Physicians of Canada로 바꾸고 가정의라는 전문의가 되기 위해서는 일정의 수련과정을 요구하고 있음(이규식, 2015).

- 스웨덴은 의과대학이 5년 반 과정이며, 의과대학 졸업 후 21개월간의 임상훈련을 거쳐야 일반진료 자격을 부여함. 전문의가 되기 위해서는 5년의 수련을 요구하고 있음(Anell, Glenngård, Merkur, 2012).

- 노르웨이는 의과대학 6년을 마친 후 18개월의 인턴과정(내과: 6개월, 외과: 6개월, 1차의료현장: 6개월)을 거쳐야 일반의가 되며(Johnsen, 2006), 5년의 수련과정(1차의료기관: 4년, 종합병원: 1년)을 거쳐야 1차 전담의사가 될 수 있음.

● 덴마크도 의과대학 6년을 마친 후 1년의 임상을 거쳐야만 일반의가 될 수 있음(Strandberg-Laersen et al., 2007).

● 독일의 의과대학 교육 기간은 6년이며 1997년부터 일반의의 전문 수련기간을 3년에서 5년으로 늘려 미래의 가정전문의로서의 자질을 갖추도록 하고 있음(Busse and Blümel, 2014).

● 네덜란드는 4년제 의과대학 과정(석사)을 거친 후 2년제의 박사과정을 거치면서 임상훈련을 받게 되는데 이 과정을 이수하여도 완전한 의사 기능을 부여하지 않고 약 처방과 사망진단서 발급 정도의 임상만 허락함.
  - 그 이후 중간과정interim period을 거쳐 전문의 과정에 들어갈 수 있는데 GP 전문 과정은 3년, 사회의학social medicine(3개 전공) 전문 과정은 2년, 일반적인 전문의 과정은 4년이 소요 됨(Schäfer et al., 2010).

● 벨기에는 의과대학 7년(첫 3년은 기초 과정의 학사, 후기 4년은 임상적 연구와 진료에 대한 훈련)을 거쳐 전문의 과정으로 4-6년이 소요되는데, 일반의사general medicine로 개업하려면 2년의 훈련을 필요로 함(Corens, 2007).

● 프랑스는 먼저 2년의 예과 과정을 거쳐, 엄격한 시험에 합격해야만 4년제의 본과 과정에 진학하여 이론과 임상훈련을 배우며, 그 이후 4-5년의 전문의 과정에 들어갈 수 있는데 GP diploma는 4년간의 인턴과정을 거쳐야 얻을 수 있는 과정임(Chevreul et al., 2010).

● 영국(잉글랜드 지역)은 5년제 의과대학(다른 영역에서 동등 자격의 공부를 한 사람은 4년의 속성 과정 가능)을 졸업하고 2년간의 기초 과정Foundation Programme(2005년 8월에 도입된 제도)을 이수해야 전문의 과정에 입문이 가능하며, 여기서 4-5년간의 훈련을 받은 후에 전문의General Medical Council Specialist 또는 GP Register가 될 수 있음(Boyle, 2011).

● 여기서 주목되는 점은 네덜란드, 벨기에, 프랑스, 영국, 미국, 캐나다 등에서는 일반의General Practitioner를 거의 전문의 수준으로 교육시키고 있음.

1. 1차의사 양성 현황

1) 1차의사의 정의

● 1차의사란 의료체계의 관문으로 환자가 의료를 필요로 할 때 제일 먼저 찾는 의사를 의미하며, 환자의뢰체계patient pathway에서 입구 기능을 하는 의사를 말함.

● 그러나 우리나라는 환자의뢰체계가 작동되지 않고, 환자는 병이 나면 3차에 해당되는 상급종합병원을 제외하고는 종합병원도 바로 갈 수 있기 때문에 1차의료와 1차의사를 정의하기 어려운 문제가 있음.
  - 따라서 의료체계의 입구로서 1차를 따지면 일반의, 개업전문의는 물론 종합병원도 의료체계의 입구 기능을 하여 전부 1차의료를 담당하고 있고 있음.
  - 특히 전문의 개업을 허용함에 따라 실질적으로 1차의료를 담당하는 의사를 구분하기 어려움.
  - 가정의학과 전문의는 성격상 1차의사로 구분할 수 있으나, 2010년 현재 개원의의 90%가 전문의(선우성, 2015)로 되어 있어 1차의료전담의사가 누군지 정의하기 어려움이 있음.
  - 개원전문의의 3분의 1이 전문과목을 표기하지 않고 있음: 가정의학과, 외과, 산부인과, 비뇨기과, 마취통증의학과, 흉부외과 등으로 전문과목을 표방하지 않는 전문의가 있음(선우성, 2015).

● 여기서는 향후 의료정책의 발전을 위한 개혁의 과제로 일반의GP 및 가정전문의를 1차의사로 한정하여 논의하고자 함.
  - 1차의료를 강화하기 위한 정책으로 1차의사의 교육 훈련을 논의할 때 개업전문의를 대상으로 하기는 어려울 것임.[10]

---

10 내과전문의는 1차의사로 간주하자는 의견이 있으나, 여기서는 이상적인 모형만 제안하기 때문에 전문의는 제외하였음. 그러나 실행 단계에서는 현실을 감안하여야 하기 때문에 개업한 전문의사가 1차의사가 되기를 원한다면 일정한 교육을 이수한 후에 활동할 수 있도록 뒤에서 제안하였음.

● 우리나라에서 1차의료를 강화를 위해 1차의사에 대한 교육이나 훈련을 논의할 때, 현재 개업하고 있는 전문의들 위주로 교육과 훈련을 논의하기 때문에 지금까지 실효성이 없음.

- 전문의가 되기 위하여 레지던트과정에 입문하면 병원에서 전문의로 활동하는 것을 주 내용으로 수련하게 됨.

- 이들이 설령 수련이 끝나고 전문의 자격을 획득한 후에 개업을 하더라도, 수련과정은 전문의로서 임상적인 훈련에 치중할 뿐, 이들에게 지역사회의료에 대한 교육이나, 통합의료에 대한 교육, 의료의 조정자care coordinator로서의 교육은 불가능한 일임.

- 전문의에게 주어지는 역할이 있는데 1차의사가 해야 할 기능을 수련과정에서 훈련시킨다는 것은 불가능함.

- 따라서 향후 1차의료 강화를 위한 1차의사에 대한 교육과 훈련은 일반의나 가정전문의를 중심으로 하고, 이들이 우리나라 의료체계에서 1차적인 역할을 제대로 할 수 있도록 체계화시켜야 할 것임.

2) 1차의사의 훈련

● 1차의사로서 일반의에 대한 수련은 별도로 하는 제도가 없음. 의과대학을 졸업하고 국가가 실시하는 의사면허 시험에 합격하면 누구나 1차의사가 될 수 있음.

● 국내에서도 가정전문의가 1차의사가 되어야 한다는 취지에서 1985년 2월에 23번째 전문의로 인정을 받아 1년의 인턴과 3년의 레지던트 과정을 이수하고 전문의 자격시험에 합격하면 전문의가 됨.

- 가정전문의가 되기 위해 전공의는 내과, 외과, 소아과, 산부인과, 응급의학과, 정신과, 신경과, 재활의학과, 피부과, 안과, 비뇨기과, 이비인후과 등을 로테이션하면서 임상적인 수련을 하고 있음.

- 2017년 현재 127개 병원에서 가정의학과 수련을 실시하고 있으며, 2017년에 배출한 가정전문의수는 299명임(대한가정의학회 홈페이지).

2. 1차의사 양성의 문제점

1) 1차의료의 역할

● 1차의료의 발전 방향은 두 가지 각도에서 살펴보아야 할 것임. 한 가지는 만성질병과 의료의 역할이며, 다른 한 가지는 만성질병과 1차의사의 역할임.

● 먼저 만성질병과 의료의 역할은 통합integration, 환자중심people-centered, 인구집단중심population-centered, 질 향상 그리고 접근성이라 할 수 있음.

  - 통합: 여러 진료 영역의 의료에 대한 개념과 의료와 사회서비스에 대한 개념이 있음. 만성질병과 관련하여 다학제적 영역에 걸친 포괄적인 서비스가 요구되며, 또한 서비스는 단절적이 아니라 연속적continuum of care으로 이루어져야 함. 이와 같은 조건이 이루어지려면 한 사람의 힘으로 가능한 것이 아니라 여러 분야의 사람(의사, 방문간호사, 물리치료사 등)이 팀을 이루어 접근하는 전략team approach이 필요함.

  - 환자중심: 급성질병과 만성질병의 치료 과정이 다른데서 연유하게 됨. 급성질병은 의사가 환자 진료에 거의 모든 결정권을 쥐고 있지만 만성질병에서는 환자가 진행 중인 진료에 참여하고, 생활습관을 바꾸고, 장기간에 걸쳐 일어나는 부작용에도 적응해야 하는 특성이 있음. 따라서 환자는 이용자이면서 질병관리를 위한 인력이 되기도 함. 이 모형에서 의사는 환자에 대한 컨설팅과 함께 self-management를 위한 의료기술을 교육하고, 정서적 및 심리적 지원이나 건강생활을 지원하는 역할도 해야 함.

  - 인구집단중심: 환자중심 접근법을 넘어 건강과 관련된 광범위한 사회경제적인 요인, 물리적 환경 등과 서비스의 연속적인 과정을 고려하는 특징이 있음. 개인 단위로 케어를 제공하는 인력이 아니라 지역사회 기관이나 사회서비스 분야에서 일하여 지역사회라는 인구집단이 접근 가능하도록 새로운 기술과 재능을 배양하고, 조직관리나 거버넌스에 대한 지식도 갖추어야 함.

  - 질 향상: 만성질병은 비가역적이라 한번 만성적인 조건chronic condition에 처하게 되면 건강의 허약과 함께 여러 기능의 제약이 따르기 때문에 환자의 안전을 위시한 질 향상에 각별이 유의해야 함.

  - 접근성: 1차의료는 지리적으로는 오벽지 지역에서도 접근 가능하여야

하며, 대상자 면에서는 만성적 조건을 갖는 사람들도 접근이 가능해야 하기 때문에 균형적인 분포가 중요함.

● 만성질병의 1차의사는 앞에서 언급한 바와 같이 급성질병 시대의 의료체계의 문지기가 아니라 다음과 같은 역할을 수행할 수 있어야 함.

  - 다학제적 협력multidisciplinary collaboration, 케어의 연속성continuum of care, 협력적인 진료coordination of care가 요구되기 때문에 1차의사는 의료체계의 문지기가 아니라 의료의 조정자 역할을 수행하여야 함.

  - 1차의료에 요구되는 내용은 1차적인 진료서비스 외에 예방서비스, 보건교육 및 건강증진, 1차 정신보건, 지역사회 방문간호, 치과, 응급의료 등이 포함되어야 하며, 특히 노인성 질환에 대한 임상적인 경험이 중요함.

  - 이상과 같은 1차의료의 범위에서 서비스를 공급하기 위해 1차의료기관은 단독 개원보다는 팀 접근이 중요함. 팀에는 의사들의 공동개업group practice도 중요하지만 다양한 직종(방문간호사, 물리치료사, 보건교육사, 영양사 등)들이 공동 참여하는 1차의료팀을 구성하는 것이 중요함.

  - 그리고 만성질환자를 급성기병원에 입원시켜 치료 위주로 하는 '병원중심체계'는 비용 관계로 적합하지 못하고, 유럽 국가처럼 의료와 사회서비스가 통합 제공되는 '지역사회중심체계'로 전환되어야 함. 이때는 다양한 직종에 의한 1차의료 팀 구성이 중요하며, 또한 원격의료가 도입되어 의료와 사회서비스가 용이하게 제공될 수 있어야 할 것임.

2) 1차의사 양성체계의 부재

● 앞에서 언급한 1차의료의 역할을 토대로 할 때 우리나라에서 1차의사에 양성체계는 없다고 해도 과언이 아님.

● 최근에 제안되고 있는 1차의사 양성 방안들은 1차의료의 역할을 제대로 정립하지 못하고 있는 상황에서 제안되어 한계가 있음.[11] 그러다 보니 현

---

11 2015년 11월 3일, 의협, 의협회, 의과대·의진원협회 공동주최로 의학교육 개선을 통한 1차의료 역량강화 공동심포지움이 개최되었고, 2017년 6월 20일 의과대·의전원협회 주최로 국민건강을 위한 1차의료와 의학교육이라는 정책포럼이 개최되는 등으로 1차의료에 대한 관심이 높아지고 있음.

재 개업하고 있는 전문의들을 전부 1차의료를 담당하는 1차의사로 간주하는 문제가 있음.

- 현재의 개업 전문의는 의료체계에 처음 접하는 환자를 진료하고 있어 형식적으로는 1차의사로 간주할 수 있음.

- 그러나 이들은 수련과정에서 1차의료를 담당할 수 있도록 교육을 받은 것이 아니라 병원을 찾는 환자에게 전문적인 진료하도록 교육 및 훈련을 받았기 때문에 이들을 1차의사의 양성체계나 교육체계 개선의 대상자로 보아서는 합리적인 개선책이 나올 수 없음.

- 기존의 제안은 바람직한 1차의료의 역할을 정립하고 1차의사 양성체계를 제안한 것이 아니라 개업 전문의를 포함하여 1차의료 활성화를 논의하였기 때문에 바람직한 1차의사 양성체계를 정립하기 어려운 문제가 있음.

● 먼저 1차의료를 담당하는 일반의를 보면 양성시스템을 통하여 일반의로 배출되는 것이 아니라 국가 면허만 취득하면 아무런 임상경험이 없어도 의사 개업이 가능하며, 이들의 지식으로는 1차의료 이외에는 할 수 없기 때문에 (1차의사라 부르고 있지만) 어떠한 양성과정을 통하여 배출된 것은 아니라는 점에서 문제가 있음.

- 1차의료에서 가장 핵심이 되는 일반의GP는 임상적인 수련과정이 전혀 없이 의과대학에서 학습한 내용으로 환자를 진료하고 있어 지역사회에서의 역할이나 앞에서 언급한 1차의료가 담당해야 할 역할은 생각도 못하는 문제가 있음.

- 우리나라의 의과대학 교육은 일본의 시스템을 답습하였지만, 전문의 제도는 미국 시스템을 답습하여 의사에 대한 훈련은 대학에 일임하였음. 따라서 일반의는 수련과정이 없이 방치되어 1차의사로서의 역할이 취약할 수밖에 없는 문제가 있음.

- 일반의는 진료 능력이 취약하여 1차의료제공자 기능도 제대로 수행하기 어려운 문제도 있음.

· 비록 오래된 자료이지만 의과대학 졸업생들이 현재의 교육제도로서 의사면허 취득 후 독자적으로 1차진료를 할 수 있다고 생각하느냐는 질문에 83.9%가 어렵다는 응답을 하고 있음(이영, 1993).

· 당시나 현재나 일반의가 되는 의사에 대하여 별도의 임상훈련이 없다는 점을 고려한다면 현재도 일반의들은 1차의료도 제대로 제공하기 어려울 것으로 판단됨.
 - 이는 1차의료에 대한 중요성을 이야기하고, 1차의료 강화 정책을 논의하였지만 어디까지나 탁상공론에 그쳤다는 것을 의미함.
 - 건강보험제도를 도입하고서도 의료를 '공공성이 강한 사적재화'로 간주하였기 때문에 의사 훈련에 정부가 개입하는 것은 오직 정원에만 집중되었고, 어떤 인재를 어떻게 훈련하느냐는 것은 대학 자율에 맡기다 보니 나타난 결과라 하겠음.

● 1차의사의 역할을 하는 가정전문의의 경우 일반의에 비하여 다소 체계적으로 수련을 받고 있으나 이들이 1차의료를 제대로 담당하고 있다고 간주하기는 어려움.
 - 가정전문의는 수련과정에서 여러 진료과를 순회하여 1차의료를 담당할 수 있는 임상적인 능력은 갖추고 있으나, 가정전문의는 1차의료가 담당해야 할 역할과 같은 점에 대한 수련은 부족한 편임.
 - 다양한 임상과를 순회하면서 수련을 받지만, 이 분야 역시 대학이나 수련병원의 자율에 맡기다 보니 병원에서 임상적으로 환자를 진료하는 것은 용이하겠지만, 지역사회의료나 통합의료에 대한 교육도 의료조정자care coordinator로서의 교육도 거의 받지 못하여 앞으로 요구되는 1차의사의 역할을 하기에는 한계가 있을 것으로 판단됨.

3. 1차의사 양성을 위한 개혁 방향

여기서 제안되는 개혁 방향은 우리나라 의사양성 방안의 중요한 한 부분을 전면적으로 바꾸어야 한다는 의미에서 개혁이라는 용어를 사용하였음.

1) 1차의료의 중요성 인식

● 의사의 중요한 부분의 하나인 1차의사 양성 방안을 개혁하기 위해서는 1차의료의 중요성을 인식할 필요가 있음.
 - 현재 우리나라 의료체계는 고령화와 만성질병의 시대가 되어 의료비

가 급증하고 있는데 경제는 저성장이라는 위기가 닥치고 있음.
- 그런데 의료체계는 병원중심으로 되어 있어 고비용을 부채질하고 있음. 의사 양성 역시 '병원중심체계'에 부합하게 전문의 양성에 초점을 두고 있음.
- 고령화, 만성병, 저성장경제에 대응하기 위해서는 '병원중심체계'를 버리고 '지역사회중심체계'로 전환되어야 할 것임.
- 이미 유럽에서는 덴마크, 스웨덴을 위시하여 많은 국가들이 지역사회 중심으로 의료체계를 개편하고 급성기질병이 아니면 입원을 시키지 않고 지역사회에서 의료와 요양서비스를 통합하여 받을 수 있도록 하고 있음.
- 일본 역시 이미 2012년부터 '병원종결형' 의료를 '지역종결형'으로 바꾸고, 의료, 요양, 복지, 주거 서비스를 종합적으로 받도록 유의하고 있음.
- 우리나라도 병원중심의료를 지역사회중심의료로 바꾸려면 1차의료가 강화되어야 하며, 1차의료를 중심으로 의료와 사회서비스가 통합 제공되어야 함. 통합서비스 제공을 위하여 1차의사를 중심으로 방문간호사, 물리치료사 등이 팀을 이루어 만성적 조건에 처한 사람들을 관리할 수 있어야 함.

● 의료체계를 개편하기 위해서 절대적으로 중요한 인력은 1차의사이며, 1차 의사는 통합적인 의료와 연속적 의료의 조정자 역할과 함께 환자가 스스로를 관리할 수 있도록 교육도 시키는 등의 역할을 수행하여야 할 것임.

2) 1차의사양성 방법의 개혁
① 1차의료를 담당할 의사의 지정
 ⓐ 1차의료를 활성화하기 위해서는 먼저 1차의료를 담당할 의사의 자격에 대하여 먼저 정리를 할 필요가 있음.

 ⓑ 현재와 같이 의사면허를 갖고 있는 사람이 개업을 한다고 무조건 1차 의사로 간주해서는 곤란함. 우리나라는 전문의가 병원에도 근무하고 있고, 개업도 하고 있어 의료 현장에서는 개업전문의와 병원 전문의가

경쟁하는 시스템임.

ⓒ 이러한 현실에서 개업하는 모든 전문의를 1차의사로 간주한다면 병원 전문의도 역시 1차의사로 간주해야 하는 난제에 부딪침.

ⓓ 따라서 1차의료를 담당할 1차의사를 먼저 정의하여야 함.
- 1차의사는 원칙적으로 일반의와 가정전문의로 할 필요가 있음.
- 현실적으로 개업하고 있는 전문의 가운데 일정 조건을 갖추는 의사에 한정하여 1차의사로 지정할 필요가 있음.

② 일반의 양성 방법의 개혁
ⓐ 일반의는 현재와 같이 의과대학을 졸업하고 국가시험에만 합격하면 의사로 개업하는 제도는 하루 빨리 고쳐야 할 것임.

ⓑ 먼저 향후에 배출되는 신규 일반의는 의사면허를 취득하여도 2년간의 임상훈련을 거치고, 1차의사로서의 역할에 대한 훈련을 거친 다음에, 1차의사로 개업이 가능하도록 법제화할 필요가 있음.
- 2년간의 임상훈련은 공공병원에 인턴으로 채용하여 1차의사로서 수행하여야 할 기능과 주요 전문과를 순회하여 임상적인 훈련도 거치도록 해야 할 것임.
- 1차의사로서 갖추어야 할 지식은 앞에서 언급한 바와 같은 내용으로 통합적인 의료나 연속적 의료를 제공할 때 의료의 조정자 기능을 하고, 다른 직종의 인력과 팀을 구성하여 활동할 수 있는 훈련을 위주로 하여야 함.
- 이들이 향후 '지역사회중심체계'에서 핵심적인 역할을 할 수 있도록 양성해야 함.
- 이들을 훈련시키는 데 소요되는 비용을 정부가 부담하는 것도 검토되어야 할 것임.

ⓒ 장기적으로는 일반의 제도는 없애고 모두 가정전문의로 전환하는 방안을 적극 검토해야 함. 임상훈련을 1년을 더 연장하여 가정전문의로

양성하는 것이 1차의사의 자긍심 측면에서도 검토되어야 할 개혁 과제라 하겠음.

③ 가정전문의 양성방법의 개혁

ⓐ 이미 가정전문의는 1차의사로서의 임상적인 지식을 갖출 수 있도록 훈련이 이루어지고 있어 임상훈련은 더 이상 언급할 필요성이 없음.

ⓑ 그러나 1차의사로서의 훈련은 매우 미흡하기 때문에 여기에 대한 훈련이 필요함.

 - 연속적이거나 통합적 의료에서의 조정자 역할과 지역사회조직과의 연계 등에 대한 추가적인 훈련이 필요함.

 - 또한 앞으로의 1차의료도 팀 중심으로 접근해야 한다는 점에서 팀 구성과 팀 리더로서의 소양이나 지역사회자원과의 연계를 위한 관리나 거버넌스 등에 대한 훈련을 할 필요가 있음.

④ 기존 개업 의사들에 대한 재교육 실시

ⓐ 지금까지 언급한 내용은 신규로 배출될 의사들에 대한 양성 방법이며, 기존의 개업의들도 1차의사로 활동할 사람은 새로운 교육을 통하여 1차의사로 지정하여야 함.

ⓑ 기존 개업의사의 활용은 소정의 보수교육을 이수시켜 1차의사로서의 역할을 제대로 할 수 있도록 하여야 함.

ⓒ 한 분야의 전문 훈련을 받은 사람을 1차 임상의사로서 자격을 갖추었다고 보기는 곤란함. 따라서 1차의사의 역할에 대한 보수교육을 이수시킨 후에 1차의사로 지정하는 것이 올바른 정책 방향이라 할 수 있음.

ⓓ 기존의 개업 일반의가 실질적으로 1차기능을 하는 것은 불가피함. 이것은 환자의뢰체계가 확립되지 않아서 종합병원의 전문의가 1차기능을 하는 것과 동일함. 따라서 개업의사가 1차의사로 지정을 받지 못한다면, 향후 통합의료나 지역사회중심 의료체계가 수립되면서 정책적으로

1차의사가 필요할 때 활용하지 않는다면 개업의사도 1차의사의 역할에 대한 보수교육을 이수할 것임.

3) 1차의사 양성을 위한 정부의 조치

● 이상에서 제안한 1차의사 양성이 실천에 옮겨지기 위해서는 정부가 적극적으로 개입할 필요가 있음.

● 먼저 정부는 1차의사 양성을 관리하는 기구를 만들어 의과대학을 졸업하고 일반의로 되는 사람에 대한 인턴교육의 관리, 가정전문의나 기존 개업의에 대한 1차의사의 역할에 대한 보수교육과 같은 업무를 담당하도록 해야 함.

● 의료체계가 개혁될 때 1차의사를 의료제공의 조정자로 활용하고, 의료팀 육성과 같은 제도의 정착을 위한 연구와 훈련을 담당하여야 할 것임.

● 정부는 1차의사가 해야 할 일에 대한 구체적인 업무의 명세화job discription를 할 필요가 있음.

● 우리나라에서 지금까지 1차의료를 논의할 때 항상 현실성 없는 담론으로 허송하였음.
  - 우리나라는 이미 계층적 지역주의에 입각한 환자의뢰체계가 붕괴되었고, 1차의료를 일반의나 가정전문의가 담당하는 것이 아니라, 개업 전문의는 물론 종합병원의 전문의도 담당하고 있어 1차의료가 문지기 기능을 할 수 있는 구조가 아님.
  - 그럼에도 불구하고 주치의 제도와 같은 문지기를 강조하여 실효성을 상실하고 있음.

● 우리나라는 고령화, 만성질병, 저성장경제라는 '3각 파도'가 밀려오고 있어 현재와 같은 '병원중심체계'를 유지할 경우, 의료체계의 붕괴는 물론 건강보험제도도, 장기요양보험제도도 붕괴될 위기를 맞이할 것임.

● 이러한 위기에서 벗어나기 위해서는 우리도 유럽 국가들과 마찬가지로 '병원중심체계'를 '지역사회중심체계'로 전환시켜야 할 것임.
  - 지역사회중심체계로 전환될 때, 급성질병을 갖는 사람들은 병원을 중심으로 입원하고, 만성적 조건을 갖는 사람은 가정에서 지역사회 자원을 활용하여 만성질병을 관리하고, 기능상ADL의 장애를 훈련으로 극복하거나 도우미의 지원으로 생활하여야 할 것임.
  - 이와 같은 지역사회중심으로 의료와 사회서비스를 통합적으로 제공하기 위해서는 1차의사를 중심으로 방문간호사, 물리치료사, 보건교육사, 요양보호사 등이 팀을 이루는 서비스 제공체계가 수립되어야 함.
  - 1차서비스 제공 팀에는 1차의사가 핵심이 되며, 1차의사의 지도하에 방문간호사가 환자 가정을 방문하여 다른 인력과 함께 care plan을 마련하여 서비스를 체계적으로 제공하여야 할 것임.

● 미래 의료체계의 모습을 이렇게 그릴 때(이미 유럽은 실행하고 있는 모습임.), 1차의사는 그 어느 때보다 중요한 역할을 하며, 1차의사는 1차의료만이 아니라 요양서비스나 병원서비스까지 연속적으로 조정하고, 환자 개인은

물론 지역사회라는 인구집단을 관리할 수 있는 능력을 갖추어야 함.

● 이와 같은 1차의사의 역할을 놓고 볼 때, 현재 우리나라의 1차의료와 관련하여 의학교육이나 의사훈련은 너무나 비현실적이라 하겠음. 따라서 우리나라의 의료체계를 개편하기 위하여 1차의료와 관련된 의학교육과 의사훈련의 개혁이 시급함.

참고 문헌

선우성 (2015), 1차의료를 위한 학부교육 강화 방안, 의학교육 개선을 통한 1차의료 역량 강화 공동심포지움, 대한의사협회, 대한의학회, 한국의과대학·의학전문대 학원협회, 11월 3일, 대한의사협회 3층 회의실.

이규식 (1984), 도시 1차 보건의료전략의 기본방향과 그 과제, 도시 1차 보건의료 자문회의 보고서, 한국인구보건연구원: 1-25.

이규식 (2015), 보건의료정책-뉴 패러다임, 서울: 계축문화사.

이규식 (2016), 의료보장론, 서울: 계축문화사.

이영 (1993), 의대교육과정과 면허시험의 의미, 한국의학교육, 5(1):1.

대한가정의학회 홈페이지(www.kafm.or.kr), 2017년 7월 2일 접속.

ACP (American College of Physicians) (2008), *How is a Shortage of Primary Carte Physicians Affecting the Quality and Costs of Medical Care, A Comprehensive Evidence Review*, A White Paper of American College of Physicians.

Anell A, Glenngård AH and Merkur S (2012), *Health Systems in Transition: Sweden*, European Observatory on Health Systems and Policies, Copenhagen: WHO Europe.

Beecham L, (2000), Milburn sets up inquiry into Shipman case, *British Medical Journal*, 320:401.

Boerma W and Dubois CA (2006), Mapping primary care across Europe, in *Primary Care in the Driver's Seat? Organisational Reform in European Primary Care* edited by Saltman RB, Rico A, Boerma W, Maidenhead: Open University Press.

Boerma W and Kringos D (2015), Introduction, in *Building Primary Care in a Changing Europe*, edited by Kringos DS, Boerma WGM, Hutchinson A and Saltaman RB, European Observatory in Health System and Policies, Copenhagen: WHO Europe.

Boerma W et al. (2015), Overview and future challenges for primary care, in *Building Primary Care In a Changing Europe*, edited by Kringos DS, Boerma WGM, Hutchinson A and Saltaman RB, European Observatory in Health System and Policies, Copenhagen: WHO Europe.

Boyle (2011), *Health Systems in Transition: United Kingdom(England)*, European Observatory on Health Systems and Policies, Copenhagen: WHO Europe.

Busse R and Bl?mel M (2014), Germany, health system review, *Health Systems in Transition*, 16(2), Copenhagen: WHO Europe.

Chevreul K et al. (2010), *Health Systems in Transition: France*, European Observatory on Health Care Systems and Policies, Copenhagen: WHO Europe.

Corcoran M (1997), Polypharmacy in the older patient with cancer, *Cancer Control*, 4: 419-428.

Corens D (2007), *Health Systems in Transition: Belgium*, Observatory on Health Systems and Policies, Copenhagen: WHO Europe.

Dubois CA, Nolte E and McKee M (2006), *Human resources for health in Europe*, in Human Resources for Health in Europe, edited by Dubois CA, McKee M and Nolte E, European Observatory on Health Systems and Policies Series, Copenhagen: WHO Europe.

Editorial of Lancet (2016), Human resources for health-investing in action, *Lancet*, 387(26): 1531.

Fox DM (1986), *Health Policies Health Politics: the British and American Experience 1911-1965*, Princeton: Princeton Univ. Press.

Fox DM (1998), Health Policy and the History of Welfare State: a Reinterpretation, *Journal of Policy History* 10(2): 239-256.

Hollnsteiner MR (1982), The participatory imperative in primary health care, *An International Journal of Adult Education*, 15(3): 36-37.

Institute of Medicine(IOM) (2001), *Crossing the Quality Chasm: A New Health System for the 21th Century*, Washington DC: National Academy Press.

Johnsen JR (2006), *Health Systems in Transition: Norway*, European Observatory on Health Systems and Policies, Copenhagen: WHO Europe.

Kohn L et al. (1999), *To Err is Human: Building a Safer Health Care System*, IOM, Washington DC: National Academy Press.

Kravet et al. (2008), Health care utilization and proportion of primary care physicians, *American Journal of Medicine*, 121(2): 142-148.

Kringos DS et al. (2015) Diversity of primary care systems analysed, in *Building Primary Care in a Changing Europe*, edited by Kringos DS, Boerma WGM, Hutchinson A and Saltaman RB, European Observatory in Health System and Policies, Copenhagen: WHO Europe.

Leeman J and Mark B (2006), The cronic care model versus disease management program: a transaction cost analysis approach, *Health Care Management Review*, 31(1): 18-25.

Lember M et al. (2015), Structure and organization of primary care, in *Building*

Primary Care in a Changing Europe, edited by Kringos DS, Boerma WGM, Hutchinson A and Saltaman RB, European Observatory in Health System and Policies, Copenhagen: WHO Europe.

Light DW (1997), The rhethorics and realities of community health care: the limits of countervailing powers to meet the health care needs of the twenty-first century, *Journal of Health Politics, Policy and Law*, 22(1): 105-145

Narasimhan V et al. (2004), Responding to the global human resources crisis, *Lancet*, 363: 1469-1472.

National Health Service (2000), *The NHS Plan, A Plan for Investment, A Plan For Reform*, London: NHS.

Nodhtruft V et al. (2000), Chronic disease self-management: improving health outcomes, *Nursing Clinics of North America*, 35(2): 507-518.

Nolte E and McKee M (2008), Caring for people with chronic conditions: an introduction, in *Caring for People with Chronic Conditions, A Health System Perspective*, edited by Nolte E and McKee M, European Observatory in Health System and Policies, Berkshire, England: Open University Press.

Norris SL et al. (2003), Chronic disease management. A definition and systematic approach to component interventions, *Disease Management Health Outcomes*, 11: 477-488.

Pong RW et al. (1995), *Health Human Resources in Community-based Health Care: A Review of the Literature*, Health Canada on Line, Health Promotion and Program Branch (www.hcsc.gc.ca/hppb/healthcare/pubs/foundation/component1.htm).

Rechel B and McKee M (2009), Health reform in central and eastern Europe and the former Soviet Union, *The Lancet*, 374(9696): 1186-1195.

Richardson G et al. (1998), Skill mix changes: substitution or service development?, *Health Policy*, 45: 119-132.

Schäfer W et al. (2010), *Health Systems in Transition: the Netherlands*, European Observatory on Health Systems and Policies, Copenhagen: WHO Europe.

Singh D (2005), *Which Staff Improve Care for People with Long-term Conditions? A Rapid Review of Literature*, Birmingham: University of Birmingham and NHS Modernization Agency.

Smith R (1998), All changed, changed utterly, British medicine will be transformed by the Bristol case, *British Medical Journal*, 316:

1917-1918.

Starfield B, Shi L and Macinko J (2005), Contribution of primary care to health systems and health, *Milbank Quarterly* 83(3): 457-502.

Strandberg-Larsen M (2007), *Health Systems in Transition: Denmark,* European Observatory on Health Systems and Policies, Copenhagen: WHO Europe.

Strauss A and Corbin JM (1988), *Shapping A New Health Care System*, The Jossey-Bass Public Administration Series, San Francisco: Jossy-Bass Inc.

Stubblefield C and Mutha S (2002), Provider-patient roles in chronic disease management, *Journal of Allied Health*, 31(2): 87-92.

Tataro K and Okamoto E (2009), *Health Systems in Transition: Japan*, European Observatory on Health Systems and Policies, Copenhagen: WHO Europe.

Wagner EH et al. (2001), Improving chronic illness care: translating evidence into action, *Health Affairs*, 20: 64-78.

WHO (2000), *The World Health Report 2000-Health Systems: Improving Performance*, Geneva: WHO.

WHO (2002), *Innovative Care for Chronic Conditions: Building Blocks for Action*, Geneva: World Heath Organization.

WHO (2008), Stewardship/Governance of Health Systems in the WHO European Region, Regional Committee for Europe Fifty-eighty session, Tbilisi, Georgia, 15-18 September 2008, WHO Europe.

Wilson et al. (2015), The delivery of primary care services, in *Building Primary Care in a Changing Europe*, edited by Kringos DS, Boerma WGM, Hutchinson A and Saltaman RB, European Observatory in Health System and Policies, Copenhagen: WHO Europe.

건강보험 재정의 조달과 관리

정 형 선 연세대학교 보건행정학과 교수

Ⅰ. 건강보험 재정의 조달

1. 전체 경상의료비

1) 경상의료비의 규모

- 우리나라의 전체 경상의료비의 규모는 2015년 115.2조 원으로 GDP 대비 7.4%임.
    - 전년(2014년) 대비 9.3조 원 증가(8.8%), GDP대비 비중은 0.3%p 증가.
    - 전체 경상의료비 중에서 집합보건의료비를 제외한 '개인의료비'는 107.0조원.

- 건강보험이 도입되기 시작한 1977년에는 GDP 대비 2.3%에 불과했으나, 2015년 7.4%로 증가함.
    - 1970년대 연간 30%대의 증가율을 보이던 의료비는 1980년대 18.2%, 1990년대 13.3%, 2000년대 12.3%로 증가폭이 둔화되었으며, 2010년대(2011-2015년)에는 연평균 7.1%로 한 자리 수를 기록하고 있음.

- 최근 세계적으로 의료비의 증가세가 둔화된 것에 비하면, 한국의 의료비는 높은 증가율을 유지하고 있음. 2010년대 다소 주춤했던 증가세는 최근 다시 높아지는 추세를 보이며, 지난 10년간(2007-2016년) 1인당 (실질)의료비의 연평균 증가율 6.1%는 OECD국가 연평균 증가율 1.7%를 크게 상회함.
- 급속한 인구고령화는 계속적인 의료비 증가의 주요 요인이 되며, 간병의 사회화에 따른 비용의 증가는 향후 의료비 증가의 잠재 요인이 됨.

구분		'70	'80	'90	'00	'10	'11	'12	'13	'14	'15
경상의료비 (조 원)	소 계(A)	0.1	1.4	7.3	25.4	82.3	87.4	92.7	98.7	105.9	115.2 (100%)
	개인의료비	0.1	1.3	6.7	23.5	76.5	81.5	86.3	92.1	98.5	107.0 (92.9%)
	집합보건의료비	0.0	0.1	0.6	1.9	5.8	5.9	6.4	6.6	7.4	8.2 (7.1%)
전년대비 증가율(%)		–	35.2	19.2	11.7	12.3	6.2	6.0	6.5	7.3	8.8%
GDP(조 원)(B)		2.8	39.5	197.7	635.2	1265.3	1332.7	1377.5	1429.4	1486.1	1558.6
GDP 대비비율(%) (A)/(B)×100		2.6	3.5	3.7	4.0	6.5	6.6	6.7	6.9	7.1	7.4%

표 1. 국민 경상의료비 현황(자료: 정형선·신정우, 2017)

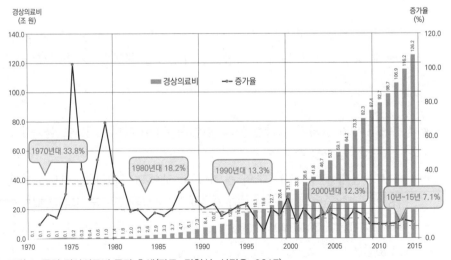

그림 1. 국민 경상의료비 증가 추세(자료: 정형선, 신정우, 2017)

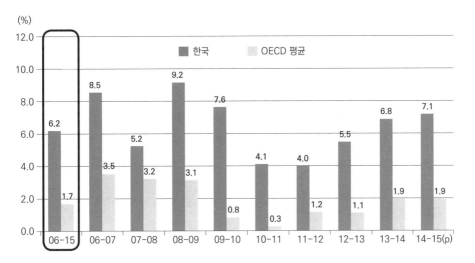

그림 2. 1인당 (실질)의료비의 연평균 증가율(자료: 정형선·신정우, 2017)

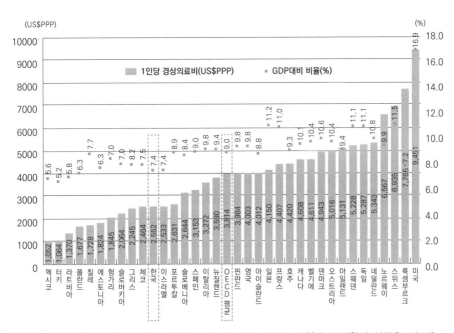

그림 3. OECD 국가의 '1인당 경상의료비' 및 'GDP 대비 경상의료비'(자료: 정형선·신정우, 2017)

● 2015년 한국의 'GDP 대비 경상의료비 비율' 7.4%는 OECD 평균 9.0보다 낮으며, OECD 35개 국가 중 27번째에 해당함.

   - 터키, 라트비아, 멕시코, 에스토니아, 폴란드, 슬로바키아, 헝가리와 룩셈부르크가 우리와 함께 낮은 비율의 국가군에 속함.

   - 구매력지수로 환산한 한국의 1인당 경상의료비는 2015년 2,552 US$PPP로 35개 국가 중 25번째임. 멕시코, 터키 등이 우리보다 낮은 수준의 지출을 하는 국가임.

2) 경상의료비의 재정 구성

● 2015년 경상의료비 중 공공재정(정확히는 정부·의무가입제도)은 56.4%(65.0조 원)였음. '공공재정'은 사회보험(정확히는 의무가입건강보험) 재정 46.1% (53.2조 원) 및 정부 재정 10.3%(11.8조 원)로 구성되며, '민간재정'은 가계직접부담 36.8%(42.4조 원) 및 임의가입제도(민영보험, 비영리단체, 기업) 6.8%(7.8조 원)로 구성됨.

   - 경상의료비에서 차지하는 공공재정(정부·의무가입제도)의 비중은 1970 년대 초만 해도 10%에 미치지 못했으나 계속되는 보장인구의 증가와 급여의 확대로 2015년에는 56.4%에 이르게 되었음. 다만 이 수치는 아직도 OECD 국가의 평균 수준에 훨씬 못 미치며, 한편으로는 우리 의료보장제도의 특징을 보여 주기도 함.

● '의료보장'제도의 재정은 총 58.2조 원으로 이는 건강보험 47.4조 원, 의료급여 5.9조 원, 장기요양보험 4.0조 원 등으로 구성됨.

경상의료비 115.2조 원					
정부·의무가입제도 65.0조 원 (56.4%)		임의가입제도 7.8조 원 (6.8%)			가계직접부담 42.4조 원 (36.8%)
정부 11.8조 원 (10.3%)	의무가입건강보험 53.2조 원 (46.1%)	임의가입 건강보험 7.0조 원 (6.1%)	비영리단체 0.7조 원 (0.6%)	기업 0.2조 원 (0.1%)	

표 2. 2015년 경상의료비의 재원별 구성

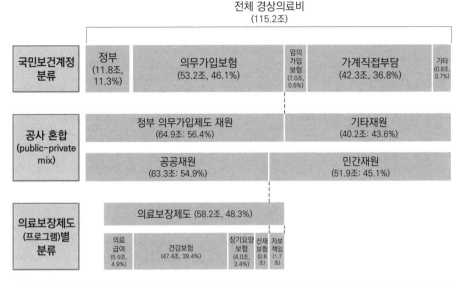

전체 경상의료비
(115.2조)

| 국민보건계정 분류 | 정부 (11.8조, 11.3%) | 의무가입보험 (53.2조, 46.1%) | 임의 가입 보험 (7.0조, 0.6%) | 가계직접부담 (42.3조, 36.8%) | 기타 (0.8조, 0.7%) |

| 공사 혼합 (public-private mix) | 정부 의무가입제도 재원 (64.9조: 56.4%) | 기타재원 (40.2조: 43.6%) |

| | 공공재원 (63.3조: 54.9%) | 민간재원 (51.9조: 45.1%) |

| 의료보장제도 (프로그램)별 분류 | 의료보장제도 (58.2조, 48.3%) |

| | 의료급여 (5.9조, 4.9%) | 건강보험 (47.4조, 39.4%) | 장기요양보험 (4.0조, 3.4%) | 산재보험 (0.8조) | 자보책임 (1.7조) |

그림 4. 2015년 경상의료비의 재원별 구성 도해(건강보험에 대한 국고지원액 즉, 정부 일반재정 및 담배부담금은 '건강보험'에 포함되어 있음|민영의료보험 중에서 자동차보험 책임보험은 과거의 보건계정 기준에서는 민간재원으로 분류되었으나, 현행 보건계정에서는 '의무가입보험'에 속하므로 일괄해서 공공으로 취급될 가능성이 높음)

2. 건강보험 재정의 조달

● 2015년도 건강보험 재정은 총수입과 총지출이 각각 53.3조 원 및 48.2조 원을 기록함(이는 건강보험통계연보의 수치로, 상기 보건계정에 입력된 수치와는 외포, 내연에 있어 미미한 차이가 있음).

  - 총수입 53.3조 원은 보험료 44.3조 원, 정부지원금(=일반회계+건강증진기금) 7.1조 원 등으로 구성됨.

  - 총지출 48.1조 원은 보험급여비 45.8조 원, 관리운영비 6천억 원 등으로 구성됨.

● 2015년에만 5.1조 원의 당기 흑자를 보인 바 총수지율 즉, '총수입 대비 총지출'은 90.4%이었음.

  - 2015년 말의 누적 적립금은 12.8조원에 달하여 적립률 28.0% 즉, 3달치 남짓한 급여비를 보유하고 있는 상황임.

		1990	1995	2000	2005	2010	2011	2012	2013	2014	2015
수입	계(A)	2,432	5,614	9,828	21,091	33,949	38,761	42,474	47,206	50,516	53,292
	보험료	1,884	3,601	7,229	16,928	28,458	32,922	36,390	39,032	41,594	44,330
	정부지원금	364	755	1,553	3,695	4,856	5,028	5,343	5,799	6,315	7,090
	기 타	185	1,258	1,046	469	635	811	741	2,375	2,607	1,872
지출	계(B)	2,164	5,076	10,744	19,980	34,926	37,259	39,152	41,265	44,753	48,162
	보험급여비	1,803	3,628	9,286	18,394	33,749	35,830	37,581	39,674	42,828	45,760
	관리운영비	192	385	696	759	675	611	614	631	642	623
	기 타	169	1,064	763	827	502	817	956	960	1,283	1,779
총수지율(B/A)		8.9%	9.0%	109.3%	94.7%	102.9%	96.1%	92.2%	87.4%	88.6%	90.4%
당기차액(A-B)		268	538	-916	1,111	-977	1,502	3,322	5,941	5,763	5,130
누적준비금적립금(E)		1,011	3,101	1,995	995	959	1,560	4,576	4,576	8,220	12,807
적립률(E/D)		51.9%	76.0%	21.5%	5.4%	2.8%	4.4%	12.2%	11.5%	19.2%	28.0%
연간 1인당보험료(천 원)		53	95	187	432	683	772	843	900	955	1,003
연간 1인당급여비(천 원)		49	93	202	388	692	729	759	796	854	892

표 3. 건강보험 재정 수지 현황: 1990-2015(단위: 10억 원 ‖ 자료: 2015 건강보험통계연보 재정리)

● 1990년대 후반부터 적자를 보이던 건강보험 재정은 2003년부터 흑자로 전환된 뒤 2010년의 미미한 당기 적자 외에는 흑자 기조를 유지하여 현재 13조 원의 누적 흑자에 이르게 됨.

  - 의약분업 시행 직후인 2001년에는 당기 적자만 1.9조 원에 달하여 보험급여를 위해 단기차입에 의존하기도 하였지만, 이에 따라 이루어진 각종 긴급처방책이 효력을 발휘하여 2003년 이후에는 당기 흑자를 보임.

  - 계속되는 흑자에 자신을 얻은 정부는 2005년 보장성 강화 대책을 마련하였고 그 뒤로 보장성 강화가 정권을 초월한 화두가 됨.

● 국고지원의 규모는 1999년 1조 원 수준이던 것이 2000년 1.6조 원, 2001년 2.6조 원으로 급격히 늘어났고, 2002년부터는 건강증진기금이 보험재정을 위한 용도로 배당되면서 국고지원을 대체하는 경향을 보임.

- 건강증진기금의 수입액이 정체되고 보험재정 지원이 한도에 묶임에 따라 2008년 이후에는 반대로 기금 지원액은 고정되고 국고지원액이 늘어나는 경향을 보이다가 2015년 담뱃세 인상으로 다시 기금 지원 비중이 늘게 됨.

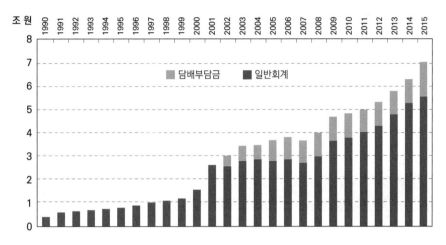

그림 5. 건강보험 국고지원 현황

1. 의료비 증가의 원인

1) 의료비 증가의 미래 전망

① 경상의료비의 증가

ⓐ 정형선·신정우(2017)에 의하면, 명목 경상의료비는 지금으로부터 10년 후인 2026년에 220조 원에 달할 것으로 전망되며, 이는 2015년 115조 원의 2배에 가까운 규모임.

ⓑ 증가율 자체는 2017년 7.2%에서 2025년 5.1%까지 점차 둔화되겠지만 그래도 일반 물가상승률이나 경제성장률을 상회하는 높은 수준임.

	경상의료비(명목)	증가율
2017	132.7 조 원	7.2%
2018	141.7 조 원	6.8%
2019	150,7 조 원	6.4%
2020	160.1 조 원	6.2%
2021	170.0 조 원	6.0%
2022	179.4 조 원	5.7%
2023	189.3 조 원	5.5%
2024	199.0 조 원	5.3%
2025	209.5 조 원	5.1%
2026	220.0 조 원	4.9%

표 4. 2017-2026 경상의료비 추계(시계열자료의 현재 상태가 과거의 상태에 의존하는 ARIMA Autoregressive Integrated Moving Average 모형에 외생변수로서의 입력변수를 결합하여 그 영향력을 동시에 고려하는 모형을 구축하여 추계함 || 자료: 정형선·신정우, 2017)

② 건강보험진료비의 증가

    ⓐ 정형선·신정우(2017)의 경상의료비 미래 추계에서 산출된 자료에 의하면, 건강보험진료비(보험자부담금+법정본인부담금)는 지금으로부터 10년 후인 2026년에 117조 원에 달할 것으로 전망됨. 이는 2015년 59조 원의 2배 수준임.

    ⓑ 증가율 자체는 2017년 7.0%에서 2025년 5.8%까지 점차 둔화될 것이나, 이 또한 일반 물가상승률이나 경제성장률을 상회하는 높은 수준임.

	경상의료비(명목)	증가율
2017	67.3 조 원	7.0%
2018	72.0 조 원	6.8%
2019	76.8 조 원	6.7%
2020	81.8 조 원	6.6%
2021	87.1 조 원	6.5%
2022	92.6 조 원	6.3%
2023	98.4 조 원	6.2%
2024	104.3 조 원	6.1%
2025	110.5 조 원	5.9%
2026	116.9 조 원	5.8%

표 5. 2017-2026 건강보험진료비 추계

2) 의료비 증가의 원인

① 건강보험진료비 증가의 구성 요소별 기여도

ⓐ 〈박스 1〉은 건강보험진료비를 그 구성요소의 항등식으로 표시한 것으로, '1인진료비'는 '1인진료일수'('1인당 진료일수'도 '수진건수'와 '건당 일수'로 분해가 가능)와 '1일진료비'의 곱이고, '1일진료비'는 다시 '1일진료강도'와 '가격(진료보수)'의 곱이며, '가격(진료보수)'은 다시 '상대가치점수'와 '환산지수'의 곱이므로, 이러한 항등식을 이용하여 전강보험진료비의 증가에 대한 기여도를 구하게 됨.

$$Exp = Pop \times Exp/Pop$$
$$= Pop \times V \times \bar{P}$$
$$= Pop \times (D \times I) \times (\bar{R} \times C)$$

[여기서, Exp : 의료비, Pop : 인구수,
V : 1인진료량, $\bar{P}$: 평균가격, D : 입내원일수, I : 1일진료강도(여기서는 잔차로 구함),
$\bar{R}$: 평균상대가치점수 (= $\Sigma Qi \cdot Ri / \Sigma Qi$), C : 환산지수)

박스 1. 건강보험진료비의 항등식(자료: 정형선, 2017)

ⓑ 정형선(2017)에 의하면,

- 지난 10년간 '노인진료비'의 연평균 증가의 62.2%는 1인진료비의 증가에 의한 것이었고 46.9%는 노인가입자 수의 증가에 의한 것이었음.
- 1인진료비의 증가에 의한 부분을 분해하면, 진료량의 증가에 기인한 부분(기여율 33.4%)이 가격의 증가에 기인한 부분(기여율 28.8%)보다 약간 높았음. 하지만, 2010년대에는 2000년대에 비해서는 진료량의 기여도가 낮아짐.

	2005	2006	2007	2008	2009	2010	2011	2012	2013	2014	2015	연평균 기여율* (2005-2015)		
노인진료비	6,073	7,350	9,119	10,737	12,424	14,135	15,389	16,449	18,085	19,969	22,236			
증가액	937	1,277	1,769	1,618	1,687	1,711	1,254	1,060	1,636	1,884	2,267			
	100%	100%	100%	100%	100%	100%	100%	100%	100%	100%	100%	100%	100%	100%
·노인가입자수변화 (기여율)	250	257	609	469	557	412	597	847	837	858	753			
	26.7	20.2	34.4	29.0	33.0	24.1	47.6	79.9	51.2	45.6	33.2	28.7	46.9	37.8
·1인진료비변화 (기여율)	686	1,020	1,160	1,150	1,130	1,299	657	213	799	1,026	1,515			
	73.3	79.8	65.6	71.0	67.0	75.9	52.4	20.1	48.8	54.4	66.8	71.3	53.1	62.2
가격변화 (기여율)	165	230	328	877	546	329	286	703	400	441	456			
	17.6	18.0	18.5	54.2	32.3	19.2	22.8	66.3	24.4	23.4	20.1	28.1	29.4	28.8
– 상대가치점수 (기여율)	0	0	141	687	292	60	46	357	-3	-3	-3			
	0.0	0.0	8.0	42.4	17.3	3.5	3.7	33.7	-0.2	-0.2	-0.1	13.5	6.7	10.1
– 환산지수 (기여율)	165	230	187	190	254	269	240	346	402	443	459			
	17.6	18.0	10.5	11.8	15.0	15.7	19.1	32.7	24.6	23.5	20.2	14.6	22.7	18.6
1인진료량변화 (기여율)	522	790	832	272	584	970	371	-490	399	585	1,059			
	55.7	61.8	47.0	16.8	34.7	56.7	29.6	-46.3	24.4	31.1	46.7	43.2	23.7	33.4
– 1인진료일수 (기여율)	302	351	435	778	643	523	165	210	179	173	-38			
	32.2	27.5	24.6	48.1	38.1	30.6	13.2	19.8	11.0	9.2	-1.7	34.1	13.7	23.9
–1일진료강도 등 (기여율)	220	438	396	-505	-59	447	206	-700	220	412	1,097			
	23.5	34.3	22.4	-31.2	-3.5	26.1	16.4	-66.0	13.4	21.9	48.4	9.1	10.0	9.6

표 6. '건강보험노인진료비' 증가에 대한 구성요소별 기여도(단위: 10억 원 ‖ *연평균은 산술평균값 임)

② 각종 수요 및 공급자요인

  ⓐ 인구의 고령화: 만성질환의 증가

    - 우리나라의 고령화 속도는 세계 최고 수준으로 2017년에 고령사회로 접어들고, 2026년에는 초고령사회에 진입할 것으로 전망됨.

    - 고령인구의 증가는 만성질환자의 증가를 의미하며 이는 의료비의 증가로 연결됨. 65세 이상 인구의 '건강보험 진료비'는 2015년 22조 원으로 전체 '건강보험진료비' 59조 원의 37.8%를 차지함. 2015년 1인당 건강보험(65세 이상) 노인진료비는 331만 원으로 전체인구의 1인당 건강보험진료비 115만 원의 2.9배에 달함.

    - 일본은 의료계획을 통하여 병상수를 줄이고, 입원일수를 감축하여 노인의료비를 관리하고 있고, 대만은 총액계약제를 통하여 국민의료비 전체를 관리하는 가운데 노인의료비도 관리하고 있음. 유럽은 의료체계를 병원 중심에서 지역사회중심으로 전환하는 가운데 급성기 병상수를 줄이고 입원일수도 줄이고 있으나, 우리의 경우 이러한 관리 기전이 불분명함.

  ⓑ 건강보험제도 상의 지출 관리의 한계

    - 일부 예외적인 포괄수가지불제나 일당정액방식을 제외하고는 대부분 행위별수가제가 적용되고 있는 바, 이는 불필요한 의료제공과 이용을 유도할 가능성을 높임.

    - 상대가치점수제는 총점고정을 원칙으로 함에도, 빈도의 상대적 변화나 추가적 상대가치점수 부여를 통해서 상대가치점수의 변화가 의료비 지출의 증가로 이어지고 있음.

    - 환산지수는 매년 계약에 의해서 이루어지는데 물가상승률보다 높게 계약되고 있음. 이는 일본의 수가 개정 방식(2년에 한 번씩 수가 개정을 하고, 행위 수가의 인상도 의약품비의 인하 수준 정도를 반영해 주는 것)과 대조적임.

    - '진료량'의 증가 자체를 관리하는 기전이 거의 없음. 이는 총액을 계약하는 대만의 전민건강보험과 대조적임.

  ⓒ 간호/간병서비스 지출의 확대

    - 인구고령화에 따라 간호/간병서비스의 중요성이 커지고 이를 보호자

의 노력봉사에 의존하는 기존의 방식은 한계를 노정함.

- 보호자 없는 의료기관의 간호/간병서비스를 확대하기 위해서는 의료기관이나 간병인의 간호 및 간병 인력 충원을 위한 비용을 보전해 주어야 함.

- 간호 및 간병을 위한 비용을 보험자가 부담하거나 환자나 보호자가 부담해야 하는데 어떤 방식이든 결국 전체 의료비의 증가로 이어지게 됨.

ⓓ 급성기병상 및 요양병원의 급증

- 소위 '사회적 입원' 현상이 지역사회의 수용 능력이 부족하고 요양시설의 서비스가 불충분하여 발생함.

- 인구 대비 급성기병상의 수가 OECD 국가 평균의 두 배에 달하고, 요양병원의 수가 2000년대 초에 100개가 안 되던 것이 현재 1,500개에 가깝게 증가하고 있는 상황임.

- 요양병원의 91~180일 장기 입원환자는 2005년 대비 2015년 8.08배의 증가를 보여 주고 있으며, 이는 일반병원과 종합병원의 증가율 2.37과 2.73배를 크게 상회함. 181-270일 장기 입원환자의 경우에도 마찬가지의 현상이 발생하고 있음.

- 요양병원 입원 기준에 해당하는 환자군 분류기준(7단계)이 존재하나, 지나치게 범위가 넓음. 경증환자를 중증환자로 상향청구up-coding하는 사례가 빈번함에도 청구 정확성을 담보하기 위한 체계적 관리체계가 갖추어지지 못함.

- 본인부담상한제가 적용되므로, 소득수준에 따라 3-5개월 이상 입원하면 본인부담이 없어지는 등, 장기입원에 대한 제공자 및 환자의 제어 기전이 작동하지 않음.

ⓔ 지역의료계획의 부재

- 우리나라는 지역 별로 병상수의 과잉 여부를 판단하기 위한 의료계획이 제대로 이루어지고 있지 못해, 병상 가동률이 상급종합병원을 제외하고는 매우 낮고 이 때문에 병원은 수지를 맞추기 위하여 입원을 늘리는 데 혈안이 되어 있음. 1995년 〈지역보건법〉을 제정하면서 매 4년 단위로 지역보건의료계획을 수립하도록 규정하고는 있으나, 이 계획은

지역단위계획으로 끝나고 중앙에서 이를 종합하여 자원의 수급이나 지역 간 균형 배치를 이루려는 노력으로 연결되지 못함.

- 일본은 1985년부터 의료계획을 통해 병상수의 통제를 시작함. 병상수의 감축을 지역 단위로 실행하고 지역 간 의료자원의 불균등 분포를 시정함으로써 전체적으로 입원을 줄임. 1993년부터 병원의 병상수가 줄기 시작함. 2005년에는 의료구역을 370개로 늘리고, 이 가운데 215개 구역은 병상 억제를 추진.

구분	2012	2013	2014	2015
상급종합병원	90.7	93.2	90.6	86.3
종합병원	68.2	69.9	69.9	67.9
병원	42.8	43.3	43.4	43.8
요양병원	58.2	58.2	59.4	59.8
의원	32.6	31.9	30.4	31.4

표 7. 의료기관 종별 병상가동률(단위: % ‖ 병상가동률: 총 입원일수/병상수×365, 산재와 자동차 보험 등은 제외‖일반의료기관만 해당/치과, 한방, 보건기관, 약국제외 ‖ 자료: opendata.hira.or.kr, 건강보험심사평가원)

ⓕ 신의료기술 및 고가의약품의 증가

- 신의료기술의 발달과 혁신의약품의 개발은 촉진되어야 하나, 비용-효과성에 대한 철저한 검증이 부족한 상태에서 제공되는 경우 불필요한 의료비 부담으로 이어지게 됨.
- 보험등재를 신청하여 급여판정 대기 중인 기술(의료행위 및 치료재료)을 자동적으로 법정비급여로 인정해 줌에 따라, 이 기간 동안 비용-효과성을 무시한 가격으로 공급되고 이를 지불하는 현상이 생기게 되며, '독립적 절차' 또한 이러한 기간의 연장 수단으로 활용되게 됨.

ⓖ 비급여 관리 기전의 한계

- 공단의 진료비실태조사 자료에 근거해서 볼 때, 3대 비급여의 정비 등으로 비급여의 증가율은 2010년 이전에는 5년 평균 16.9%의 높은 비

율을 보였으나, 2010년 이후의 5년간은 평균 4.9%로 증가폭이 둔화되고 전체 보장률이 조금씩 증가하는 경향을 보임.

- 비급여 관리 기전의 한계로 인해 급여액이 2012년 35.1조 원에서 2013년 36.1조 원, 2014년 41.5조 원, 2015년 44.0조 원으로 크게 증가하였음에도 불구하고, 비급여액은 줄어들지 않고 2012년 9.9조 원에서 2013년 11.2조 원, 2014년 11.2조 원, 2015년 11.5조 원으로 오히려 증가하고 있음.

ⓗ 민영보험의 확산
- 건강보험의 법정본인부담을 민영보험이 보험금으로 지불할 경우는 의료 이용자의 도덕적 해이로 인해 불필요한 의료비 부담이 생길 가능성이 커짐.
- 비급여 항목에 대한 지출을 민영보험이 커버할 경우에도 프랑스의 안경 구입 사례에서 보듯이 공보험과 연결되는 부분에서는 도덕적 해이 현상이 발생하게 됨(프랑스에서는 보충형 민영보험이 일반화되어 있고 이는 대부분 안경을 커버하는데, 이로 인해 비급여인 안경 구입을 위한 전제조건인 건강보험 안과 진찰이 불필요하게 이루어지고 있음).
- 생명보험을 중심으로 한 기존의 민영건강보험은 보장성보다는 저축성이 강한 상품이었고 암 등 일정 조건이 충족되면 일시금을 보험금으로 지급하는 것이기 때문에 일반 민영보험상품과 차별성이 크지 않았으나, 2000년대 중후반 이후 화재보험을 중심으로 실손형 민영보험이 확대되면서 비급여의료비가 증가하고 건강보험도 영향을 받게 됨.

2. 재정 관리 방안

1) 거시적 재정 관리: 상대가치 총점 관리

① 총점 관리를 위한 상대가치점수의 조정

ⓐ 2차 상대가치의 개정 논의 시의 분석 단위인 행위유형(수술, 처치, 기본진료, 기능검사, 검체검사, 영상검사)별 구분은 환산지수의 계약과 단위가 다르기 때문에 상대가치점수 자체적으로 왜곡을 시정하여야 함.

- 상대가치점수에 대한 관리는 자체적인 합리성 제고를 위해 필요하지

만 상대가치 총점의 관리 및 건강보험재정의 지속적 성장가능성을 위해서도 필요함.

ⓑ 행위유형(수술, 처치, 기본진료, 기능검사, 검체검사, 영상검사)별로 진료량을 포함한 총점을 관리하는 방안을 공식화할 필요가 있음.
  - 행위량(빈도)의 증감 중에서 상대가치점수 개정 시에 반영해 주어야 할 부분과 환산지수 계약 시에 반영해 주어야 할 부분을 구분해야 함.
  - 환산지수 계약 시에 반영할 부분을 제외한 부분은 상대가치점수 개정 시에 반영해야 함.

ⓒ 상대가치점수 조정 대상은 행위빈도가 급격히 늘어난 것을 중심으로 하도록 함.
  - 같은 패밀리군에 속하는 서비스 항목의 빈도 변화를 확인함.
  - 단위당 비용이 낮은 서비스에 낮은 수가를 적용하는 원칙에 해당함.

② 총점 관리를 위한 환산지수 계약 방식
  ⓐ 환산지수 계약 시에 과거 일정 기간의 상대가치점수의 평균 인상률을 명시하고 이를 고려한 수가인상률을 병기함.
    - '요양급여비용'의 계약을 '점수당 단가' 즉, 환산지수의 계약에 국한하고 있는 현행 방식은 유지함.
    - 상대가치점수의 인상(하)률을 산출 가능한 최근(예: 3년간)의 이동평균을 사용함.
    - 건강보험의 '수가(가격)'는 상대가치점수에 점당단가(즉 환산지수)를 곱하여 산정되므로, '수가'의 변화는 '환산지수'의 변화 외에도 '상대가치점수'의 변화를 포함함. 즉, 『'수가(가격) 인상률' = '환산지수 인상률' + '상대가치점수 인상(하)률'』임을 분명히 함.
    - 환산지수가 공급자와 가입자 간의 계약에 의해 결정되다 보니 흔히 '환산지수 인상률'이 '수가 인상률'인 것으로 오해하게 되나, 정확히는 '상대가치점수의 변화'에 따른 인상(하)도 포함해서 '수가 인상률'을 논의해야 함.

ⓑ 익년도 환산지수 인상(하)률'과 '과거 일정 기간의 상대가치점수의 인
상(하)률'의 합인 '익년도 수가인상(하)률'을 '지속가능 인상(하)률'에 연
동시킴.
- 환산지수만을 계약의 대상으로 하는 것은 상대가치 총점이 기준 연도
와 비교 연도 사이에 중립성neutrality을 유지한다는 전제임. 이 경우는 환
산지수가 '기준 연도와 비교 연도 사이에 생기는 요양기관의 비용이나
경영상황의 변동'만을 반영하면 됨. 하지만, 이러한 중립성이 유지되지
못하고 있는 것이 현실인 바, 이를 사후 확인하여 환산지수 계약에 반
영하는 기전을 마련함으로써 총점 고정의 효과를 확보할 수 있음.
- '지속가능 인상(하)률'은 '요양기관의 비용이나 경영상황의 변동'을 반
영하여 산출함. 주로 물가상승률 내지 임금상승률을 기반으로 함.

ⓒ 현행 환산지수계약 시의 고려 사항
- 환산지수의 계약 시에 계약 유형별로 가중평균상대가치점수의 변화
및 행위량의 변화를 고려한 총점의 변화를 염두에 둔 계약을 할 필요가
있음.
- 상대가치점수를 부분적으로 개정하거나 보험급여범위를 조정한 경우,
이를 그 다음 일정 기간의 환산지수 계약에서 반영함으로써 전체 보험
재정의 균형을 유지하도록 해야 함. 최소한 건정심에서는 이러한 조정
을 위한 보험재정의 확보나 보험료의 조정 등을 함께 심의할 필요가 있
음.

2) 미시적 재정 관리
● 만성질환자에게 담당의사를 두고 인두제 지불 방식을 적용.

● 노인을 대상으로 한 '외래 본인부담정액제'에서 '본인부담 정액 수준'을
인상.

● 입원기간 차등제를 보다 정교화하여 입원 기간을 단축.
- 장기입원에 대한 수가 감산과 본인부담률 상향 조정 등의 조치를 통해
서 입원기간에 대한 역 유인을 마련해야 함. 단, 장기입원자의 상당수

가 재활서비스를 받기 위한 목적에 있음을 유의해야 함. 가정 등 지역
사회의 열악한 수용 상황이나 지역사회중심의 서비스 공급체계가 구축
되지 않을 경우 자칫하면 노인들이 필요로 하는 재활서비스를 받기 어
려워 오히려 '재활 난민'과 같은 사태가 벌어지게 됨.

- 환자 에피소드 단계에 맞는 재활서비스의 제공이 이루어져야 하는 바
이를 위해서는 질환별로 재활치료를 위한 입원일수의 표준을 정하고
이에 따라 수가를 차등 지불하는 방안을 강구할 필요가 있음.

- 발병을 하게 되면 급성기를 보낸 후 회복기를 거쳐 유지기로 진행하거
나 아니면 아급성기를 거쳐 만성기로 진행하게 되는 바, 각 단계별로
적절한 재활서비스가 제공되어야 유지기나 만성기에 있어서도 적정한
삶의 질을 유지할 수 있게 됨.

- 뇌혈관 질환 등 재활은 치료 개시일부터 180일 이내, 심장대혈관 질
환, 재활 및 운동기 재활은 150일 이내, 호흡기 재활은 90일 이내 등과
같이 표준 산정일수를 정하고 이 기간을 넘어가는 경우 입원료 및 재활
료에 있어 불이익을 받도록 하는 등의 조치가 필요함.

● 중장기적으로는 모든 질병의 입원에 포괄적으로 적용할 수 있는 적정성
심사 프로토콜AEP, Appropriateness Evaluation Protocol을 검토.

- 단기적으로는 병원으로부터 입원의 일부를 표본추출하여 건강보험심
사평가원에서 입원의 적정성을 검토하고, 그 결과를 다른 유사 병원의
평균결과와 함께 환류하여 병원이 자발적으로 입원적정성을 관리하도
록 유도하고, 병원의 의무기록 자료 제출에 대한 협조와 평가 결과를
토대로 차기 회기에 입원 적정률을 높이는 병원에 대해서는 인센티브
를 부여함.

- 중기적으로는 사전 입원허가제 도입이 이루어지도록 해야 함. 병원에
서 의사의 입원 결정을 토대로 입원이 이루어지면 2일 이내에 의무기
록지를 첨부하여 건강보험심사평가원에 입원 허가를 신청하고, 이에
따라 심평원은 AEP를 활용하여 적정한 입원 여부를 판단해서 당일 중
으로 통보하게 됨. 이를 자발적 참여 방식으로 시행할 경우, 사전심사
제도에 순응하는 의료기관에 대해서는 입원 거절로 인한 병원의 손실
을 적절히 보상하도록 해야 함.

● 요양병원의 재편

- 의학적 입원 필요성을 바탕으로 한 입원기준을 정비하고, 요양시설 입소자가 의료 이용이 어려운 이유로 요양병원에 입원하는 경우를 줄이기 위해, 요양시설의 의료지원을 강화함.

- 요양시설에서 지역 내 응급의료 등이 가능한 의료기관과 사전에 협력체계를 구축토록 하여 지속적·연속적인 상호협력 속에 환자가 의뢰되도록 수가 인센티브를 제공함.

- 질 관리 효과가 미비한 것으로 파악되고 있는 재활전문의에 대한 인력가산 대신에 물리치료사 등 재활서비스의 직접 종사 인력에 대한 가산을 확대함.

- 요양병원에 대한 정밀한 정보 수집 및 심사체계를 강화함. 환자군 상향 조작, 인력 허위신고, 사무장 병원 등 불량한 요양병원에 대해서는 현지조사 강화 및 엄격한 처분기준을 적용. 심평원 본원 내 요양병원 심사 및 수가 관리 총괄조직 설치.

- 요양병원 중 일부를 재활 기능에 특화된 회복기재활병원으로 전환하거나 급성기 및 요양병원에 회복기재활병동을 구분해서 두고, 회복기 재활을 위한 시설·인력 기준과 과정·결과 지표를 엄격히 확인하는 전제하에 높은 회복기병동 가산 입원료를 적용.

- 요양병원 중 일부는 유지기요양병원으로 규정하거나 회복기재활병동을 제외한 나머지를 유지기요양병동으로 규정. 단, 종합 재활의 횟수 등을 일정 수준 보장하기 위한 산정 기준 및 인력 기준 적용.

● 신의료기술 및 고가의약품의 적정관리

- 2002년 신의료기술에 관한 급여여부판정제도가 도입되기 이전과 같이, 신의료기술이 급여나 비급여으로 결정 및 고시될 때까지는 비급여로 제공될 수 없도록 해야 함. 혹은 가능한 한 모든 제품을 기존의 급여 품목과의 비교를 통해 급여 대상으로 하되 본인부담을 차등적으로 적용하는 선별급여의 대상으로 해야 함.

- 이를 위해서는 식약처에 허가 신청을 할 때 심평원에도 신청하여 경제성평가와 급여적정성 여부에 대한 심의가 동시에 이루어지도록 해야 함. 식약처의 허가는 받았는데 심평원의 평가에서 등재되지 못할 경

우 원칙적으로 건강보험 비급여의 형태로도 진입하지 못하게 해야 함. 신기술(신약, 신재료)의 시판, 비급여인정, 보험등재에 대한 판정을 위한 공식적인 기구(의료기술평가원)가 필요할 것이며 기존의 보건의료연구원 NECA이 그 역할을 할 수 있을 것임. 의료기술평가원이 실무적인 작업을 하고, 식약처와 심평원의 검토의견을 취합하여 의료기술평가위원회가 최종적인 결정을 하는 절차임. 의료기술평가원은 신기술뿐 아니라 기존의 기술에 대해서도 상시적인 평가를 해야 하며, 외국의 의료기술, 약, 재료의 현황(종류와 가격)과 개발 상황에 대한 정보를 상시적으로 수집해야 함.

- 신의료기술 중에서 효과성에 대한 근거를 확보EMB, Evidence Based Medicine 하기 위해 비급여로 인정하는 경우는 원칙적으로 신청기관에만 시행을 허용하거나, 시행기관을 상급종합병원 등 테스트 병원으로 엄격히 제한하여 입증되지 않은 신기술 비급여의 무분별한 확산을 방지해야 함.

● 비급여 관리 체계의 구축
- 비급여는 첫째, 건강보험의 통제 밖에 있기 때문에 가격이 천차만별이고, 정보의 비대칭 상황에 있는 의료제공자와 환자 사이에서만 오가고 있어서 그 질적 수준에 대한 제3자의 모니터링이 이루어지지 못하고 있음. 둘째, 비급여 항목의 증가에 따른 의료비의 증가는 국민의 불필요한 경제적 부담으로 남는 경우가 많다는 점에서 해결해야 할 과제임.
- 새로운 비급여 항목의 창출, 비급여 진료량의 증가 등의 문제에 대처하기 위해서는 진료비 실태에 대한 보다 정확한 파악과 분류, 이를 기반으로 한 비급여 종류별 맞춤형 대책이 필요함. 가능한 모든 비급여를 분류(목록화) 및 표준화하고 가능한 한 급여화하여 가격의 부여 및 질적 모니터링의 대상으로 해야 함.
- 'EDI 코드가 부여된 비급여 항목' 중에서 의료적 성격이 아주 약한 것 외에는 본인부담률을 50-90%까지 높게 설정(본인부담 차등방식)하더라도 가능한 한 모든 서비스를 급여 항목으로 전환해야 함. 4대 중증질환에 적용하고 있는 소위 '선별급여' 방식은 이러한 '본인부담 차등제도'인 바 이를 일반화하고 적극 활용할 필요가 있음. 수면내시경을 건강보험에서 급여화하되 본인부담률은 80-90%로 높게 한다든지 하는 것

임. 로봇수술과 같이 아직 시장가격이 더 내려가야 할 것은 현재 시장의 최저가격에 참조가격을 설정한 뒤 건강보험은 그 일정 비율을 지불해 주는 방식도 활용할 필요가 있음. 의료기관별로 원하는 가격을 받을 수는 있지만 시장가격은 점차 참조가격을 향해 하향 조정되게 될 것이며, 이를 모니터링해서 사후적으로 참조가격을 인하해 나가면 될 것임.

- '기준 초과에 따른 비급여'를 줄이기 위해서는, 계속적으로 급여·심사 기준에 대한 임상적 검토를 하여 의학의 발전을 반영하고, 별도산정 인정 여부도 시장에서의 치료재의 흐름을 신속히 반영하되, 이렇게 정비된 기준을 초과하여 사용하거나 별도산정 불가항목에 대해 비용을 징수한 경우는 철저하게 대응.

- '임의 내지 불법 비급여'로 규정되는 항목을 줄이기 위해서는, 신의료기술 평가제도 및 신의료기술 도입절차를 정비하는 한편, 이러한 완비된 절차를 무시하고 시술되는 항목에 대해서는 철저하게 대응해야 함.

● 건강보험 지불 방식의 개편.

  - 포괄수가제나 일당정액방식의 확대 및 보완: 세부 기술 생략.

참고 문헌

정형선, 신정우 (2017), 국민보건계정, 보건복지부.

丁炯先 (2017), 韓國健康保險の老人診療費の增加要因 : 日本の老人醫療費との比較 日本福祉大學社會福祉論集, 136號(2017), 177-188.

병원산업의 가치 기반
의료공급체계로의 전환과
공공병원의 정체성 정립

이 상 규 연세대학교 보건대학원 교수

I. 보건의료체계의 핵심 구성요소로서 병원

● 한 나라의 보건의료체계를 구성하는 보건의료자원을 효율적으로 배분하고 관리함으로써 전체 국민의 건강수준을 향상시키고자 하는 과제는 그 나라의 의료체계를 유지, 발전시키는 데 가장 중요한 과제 중의 하나라고 할 수 있음(이상규, 2012; Fuchs & Sox, 2001).

● 보건의료자원 중 의료시설(병원)은 어느 나라에서나 의료인력과 함께 보건의료체계의 가장 중요한 구성요소로서 의료공급에 있어서 핵심적인 역할을 하고 있음.
  - 나라마다 차이는 있으나 대부분의 선진국에서 전체 국민의료비의 50% 이상이 병원 부문에 지출되고 있음(McKee & Healy, 2000).
  - 우리나라의 건강보험에서도 2015년 전체 급여비 약 44조 원 중 50%인 22조 원이 병원급 이상 의료기관에 지급되고 있었음(국민건강보험공단, 2016).

II. 병원의 개념적 구분

- 병원은 재원 조달 및 운영 형태에 따라서 정부가 직접 운영하거나 공공재
  원으로 운영되는 공공병원publicly funded hospital, 민간이 운영하는 민영영리병
  원private for-profit hospital, 민영비영리병원private not-for-profit hospital의 3가지 형태
  로 구분할 수 있음(Sloan, 2000).
    - 법적으로 민영영리병원과 민영비영리병원은 이익을 주주들에게 배분
      할 수 있는지 여부에 따라서 구분되며, 민영비영리병원은 이익 배분에
      제약을 받는 대신 대부분의 나라에서 세제 등에 있어서 혜택을 누리고
      있음.
    - 민영영리병원의 허용 여부는 나라에 따라서 많은 차이를 보이나 이를
      허용하는 대부분의 선진국에서 1990년대까지 전체 병원에서 차지하
      는 비중은 그리 크지 않았음(Hoffmeyer, 1994).
    - 이러한 운영 형태와 상관없이 모든 병원들은 보건의료체계 내에서 환
      자의 진단, 치료, 재활 등을 포함하는 의료서비스health service의 제공이라
      는 측면에서 동일한 기능을 수행하고 있음.

- 우리나라의 경우 민영영리병원은 법적으로 허용되지 않으며 요양기관 당
  연지정제에 의해서 모든 의료기관이 국민건강보험제도의 틀 안에서 운영
  되므로 공공병원과 민영병원 간에 특별한 차이가 존재하기 어려움.
    - 실증적 연구에 의하면 우리나라의 공공병원은 민간병원에 비해서 의
      료급여 환자를 더 많이 진료하고 있다는 점을 제외하면 진료 행태나 보
      장률 등에서 민영병원과 별다른 차이가 없었음(이규식 외, 2013).
    - 우리나라의 경우 정부는 물론 일반 국민들 사이에서 공공병원이 제공
      하는 의료를 공공의료로 생각하는 경향이 강한데, 세계보건기구는 공
      공의료를 공적재원에 의해서 제공되는 의료publicly funded health care로 정의
      하고 있음(Ettelt et al., 2009).
    - 우리나라와 같이 사회보험제도를 운영하는 국가의 경우 사회보험을
      통해서 제공되는 의료는 규범적 공공재가 되며(이규식, 2015), 따라서
      민간병원과 공공병원 모두 의료에 있어서 공적인 역할을 수행하고 있
      다고 보는 것이 타당할 것임(〈그림 1〉).

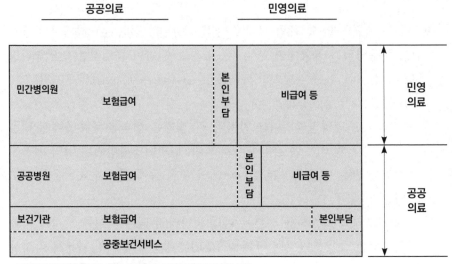

* 공공의료와 민영의료가 혼합 제공되어 공공의료의 구분이 모호
* 공공의료의 역할 제한과 관리체계 불분명
* 공중보건서비스와 의료가 혼합되어 공중보건기능 취약

그림 1. 공공의료와 민영의료의 구분(자료: 이규식, 2013)

● 바람직한 보건의료체계는 국민들이 가지는 보건의료 수요에 적절히 반응하여 국민들의 건강수준을 향상시키는 기능을 효율적인 재정 운영을 통해서 달성하고자 하는 거시적인 목표를 가짐(Murray & Frenk, 2000).

- 이러한 거시적 정책 목표가 달성되기 위해서는 보건의료정책들을 통해서 체계 전체가 지향하고자 하는 방향과 이들 정책이 시그널이 되어 체계를 구성하고 있는 미시적 개별 주체들의 행동을 이끄는 방향이 일치되는 정책의 수직적 동기화가 이루어져야 할 것임(Cucic, 2000).

- 우리나라의 보건의료정책들을 살펴보면 거시적 정책 방향에서 나름대로의 합리성을 확보했지만, 체계를 구성하는 미시적 구성 체계들과의 동기화를 유도할 수 있는 세밀한 정책 설계가 부족하여 소기의 정책 목표를 달성하지 못하고 사회 전체의 편익이 감소하는 경우를 많이 볼 수 있음(이상규, 2012).

● 보건의료체계의 핵심적인 미시적 구성요소인 병원들의 행동 양식에 가장 많은 영향을 미쳤다고 해도 과언이 아닌 우리나라의 건강보험정책은 이러한 정책의 동기화 측면에서 많은 문제를 야기했던 정책 중의 하나라고 하겠음.

- 최근에 새로운 지불제도에 대한 논의와 실험이 진행되고 있지만 1977년 도입 이후 현재까지도 건강보험제도는 상당 부분 행위별수가제를 토대로 운영되고 있음. 이러한 행위별수가제는 본질적으로 병원들을 국민의 건강수준을 올리는 방향이나 자원을 효율적으로 활용하는 방향으로 이끌기보다는 더욱 많은 진료를 하는 양적 경쟁으로 이끌고 있음.

- 한 조직을 운영하고 조직원들의 사적 경제활동을 보장해야 할 경영주체로서의 의사와 의료체계상의 의료공급자로서의 의사의 역할은 구분되어야 함. 경영주체로서의 의사가 합법적인 범위 내에서 조직의 영속성을 보장할 수 있는 방향으로 의사결정을 하는 것은 지극히 합리적인 현상임.

- 막대한 자기자본이 투입되는 의사결정과 그 결과에 대한 책임을 전적

으로 지게 되는 경영주체에게 그러한 결정을 조직의 경제적인 이윤 동기에 기반하지 말라고 요구하는 것은 과도하다고 하겠음.

- 의료체계의 미시적인 수준을 구성하는 개별 의료기관과 의사들이 정책과 법률이 정한 게임의 룰에 따라서 행하는 합리적인 미시적 효율성 추구가 합쳐져서 전체 의료체계의 거시적 효율성을 저해하는 수직적 동기화의 실패가 나타나고 있다면, 이러한 결과를 가져오게 된 정책 구조와 설계를 다시 고민해 보아야 할 것임.

- 또한 의료 부문에 대한 자본투자를 거의 민간에 의존하고 있는 우리나라의 경우 의료 부문에 투입되는 민간자본의 운영을 공적재원의 관점에서 바라보는 오류가 흔하게 발생하고 있는 점 역시 생각해 볼 필요가 있음.

● 이러한 현상이 발생하게 된 배경에는 서구 국가들이 국민의 기본권 보장이라는 보편적 이념에 기초하여 의료보장제도를 설계했던 반면, 우리나라는 시혜적 측면이 강조되어 제도가 도입되었고, 이에 따라서 건강보험제도를 운영하는 기본 이념과 원칙에 대한 사회적 합의가 부재하였음을 들수 있음(이규식, 2016).

- 제도 도입 초기에 공급자의 협조라는 인식에 기반하여 저수가가 일반화되었고, 이러한 저수가로 인한 공급의 위축을 방지하기 위해서 비급여(일반 비급여, 선택진료, 상급병실 허용)가 허용되었으며, 이들 비급여에 대한 관리는 제대로 이루어지지 않고 있음.

- 행위료가 낮고 고가장비 사용에 의한 수가는 높게 되어 있는 수가구조는 병원들의 행동을 고가장비 도입 및 이용을 늘리는 방향으로 이끌고 있음. 의료계획의 부재로 (특히 전국민의료보험 시행 이후) 국민들은 세계에서 가장 높은 의료이용률을 보이게 되었고 이에 부응하여 병원들은 경쟁적으로 병상을 늘렸는 바, 현재는 규모가 커진 이들 병원들이 생존을 위하여 병상가동률을 높이 유지해야 하는 악순환에 빠져 있음.

- 행위별수가지불제도로 대표되는 보건의료정책에 기인한 병원들의 양적 경쟁 구조와 이에 따른 사회적 편익의 감소에 대한 반성으로, 서구 각국은 병원들이 기존의 양적 경쟁구조에서 탈피하여 환자들의 건강수준을 올리고 비용의 효율성을 증가시키는 방향으로 갈 수 있도록 가치 기반의 경쟁value-based competition으로 유도하기 위한 다양한 형태의 실험들을 진행하고 있음(Porter& Teisberg, 2006; Porter & Kaplan, 2016).

  - 보건의료체계가 지향하는 거시적 정책 목표인 국민들의 건강수준 향상 및 재정 운영의 효율성 증대를 위해서는 체계를 구성하는 구성요소들, 특히 가장 중요한 구성요소인 병원들도 같은 목표를 지향하도록 정책설계가 되어야 함.

  - 가치value는 투입된 비용cost 대비 얻어진 건강결과health outcomes로 정의할 수 있는데 같은(혹은 더 낮은) 비용으로 더 나은 건강결과를 얻거나, 같은(혹은 더 나은) 건강결과를 더 낮은 비용으로 달성함으로써 환자들에게 보다 높은 가치를 제공하고자 하는 것이 병원들이 지향하는 목표가 되고 병원들 간에 이를 위한 경쟁이 유도될 수 있도록 제도를 개혁하고자 하는 것임(Porter, 2010).

  - 기존의 양적 경쟁 구조가 의료기관들의 행동을 이끄는 방향이 환자들과 보험자의 이익에 부합하지 않는 측면이 다분히 존재하였던 반면, 보다 높은 가치를 제공하는 의료기관에 보다 많은 보상을 하는 가치 기반의 경쟁 구조에서는 의료기관의 이익과 환자 및 보험자의 이익이 일치하게 되며 체계의 지속가능성도 높아짐.

- 미국의 CMSCenters for Medicare & Medicaid Services 역시 의료기관들의 가치 기반 경쟁을 유도할 수 있는 다양한 형태의 가치에 기반한 대안적 지불제도의 도입을 시범사업을 통해서 검토하고 있음(Press et al., 2016).

  - 현재 전체 지불의 약 30% 수준인 가치에 기반한 대안적 지불제도에 의한 지불을 2018년까지 50%까지 증가시키는 것을 목표로 하고 있음. 그중에서도 기존의 진단군별지불제도DRG가 아닌 새로운 형태의 묶음형지불제도bundled payments를 정교화하는 작업에 심혈을 기울이고 있음

(Burwell, 2015).

- 자신들이 생산하는 상품이나 제공하는 서비스를 통해서 고객들에게 보다 높은 가치를 제공하는 기업이 지속적인 경쟁 우위를 확보하면서 성장하게 되는 다른 분야의 기업들의 사례를 고려하면, 보다 높은 가치를 제공하는 의료기관에게 더 많은 보상을 부여하고자 하는 시도는 어찌 보면 너무도 당연한 일이라 하겠음.

● 물론 보다 근본적으로는 건강보험제도를 운영하는 기본 이념과 원칙에 대한 사회적 합의가 부재하는 우리나라의 상황을 감안할 때, 건강보험제도가 헌법에 명시된 국민의 기본권이라는 사회적 합의를 도출해야 함. 그리고 이러한 기본권이라는 원칙하에서 건강보험제도 운영에 있어 포괄적 급여comprehensive services 및 최소수준 원칙national minimum을 준수하는 것에 대한 고려도 이루어져야 할 것임.

● 그동안 우리나라 보건의료체계의 문제점을 해결하기 위한 많은 노력들이 진행되어 왔지만 대부분의 문제들은 수십 년 동안 근본적인 차원에서의 개선 없이 부분적인 개선에 그쳐 온 것이 사실임. 일부 정책들은 오히려 문제를 악화시키는 경우도 있었음.

- 우리나라가 고령화사회로 급격히 전환되고 저성장 기조가 고착되면서 우리나라 보건의료체계의 지속가능성에 대한 근본적인 의문이 제기되고 있는 현 시점에서, 체계의 지속가능성을 보장하면서 체계를 구성하는 개별 주체들의 이익을 증진시키고 사회 전체의 편익을 증진시킬 수 있는 방향으로의 전환 전략이 필요함.

- 병원 산업에서 이러한 진화가 이루어지기 위해서는 우리나라 병원들도 다른 나라들에서 기울이고 있는 노력들처럼, 환자 유치를 위한 양적 경쟁이 아닌 제공하는 서비스의 질과 환자의 건강결과에 대해서 경쟁하고 그 비용에 대해서도 고려하는 기관으로의 진화가 이루어져야 할 것임.

- 또한 이러한 과정에서 소비자가 요구하는 예방과 치료 후 과정을 포함하는 생애전주기적 life care로 의료서비스의 가치사슬이 확대되어야 할 것이며 현재 매우 분절되어 있는 서비스 간의 연계체계 구축이 이루어져야 할 것임.

● 이러한 전환은 기존의 보건의료체계 및 병원산업의 근본적인 기반과 운영방식을 바꾸는 것으로 다양한 형태의 노력들이 필요한데(Porter & Lee, 2013), 우리나라의 상황을 감안하면 특히 의료공급체계에 대한 혁신이 다른 무엇보다도 우선적으로 필요할 것임.

- 그동안 우리나라에서의 보건의료개혁에 대해서는 건강보험제도의 개혁에 대한 논의가 주를 이루어 왔으나 대부분의 의료공급을 민간에서 담당하고 있는 상황에서 의료공급체계에 대한 혁신이 전제되지 않는 어떠한 개혁도 성공하기가 어려움(이왕준, 2014).

● 가치 기반 의료공급체계로의 전환을 위해서 가장 우선적으로 필요한 것

은 이러한 가치를 평가할 수 있도록 진료를 통해서 얻어진 환자의 건강결과health outcomes와 이에 수반되는 비용을 측정하는 것이며, 이는 기존에 건강보험심사평가원 등에서 시행되고 있는 의료의 질 측정이나 진료비 기반의 비용 측정과는 다른 차원의 접근을 요구함.

- 환자의 입장에서 건강결과는 본질적으로 다차원적인 특성을 가짐. 이는 단순히 얻어진 건강결과(생사, 회복, 혹은 회복의 정도)뿐만이 아니라 치료와 회복의 과정과 재발, 합병증 등 보다 장기적인 결과들을 모두 포함하는 개념임(Porter, 2010).

- 기존의 임상진료지침 준수 여부에 대한 평가와 같은 과정중심의 지표에서 실제 환자에게서 얻어진 장단기 건강결과에 대한 지표로의 전환이 필요함. 이 과정에 International Consortium for Health Outcomes Measurement(ICHOM, 2017)에서 지속적으로 개발이 진행되고 있는 지표들이 참고가 될 수 있을 것임.

- 기존에 수집되던 자료가 아닌 새로운 형태의 자료를 수집하는 것은 의료기관 입장에서는 새로운 업무가 발생하여 부담이 증가되는 일이므로, 의료기관에 대한 새로운 부담을 가능한 감소시키는 방향으로 진행되어야 할 것임. 자료수집에 필요한 인프라 구축에 대해서 정부 차원의 지원이 필요할 것임.

- 뒤에서 살펴볼 서구 국가들의 경우와 같이 일부 의료기관들에서 특정질환을 대상으로 시범사업을 시행하면서 자료를 축적하고 이를 토대로 우리나라 상황에 맞는 제도를 설계해 나가는 과정이 필요할 것임.

● 공급자중심이 아닌 환자중심의 의료서비스가 제공되고, 치료 및 회복 과정 등 환자케어 과정의 모든 스펙트럼을 포괄하는 건강결과 및 비용에 대한 자료 수집이 원활히 이루어지기 위해서는 의료공급 구조를 환자의 의학적 필요를 중심으로 재구성할 필요가 있음.

- 현재와 같이 분절화된 전문 진료과 중심의, 환자들이 개별 진료과 혹은 서비스를 찾아다니는 의료공급 구조가 아닌 어떤 특정한 환자의 의학적 필요를 해결하기 위해서 필요한 모든 인력과 서비스, 장비들을 해당 의학적 필요를 중심으로 재구성하는 구조의 재편이 필요함.

- 이러한 구조는 단순히 해당 문제를 해결하기 위해서 필요한 외래, 입

원, 검사, 시술 등만이 아니라 해당 문제와 밀접하게 관련되어 있는 다른 문제들을 해결하기 위한 인력 및 시설, 그리고 영양, 교육, 기타 지원 서비스를 포함함.

- 병원의 노력뿐만이 아니라 환자들의 협력도 필요한데, 현재와 같이 일부 환자들의 과잉의료이용을 제한할 수 없는 구조에서는 가치 기반 경쟁 자체가 무의미해지기 때문에 제도 설계 과정에서 환자들의 불필요한 의료이용을 억제할 수 있는 방안에 대한 고려가 필요할 것임.

● 병원의 이러한 노력들이 효과적으로 이루어지기 위해서는 이를 적절히 보상할 수 있는 지불제도의 개혁이 필수적이며, 앞서 언급한 바와 같이 서구 국가들에서는 다양한 형태의 노력들이 진행되고 있음.

● 미국의 CMS에서는 병원 및 의료공급자들 간에 환자들의 건강결과와 비용에 대해서 경쟁하는 구조를 유도하기 위한 대안적 지불제도로서 묶음형 지불제도인 BPCIBundled Payments for Care Improvement, CJRComprehensive Care for Joint Replacement, OCMOncology Care Model을 시험하고 있으며, 이 중 CJR을 살펴보면 아래와 같음(CMS, 2017).

- 무릎관절이나 고관절에 문제가 있어서 이를 인공관절로 치환하는 수술을 받는 메디케어 환자들을 대상으로 미국 67개 대도시지역 800개 병원에서 2016년부터 시범사업이 진행되고 있는 묶음형지불bundled payments 모형임.

- 묶음의 대상은 대상 환자가 입원하는 날로부터 퇴원 후 90일까지 해당 수술 및 재활(혹은 수술과 관련된 합병증이나 재입원 등)과 관련해서 발생하는 모든 비용이며 메디케어는 미리 정해진 금액을 환자를 수술하는 병원에 지불함.

- 실제로 발생한 비용이 미리 정해진 금액 이하이면서 질 지표가 일정 수준 이상일 경우 병원에 인센티브가 지불되며, 발생한 비용이 미리 정해진 금액 이상일 경우 병원이 그 비용의 일정 부분을 부담하게 됨.

- 이와 같은 구조에서 병원은 환자에게 제공되는 전체 서비스를 보다 효과적이고 효율적으로 제공할 수 있도록 의료공급 구조를 재구성하려는 노력뿐만 아니라 전체 과정과 결과 및 비용을 측정하려는 노력을 기울이게 됨.

- 또한 기존의 지불제도에서 보상되지 않는 서비스라 하더라도 환자의 건강결과를 효율적으로 향상시킬 수 있는 근거가 있는 서비스는 적극적으로 도입하고자 하는 동기를 가지게 되며 퇴원 후 발생할 수 있는 문제를 미리 예상하여 보다 적극적으로 환자를 관리하고자 하는 동기를 부여함.

- 이를 통해서 환자의 건강결과가 향상되는 동시에 병원의 이익도 늘고, 보험자의 재정이 보다 효율적으로 사용되는 모두에게 긍정적인 결과를 기대할 수 있음.

● 미국 이외에 많은 OECD 국가들도 다양한 형태의 묶음형지불제도를 급
성 및 만성질환에 적용하고 있으며 의료의 질 향상 및 재정 절감에 긍정적
인 결과를 얻고 있음(〈표 1〉).

- 네덜란드의 경우 2007년 2형당뇨병환자의 1년간의 일반적인 당뇨관
리에 대해서 케어그룹(주로 일반의로 구성된 공급자 집단)이 책임을 지도록
하고 정해진 비용을 지불하는 묶음형 지불제도를 도입하였는데, 이 제
도의 도입 이후 당뇨환자의 사망률과 소요되는 재정이 현격히 감소하
였음(Struijs, 2016).

- 환자들의 입장에서는 공개되는 질 지표를 통해서 보다 나은 결과를 제
공하는 공급자를 선택할 수 있으며, 환자들의 건강결과가 향상됨으로
써 보험자는 궁극적으로 의료비를 절감할 수 있게 됨.

- 의료기관 입장에서는 모든 종류의 백화점식 의료서비스를 제공하기보
다는 다른 기관에 비해서 보다 나은 건강결과를(혹은 같은 결과를 보다 낮
은 비용에) 제공할 수 있는 자신들의 강점 분야에 집중하고자 하는 동기
가 부여되며, 이를 위해서 다른 기관 혹은 공급자들과의 연계 활성화도
기대할 수 있음(Porter & Kaplan, 2016).

	영국	영국	스웨덴	포르투갈	네덜란드
제도명칭	Best practice tariffs in hospitals	Maternity care pathway	Bundled payment for an episode of care	Bundled payment for select chronic conditions	Bundled payment for diabetes
의료의 질	+/-	발표예정	+	+	+
재정절감	—	발표예정	+	+	+

표 1. OECD 국가들의 묶음형지불제도 도입 성과(자료: OECD, 2016)

● 우리나라의 공공병원은 자본비용은 공적재원을 통해서 충당하지만 운영에 소요되는 경상비용은 건강보험제도에 의한 수입에 의존하는 경우가 대부분임. 이에 따라 구조적으로 공적인 기능을 수행하기가 힘든 상황에 처해 있음.

- 복지부는 적정진료 및 양질의 의료서비스 제공, 건강안전망 기능 수행 등을 공공병원이 수행하는 공공의료를 평가하는 기준으로 삼고 있는데 이는 공공병원만이 아니라 민간병원에도 동일하게 적용되는 원칙임.

- 민간병원과 특별히 차별화되는 기능을 수행하지 못하는 상황에서 공공기관이 가지는 민간병원에 비해 상대적으로 낮은 생산성으로 인해 대부분 적자 경영을 면하지 못하고 있음(이규식 외, 2013).

- 환자의 건강결과와 투입되는 비용이라는 측면에서도 민간병원과의 경쟁이 점차 더 어려워지는 상황이 예측되며 따라서 공공병원은 의료공급체계에서 민간병원과 차별화되는 자신들의 정체성을 찾아야 하는 문제에 봉착해 있음.

● 의료에 있어서 공공성은 여러 가지 측면으로 정의될 수 있으나 일반적으로는 공급이 원활하지 못한 지역 및 분야에 대한 의료공급, 보건의료보장이 취약한 계층에 대한 의료공급, 발생규모, 전파속도, 심각성 등을 고려할 때, 국가와 지방자치단체의 대응이 필요한 질병의 예방과 건강증진사업 등에서 공공성이 인정될 수 있음.

- 일본의 경우 제2차 세계대전 이후 군병원들을 국립병원으로 전환하였고 1985년 구조조정을 통해서 이들 국립병원들이 정부가 정한 정책의료를 수행하도록 기능을 전환하였음. 암, 순환기계, 면역이상, 에이즈, 재해의료, 장수의료, 결핵 등 19개 분야를 정책의료 분야로 지정하여 병원별로 기능을 수행하도록 하고 있음(이규식, 2013; 이상규, 2014).

- 우리나라의 경우도 한 지역 내에서 수요가 적거나 진료비가 민간 부문의 공급을 유도하기에 충분하지 않은 의료취약 지역의 응급의료, 산과의료, 호스피스, 희귀난치, 외상 등의 진료 기능을 공공병원이 수행하도록 하는 정책의료기관으로의 전환을 고려해 볼 수 있음(〈그림 2〉).

- 혹은 보건의료정책 사업의 수행에 있어서 시범사업의 수행기관으로서 기능할 수도 있을 것임. 이와 같이 민간병원과 차별되는 공공성을 확보할 수 있을 때, 공적지원의 타당성도 확보할 수 있을 것임.

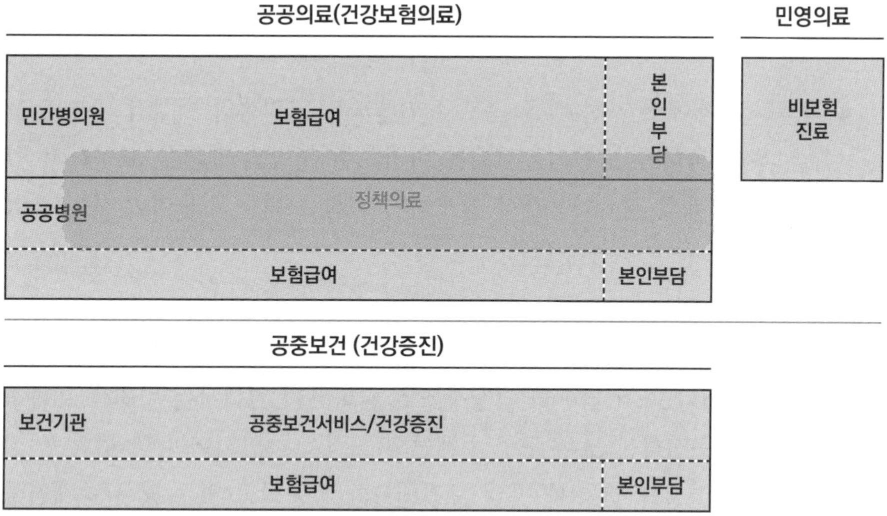

공공의료(건강보험의료)			민영의료
민간병의원	보험급여	본인부담	비보험진료
공공병원	정책의료		
	보험급여	본인부담	

공중보건 (건강증진)		
보건기관	공중보건서비스/건강증진	
	보험급여	본인부담

* 공공의료와 민영의료를 구분하여 공공의료 관리 강화
* 정책의료 수행과 관련한 비용은 민간병원, 공공병원 구분 없이 공적 재원 지원
* 공중보건(건강증진)과 공공의료를 구분하여 공중보건사업(건강증진 포함)을 강화

그림 2. 정책의료의 개념과 범위(자료: 이규식, 2013 | 일부 수정)

● 빠른 속도로 진행되고 있는 지식과 기술의 발전에 따라 보건의료 분야도 다양한 분야와의 융합을 통해서 기존의 틀과 개념을 바꾸는 혁명적인 변화가 이루어지고 있으며, 가까운 미래에 현재 모습과는 전혀 다른 형태의 의료가 우리 앞에 나타나게 될 것으로 예측됨.

● 아울러 세계에서 가장 빠른 속도로 진행되는 고령화와 저성장 기조의 고착은 우리 사회가 보건의료체계를 바라보는 시각의 전환을 요구하고 있음. 특히 체계의 지속가능성을 확보하기 위한 노력을 기울여야 하는 책임은 사회구성원 모두에게 있음.

● 우리나라 병원산업이 지속가능성을 담보할 수 없는 기존의 양적 경쟁구조에서 벗어나 가치 기반의 경쟁구조로 진화하기 위해서는 병원을 포함하여 체계를 구성하는 모든 구성 주체들의 노력이 수반되어야 할 것임. 이러한 노력이 결실을 맺을 때 우리 보건의료체계가 안고 있는 많은 문제점들이 해결의 실마리를 찾을 수 있을 것임.

참고 문헌

국민건강보험공단 (2016), 건강보험통계연보 2015, 국민건강보험공단.

대한병원협회 (2013), 2013 전국병원명부, 대한병원협회.

이규식 (2013), 공공병원의 새로운 역할과 정책의료, 이슈 페이퍼 7호, 건강복지정책연구원.

이규식 (2015), 보건의료정책: 뉴 패러다임, 계축문화사.

이규식 (2016), 의료보장론: 이론과 세계 동향, 계축문화사.

이규식 외 (2013), 공공보건의료체계 현황 및 정책과제 분석, 감사원, 건강복지정책연구원.

이상규 (2012), 우리나라 고가 의료장비 현황과 정책대안: 정책의 수직적, 수평적 동기화, 대한의사협회지, 55(10):950-958.

이상규 (2014), 공공전문진료센터 지정 및 관리방안 개발, 보건복지부.

이왕준 (2014), 이제 한국 의료공급체계의 새로운 모델을 구상하자, 병원경영정책연구 3(2): 128-138.

Burwell SM (2015), Setting value-based payment goals: HHS efforts to improve U.S. health care. *New Eng J Med* 2015; 372(10): 897-899.

CMS (2017), Comprehensive care for joint replacement model: provider and technical fact sheet, https://innovation.cms.gov/Files/fact-sheet/cjr-providerfs-finalrule.pdf, accessed at 20170326.

Cucic S (2000), European Union health policy and its implications for national convergence, *Int J Qual Health Care* 12:217-225.

Ettelt S, McKee M, Nolte E, Mays N and Thomson S (2009), Planning health care capacity: whose responsibility? in *Investing in Hospitals of the Future* edited by Rechel B, Wright S, Edwards N, Dowdeswell B and McKee M, European Observatory on Health Care Systems and Policies, Copenhagen: WHO Europe.

Fuchs VR, and Sox HC Jr (2001), Physicians' views of the relative importance of thirty medical innovations, *Health Aff* 20:30-42.

Hoffmeyer, U., K. Ullrich and T.R. McCarthy (1994), *Financing Health Care* (Kluwer Academic Publishers).

International Consortium for Health Outcomes Measurement (2017), Breast cancer: data collection reference guide, www.ichom.org/medical-conditions/breast-cancer/#, accessed at 2017.03.27.

McKee M and Healy J (2000), The role of the hospital in a changing environment. *Bull World Health Organ* 78(6): 803-810.

Murray CJL and Frenk J (2000), A framework for assessing the performance of health systems, *Bull World Health Organ* 78(6): 717-731

Lee TH (2010), Putting the value framework to work, *New Eng J Med* 363(26): 2481-2483.

OECD (2016), *Better Ways to Pay for Health Care*, OECD health policy studies. OECD publishing.

Porter ME and Teisberg EO (2006) *Redefining Health Care: Creating Valued-Based Competition on Results*, Harvard Business School Press.

Porter ME (2009), A strategy for health care reform: toward a value-based system, *New Eng J Med* 361(2): 109-112

Porter ME (2010), What is value in health care, *New Eng J Med* 363(26): 2477-2481.

Porter ME and Lee TH (2013), The strategy that will fix health care, *Harvard Business Review*, October.

Porter ME and Kaplan RS (2016), How to pay for health care: bundled payments will finally unleash the competition that patients want, *Harvard Business Review* July-August: 88-100.

Press MJ, Rajkumar R and Conway PH (2016), Medicare's new bundled payments: design, strategy, and evolution, *JAMA* 315(2): 131-132

Sloan FA (2000), Not-for-profit ownership and hospital behavior, in *Handbook of Health Economics* edited by Culyer AJ and Newhouse JP, Elsevie: Chapter 21.

Struijs JN (2016), How bundled health care payments are working in the Netherlands, *NEJM* Catalyst April.

의료의 질 향상을 위한 정책 방향[1]

이 상 일 울산대학교 의과대학 예방의학교실 교수

Ⅰ. 서론

● 보건의료 정책의 일반적 목표는 모든 국민에게, 부담할 수 있는 비용으로, 양질의 보건의료를 제공하여 건강수준을 유지 또는 향상시키는 것임. 서로 경쟁관계에 있는 3가지 이슈(접근성 제고, 질 향상, 비용 절감)를 보건의료의 철의 삼각iron triangle of health care이라고 함(Kissick, 1994).

● Relman(1988)은 보건의료가 보건의료에 대한 접근성 제고를 위한 보건의료 자원의 공급확대 시기era of expansion, 의료이용의 증가로 인한 보건의료비 증가에 대처하기 위한 비용절감의 시기era of cost containment를 거쳐 제공되는 보건의료의 가치에 대한 평가와 책임이 강조되는 시기era of assessment and accountability로 변천할 것이라고 예측한 바 있음. 우리나라도 1977년에 의료보험을 도입하여 1989년에 전국민의료보험을 달성함으로써 본격적인 평가와 책임의 시기가 도래하고 있음.

---

1 이 원고는 필자가 2013년 보건의료행정학회 제50차 학술대회에서 발표한 〈의료의 질과 환자안전을 위한 정책과제〉의 내용을 수정 및 보완한 것임.

● 최근 인구노령화와 경기 침체에 따라, 여러 국가들이 보건의료 지출의 효율성을 개선하기 위한 방법을 찾고 있음(OECD, 2012a). 우리나라도 1989년 전국민의료보험의 달성 이후 급증하는 보건의료비 증가에 대처하기 위하여 다방면의 노력을 기울이고 있음. 앞으로 보건의료 분야의 의사결정에 있어 보건의료에 지출하고 있는 비용의 가치value for money에 대한 논의가 증가할 것으로 예상됨. 보건의료에서 가치는 '단위 비용당 건강 결과'로 정의할 수 있는데, 보건의료의 질은 건강결과의 일부분으로 이러한 가치 평가의 2가지 요소 중 하나임(Porter, 2010). 또한 보건의료의 질은 〈그림 1〉과 같이 접근성 및 비용과 함께 보건의료제도의 성과를 구성하는 핵심적 요소임(Kelley·Hurst, 2006).

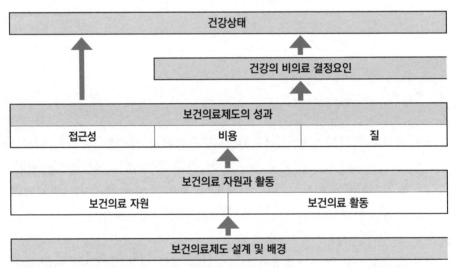

그림 1. 보건의료제도 성과 측정을 위한 개념 틀

● 우리나라에서 의료이용자 중 불만을 느낀 사람을 대상으로 조사한 의료서비스에 대한 주된 불만 이유를 살펴보면, 〈표 1〉과 같이 의료서비스의 질에 대한 불만의 비중이 높으며, 비용에 대한 불만의 상대적 비중이 최근 감소하는 추세에 있음(통계청, 2016).

불만 이유	2006년	2008년	2010년	2014년	2016년
비싼 의료비	27.2	32.0	30.0	24.7	24.1
불친절	11.1	12.0	11.2	11.0	12.1
치료 결과 미흡	22.9	16.3	18.4	20.7	20.1
진료 불성실	9.2	9.4	7.8	9.5	9.7
진료 및 입원 대기 시간	17.5	16.3	19.4	20.2	19.5
의료 시설 낙후/미비	2.7	2.6	3.0	2.6	2.5
과잉진료	6.6	5.4	8.0	8.6	9.4
기타	2.7	2.4	2.2	2.7	2.7
계	100.0	100.0	100.0	100.0	100.0

표 1. 의료서비스 불만 이유(단위: % ‖ 주된 응답)

● OECD는 우리나라의 보건의료개혁에 대하여 ① 효율성 개선을 통하여 의료비 지출을 통제하고, ② 효율적으로 의료비 지출 재원을 조달하며, ③ 보건의료에 대하여 적절한 접근성을 보장하고, ④ 보건의료의 질을 개선할 것으로 권고한 바 있음(Jones, 2010). 이와 같이 보건의료의 질은 우리나라가 당면하고 있는 주요한 보건의료개혁 과제의 하나임.

● 그러나 우리나라에서 과거에 이루어진 보건의료정책에 대한 대부분의 논의들이 건강보험의 보장성, 건강보험 재정의 지속가능성, 의료제공체계의 재정비 등에 집중되어 있었음. 새 정부의 보건의료 관련 공약에서도 비용에 초점을 맞추고 있으며 보건의료의 질 관리 문제를 중요하게 다루지 않고 있음(더불어민주당, 2017).

1. 의료의 질적 수준 전반

● 의료의 질은 일반적으로 "개인 및 집단에게 제공되는 보건의료가 건강상 원하는 결과의 가능성을 증가시키며 현재의 전문적 지식에 부합하는 정도"로 정의하고 있음(IOM, 1990). 또한 미국 의학한림원Institute of Medicine은 바람직한 보건의료가 갖추어야 할 특성으로 안전성safety, 효과성effectiveness, 환자중심성patient-centeredness, 적시성timeliness, 효율성efficiency과 형평성equity의 6가지 요소를 제시한 바 있음(IOM, 2001).

● 보건의료의 질에 관한 문제는 과다진료overuse, 과소진료underuse와 과오진료misuse로 구분할 수 있음(Chassin and Galvin, 1998). 과다진료는 보건의료가 환자에게 편익을 줄 가능성보다 해를 줄 가능성이 더 큰 진료가 제공되는 경우를 말함. 일반적으로 행위별수가제와 같은 진료비 지불제도에서는 과다진료와 같은 문제가 나타나기 쉬움.

  - 과소진료는 환자에게 바람직한 결과를 나타낼 수 있음에도 불구하고 보건의료가 제공되지 않는 문제를 뜻함. 임상진료지침에서 권고하고 있는 진료가 환자에게 제공되지 않는 경우, 과소진료의 문제가 있는 것으로 볼 수 있음. DRG지불제도 또는 인두제와 같이 진료비 지불단위가 포괄화되는 경우에 과소진료가 나타날 가능성이 높지만, 행위별 수가제하에서도 별도로 구분된 수가를 지불하지 않는 행위에 대해서는 과소진료의 문제가 나타날 수 있음.

  - 과잉진료는 불필요한 진료를 제공한 것으로, 과소진료는 필요한 진료를 제공하지 않은 것으로 볼 수 있음. 이에 비하여 과오진료는 환자에 대한 진료의 선택은 적절하였으나, 환자에게 예방 가능한 합병증이 발생하여 보건의료제공으로 인한 편익이 충분하게 나타나지 못한 경우를 뜻함.

● 우리나라는 국민건강보험에서 공급자에 대한 주된 지불제도로 행위별수가제를 적용하고 있어, 공급들이 진료량을 증가시키는 방향으로 경제적 유인이 작용하고 있음. 이에 따라 여러 진료 분야에서 과다진료의 문제가

존재하고 있는 것으로 추정됨(예: 항생제 및 주사제 사용, 제왕절개분만, 척추수술,[2] 갑상선암 조기검진 등). 갑상선암 발생률이 1993년과 2011년 사이에 15배 증가하였으나, 사망률에는 큰 변화가 없어 과잉진단의 대표적인 사례로 보고된 바 있음(Ahn et al., 2014). 이러한 사실이 대중매체를 통하여 일반 국민들에게 널리 알려진 후에 갑상선수술 건수가 35% 감소하였고 갑상선암 발생률도 30% 감소한 것으로 나타나, 상당 부분의 과잉진료가 있었던 추정됨(Ahn and Welch, 2015).

● 행위별수가제하에서도 보상 수준이 낮거나 별도의 수가가 책정되어 있지 않은 진료행위에 대해서는 과소진료의 문제가 나타날 수 있음. 과오진료와 관련이 있는 환자안전 문제는 세계보건기구 등이 관심을 가지고 있는 매우 중요한 보건의료 문제임에도 불구하고 우리나라에서는 환자안전 문제의 규모를 파악하기 위한 조사가 아직도 이루어지지 않은 상태임.[3]

● 2012년 7월부터 4개 진료과 7개 질병군에 대하여 모든 의원 및 병원급 의료기관에 DRG지불제도를 당연히 적용하면서, 의료의 질 저하 가능성에 대한 논란이 제기된 바 있음. 지불제도 변화에 따른 의료의 질적 수준 변화를 검토하려면, 과소진료뿐만 아니라 과다진료와 과오진료의 규모도 함께 살펴보아야 할 것임. DRG지불제도의 도입이 의료의 질에 미치는 영향을 종합적으로 파악하려면, 과소진료의 발생 가능성뿐만 아니라 행위별수가제에서 존재하였던 과다진료 감소의 크기도 고려하여야 할 것임.

---

2 일례로, 한 척추수술 전문가는 "척추수술을 많이 하고 성공률이 어떻다고 자랑하는 병원은 일단 의심하면 된다. 허리디스크의 8할은 감기처럼 자연적으로 낫는다. 수술 안 해도 좋아질 환자에게 돈벌이를 위해 수술을 권하는 것이다. '획기적인 새로운 시술법' 치고 검증된 게 없다. 보험 적용도 안 된다. 결국 환자 입장에서는 돈은 돈대로 버리고, 몸은 몸대로 망가진다."고 하였음(이춘성, 2012).

3 세계보건기구가 2002년 제55차 세계보건총회에서 회원국들에게 환자안전에 대하여 긴밀한 관심을 기울일 것과 환자안전 및 보건의료 질 개선을 위한 시스템을 구축할 것을 촉구하는 결의안을 채택한 바 있음. 이 회의에 제출된 배경 문서에 따르면 환자안전에 대한 조사가 이루어진 몇 나라들의 병원 입원환자 중 위해 사건 경험 환자가 3.2~16.6%에 이르는 것으로 나타나고 있음(WHO, 2002).

2. 우리나라 의료의 질적 수준

1) OECD 국가들과의 비교

● OECD가 발표하고 있는 보건의료 질 지표에 따르면, 우리나라 보건의료의 질적 수준은 1차의료의 질, 급성진료 중 급성심근경색증 사망률과 정신질환의 질은 OECD 평균 수준 이하의 값을 보이고 있으며, 급성진료 중 허혈성 뇌졸중 사망률과 암 진료의 질은 OECD 평균 이상의 값을 보이고 있음(이상아·박은철, 2017). 또한 환자안전과 관련된 수술합병증과 산과적 외상 영역의 지표 중 1개 지표(개복 수술 후 패혈증) 결과만을 OECD에 제출하고 있음(OECD, 2015). OECD 국가 중 주요 보건의료 질 지표의 상대적 순위는 〈표 2〉와 같음.

영역	지표	순위[*]
피할 수 있는 병원 입원	천식 및 만성폐쇄성폐질환 입원율	24/32
	당뇨병 입원율	30/31
급성진료	급성심근경색 치명률	24/32
	허혈성 뇌졸중 치명률	2/31
암진료	자궁경부암 생존율	2/25
	유방암 생존율	14/25
	대장암 생존율	1/23

표 2. OECD국가 중 보건의료 질 지표의 상대적 순위(*제출 국가 중 우리나라의 순위. 숫자가 작을수록 우수함을 의미함)

● 전반적으로 1차의료, 정신보건, 환자안전 영역의 의료의 질이 OECD 국가들에 비하여 상대적으로 낮게 나타나고 있음. 급성진료와 암진료의 질에 있어서는 지표별로 수준이 다르게 나타나는 양상을 보이고 있음.

2) 의료 질의 시간에 따른 변화 추이

● 기존 연구를 통하여 도출한 의료 질의 8개 범주(효과성, 환자안전, 적시성, 환

자중심성, 의료연계, 효율성, 의료접근도, 시스템 인프라)의 153개 지표를 통하여 살펴본 질적 수준의 변화 추이는 다음과 같았음(강희정 외, 2015).

① 효과성

- 암: 5대암의 효과성이 전반적으로 향상되는 추세에 있음. 개별적으로 위암에서는 향상이 뚜렷이 나타나나, 유방암에 대한 효과성은 낮은 수준에 있으며, 간암 검진과 사망에서 지역 간 변이가 크게 나타남.
- 심혈관질환: 효과성이 지속적으로 향상되는 추세에 있음.
- 뇌졸중: 우리나라의 뇌졸중 치료 성과는 OECD 국가 중 최고 수준으로 나타나고 있음.
- 만성신장질환: 관리 성과가 향상되고 있으나, 추후 생존율 등 적극적으로 환자관리 성과를 모니터링하기 위한 지표의 개발이 필요함.
- 당뇨: 당뇨의 효과성이 지속적으로 저하되고 있어, 향후 외래서비스 제공체계의 개편, 저소득층 중심의 만성질환 관리 등 효과성 제고를 위한 노력이 필요함.
- HIV/AIDS: 감염성질환에 대한 사전예방과 감염자관리 강화가 필요함.
- 정신질환: 우울증 및 중독 환자에 대한 지역사회기반 관리 및 지원체계 정비가 필요함.
- 근골격계질환: 노인 근골격계질환에 대한 효과성이 향상되는 추세를 보이나, 소득계층별 형평성 제고를 위한 노력이 필요함.
- 호흡기질환: 호흡기질환의 예방 효과를 제고하기 위한 관심과 질 성과 측정 및 질 향상 유도를 위한 추가적인 지표 개발과 추적이 필요함.
- 모자보건: 아동의 구강검진율 향상과 백신으로 예방 가능한 질병 발생에 대한 관심이 필요함.
- 생활습관 수정: 외래 단계에서 건강행태 점검과 행태 변화를 지원하는 서비스 모형 개발과 건강생활 실천에서 사회경제적 격차를 줄이려는 노력이 필요함.
- 아급성의료 및 장기요양: 장기요양서비스의 질을 측정하기 위한 지표 개발과 투명한 공개가 시급함.
- 완화의료: 완화의료 이용 확대를 위한 홍보와 질 관리 체계를 마련할 필요가 있음.

② 환자안전

- 우리나라 의료시스템의 안전수준은 과거에 비해 향상되는 추세에 있
으나, 주요 지표들이 임상적 영역에 치우쳐 있음. 신종 감염병의 전파
예방, 환자안전을 중심으로 하는 조직 문화(인프라), 기타 위해사건 예
방 등 포괄적인 질 지표 체계의 구축이 필요함.

③ 적시성

- 치료의 적시성이 특별히 중요한 질환에 있어 증상 인식에 대한 대국민
홍보 강화가 요구되며, 적시성 향상을 위해 응급이송체계 및 병원 내
진료체계의 효율화가 필요함.

④ 환자중심성

- 진료 과정에 환자의 참여를 권장하는 지표 개발이 시급함.

⑤ 의료연계

- 공급자 간 적시에 의료를 연계하는 활동을 측정하고 유도하기 위한 지
표 개발이 시급함.

⑥ 효율성

- 예방 가능한 사망에서 의료시스템의 효율성이 향상되는 추세를 보이
고 있으나, 의료의 질적 수준에 있어 소득계층 간 격차 발생이 우려됨.
- 또한 만성질환 관리에서는 효율성이 저하되는 결과를 보여 만성질환
에 적합한 새로운 의료제공 모형의 개발이 필요함.

⑦ 의료접근도

- 의료서비스에 대한 경제적 접근도가 전반적으로 향상되고 있으나, 다
른 영역에 비해 지역 간 격차가 크게 나타나고 있음.

⑧ 시스템 인프라

- 양질의 서비스를 제공하는 의료시스템의 역량 유지 또는 개선 추세가
확인됨.

● 이상의 결과를 요약하면 범주별로 질적 수준에 차이가 있고, 일부 지표 및 영역에서는 지역 간 격차가 나타나고 있으며 집단 간 불평등의 심화가 우려됨.

3) 기관 간 질적 수준의 변이

● 대형병원(700병상 이상) 입원 환자의 병원표준화사망비Hospital Standardized Mortality Ratio가 병원별로 약 4배의 차이가 나타나고 있음. 요양급여 적정성 평가에 사용되는 평가지표들(약제 처방률 등)에서도 기관 간 변이가 크게 나타나며, 상급종합병원에 비하여 종합병원, 병원, 의원에서의 기관 간 변이가 더 크게 나타나고 있음(Kim, 2016). 의료기관들 사이에 나타나는 질적 수준의 변이가 환자의 대형병원 선호 현상을 강화하는 방향으로 작용하고 있음.

● 이에 따라 국가 수준에서 체계적인 질 지표 개발, 측정, 모니터링 등 의료의 질적 수준을 관리하기 위한 노력이 필요함.

III. 의료 질 관리 현황 및 문제

우리나라의 주요 질 관리 정책을 보건의료 자원(인력, 시설, 의료 기술 등)의 질 관리, 의료기관 인증제, 임상진료지침, 건강보험 진료비 심사, 건강보험 요양급여 적정성 평가를 대상으로 현황 및 문제점을 간략하게 살펴보면 다음과 같음.

1. 보건의료자원의 질 관리

● 인력
 - 의료법상 의료기관별 인력 기준의 설정 근거가 미약하며, 〈보건의료 인력지원특별법〉 제정 요구 등 의료기관 종별 인력의 적정 수준에 대한 논란이 지속되고 있음. 간호인력의 경우 〈의료법〉상 간호인력 기준 위반인 간호등급 3등급 미만의 병원이 전체 병원의 86.6%에 이르고 있어, 〈의료법〉상 인력 기준이 사문화死文化되어 있는 상태임(서민지, 2017).
 - 의료인에 대하여 면허 취득 이후 정기적으로 진료 역량을 점검하는 시스템을 갖추지 못하고 있음. 또한 법적 또는 윤리적 문제가 있었던 의료인에 대한 관리 방안도 마련되어 있지 못함. 영국의 경우 General Medical Council이 환자를 보호하고 의학교육과 진료를 향상시키기 위하여, 의사의 자격 기준 설정, 의학교육 및 전공의 수련의 감독, 면허 등록 의사의 관리, 문제의 소지가 있는 의사에 대한 조사 및 조치, 면허의 갱신 등의 업무를 수행하고 있음.[4] 미국에서는 정부가 국민들을 보호하기 위하여, 전문적 심사 능력을 향상시키고 보건의료에서의 부정행위를 예방하는 데 사용할 수 있는 NPDBNational Practitioner Data Bank를 운영하고 있음. NPDB에는 법률이 정한 바에 따라 의료제공자의 면허, 자격 및 진료 권한 제한에 대한 조치, 의료과오보험 지불액, 민사 및 형사 재판의 판결 결과 등을 보관하고 있으며, 법으로 정한 일정한 자격 요건을 갖춘 자가 이를 조회하여 의사결정에 사용할 수 있도록 하고 있음.[5]

---

4 The role of the GMC, Avaliable from http://www.gmc-uk.org/about/role.asp.

5 What is the NPDB?, Avaliable from https://www.npdb.hrsa.gov/topNavigation/aboutUs.jsp.

- 전공의의 권리를 보호하고 환자안전과 우수한 의료인력의 양성을 위하여 〈전공의의 수련환경 개선 및 지위 향상을 위한 법률〉을 제정하였음. 외국에서의 연구 결과에 따르면, 이러한 제도의 도입으로 기대하였던 환자안전 수준이 향상되는 효과가 나타나지 않았고 작업 압축, 인수인계의 증가, 교육 시간의 감소 등과 같은 새로운 문제를 유발할 수도 있다고 함(Ahmed et al., 2014; Melvin et al., 2014; Bolster and Rourke, 2015). 우리나라에는 현재 입원환자 전담 전문의hospitalist 또는 의사보조인력Physician/Surgeon Assistant과 같은 전공의 대체 인력이 없다는 점을 고려하여 볼 때, 이러한 법률의 시행이 환자안전에 미치는 영향을 파악하고, 필요하다면 환자안전을 담보하기 위한 보완 조치를 마련하여야 할 것으로 판단됨.

● 시설
- 일부 의료기관(요양병원, 정신의료기관 등)의 경우 의료기관 개설 허가 기준이 낮게 설정되어 있어, 환자안전 측면에서 취약성이 드러나고 있음. 정부는 이러한 문제점을 해결하기 위하여 이들 의료기관에 대하여 의무적으로 인증을 받도록 하고 있음.
- 일반적으로 안전을 확보하기 위한 최저 기준minimum standards은 허가/면허 기준으로 설정하고, 질 향상을 유도하기 위하여 달성 가능한 최고 기준maximum achievable standard을 인증 기준으로 설정하고 있음(Roa and Rooney, 1999). 이러한 측면에서 볼 때 요양병원과 정신의료기관에 적용하고 있는 현재 〈의료법〉상의 허가 기준을 적정 수준으로 상향 조정하여, 진입 장벽을 높일 필요가 있음.

● 의료기술
- 의료 행위에 대한 명시적인 정의 또는 이를 정의하는 기전이 마련되어 있지 않아, 효능, 효과 및 안전성에 대한 의학적 근거가 미약한 의료 행위가 허용되고 있음.
- 이러한 행위의 경우 대부분 건강보험의 급여 범위에서 벗어나 있어서, 비급여 행위의 경우 현황을 파악할 수 없어 관리가 적절하게 이루어지지 못하고 있음.

2. 의료기관 인증제

- 우리나라 의료기관 인증제를 통하여 인증 참여 기관들의 의료 질 및 환자 안전 활동이 활성화되는 계기를 제공하였으나, 다음과 같은 문제점들이 제기되었음(석승한, 2013; 석승한, 2014).
  - 급성기 병원의 낮은 인증 참여율
  - 환자안전 및 의료의 질을 담보하기에 미흡한 인증 기준
  - 인증 조사 과정 및 결과의 신뢰성과 변별력
  - 의료기관 규모에 따른 인증 기준의 이원화
  - 인증을 받은 의료기관의 사후관리체계 미흡
  - 의료기관 인증에 대한 국민들의 낮은 인식

- 급성기 병원의 인증 참여율이 낮음. 이에 따라 의료인증 참여 기관(대형병원)과 비참여 기관(중소병원) 사이에 질적 수준의 양극화가 심화될 가능성이 있음. 질적 수준이 높은 기관들이나 질 향상 활동이 활발한 기관들이 인증에 선택적으로 참여함에 따라, 인증을 통한 의료기관들의 전반적인 질 향상 효과가 미약함.

- 더 많은 의료기관들이 인증에 참여하도록 유도하기 위해서는 인증 기준을 높이기가 현실적으로 어려움. 인증 기준을 낮게 유지하는 경우에는 거의 모든 기관에 인증을 부여함으로써 인증이 형식화될 가능성이 있음(예: 요양병원, 정신의료기관). 국내 인증이 형식화될 경우, 국내 인증을 받은 기관과의 차별화를 위하여 의료기관들이 해외 인증기구의 인증 프로그램에 참여할 가능성이 높아질 수도 있음.[6]

- 요양병원의 경우 인증 기준이 낮게 설정되어 거의 모든 요양병원이 인증을 받고 있음. 이에 따라 소비자의 제공자 선택에 필요한 정보를 제공하지 못하고 있음. 또한 급성기병원 인증과 동일한 인증 표식을 사용하고 있어 급성기병원 인증의 신뢰도를 저하시킬 가능성이 있음.

---

6 2017년 5월 현재 27개 의료기관이 Joint Commission International의 인증을 받은 상태임(http://www.worldhospitalsearch.org/hospital-search/?F_Country=South%20Korea&pg=8).

● 의료기관 인증제도에 대한 국민들의 인식이 낮음. 또한 인증 결과에 대한 상세 정보가 일반 국민들에게 제공되지 않고 있으며, 인증을 받은 기관의 명단만을 공개하고 있어, 인증제도가 소비자의 의료기관 선택에 미치는 영향이 미미할 것으로 판단됨.

● 급성기병원의 인증 참여율을 제고하기 위하여 인증을 상급종합병원, 수련병원, 전문병원 등의 지정 요건 중 하나로 의무화하였으며, 의료 질 평가 지원금의 평가지표로 사용하고 있음. 이러한 정책들이 주요 대상이 상대적으로 규모가 큰 의료기관에 집중되고 있음. 소규모 병원의 인증 참여를 높이기 위해서는 요양기관계약제의 도입, 인증참여의무화,[7] 또는 인증 결과에 따라 행위료의 요양기관 종별 가산율을 차등화하는 등 경제적 유인을 강화하는 방안을 도입할 필요가 있음.

● 우리나라의 인증제도는 병원급 의료기관을 대상으로 하고 있으며, 1차의료기관에 대한 인증제도가 도입되지 않은 상태임. 국내에서 심화되고 있는 대형병원 환자집중 현상은 1차의료기관에 대한 환자 신뢰가 낮은 것을 반영하고 있음. 미국, 캐나다, 오스트레일리아, 뉴질랜드, 영국, 독일, 네덜란드, 덴마크와 같은 나라에서는 1차의료기관에 대한 인증제도를 운영하고 있음(O'Beirne et al., 2013). 따라서 우리나라에서도 1차의료 강화 정책의 일부분으로 양질의 서비스를 제공하는 1차의료기관을 인증하는 프로그램을 도입하여 1차의료에 대한 국민의 신뢰를 회복할 필요가 있음(이재호 외, 2013).

3. 임상진료지침

● 임상진료지침clinical practice guideline은 특정한 임상 상황에서 "환자 진료를 적정화하기 위하여 근거의 체계적 문헌 고찰과 진료 대안들의 편익과 위해

---

7 Centers for Medicare and Medicaid Services(CMS)의 경우 CMS가 승인한 인증 프로그램의 인증을 받은 병원에 대하여 State Survey Agency의 Medicare Conditions of Participation(CoP) 평가를 면제해 주고 있음(https://www.cms.gov/Medicare/Provider-Enrollment-and-Certification/CertificationandComplianc/Hospitals.html).

를 평가한 결과를 바탕으로 도출한 권고안recommendation으로 구성된 진술"
로 정의하고 있음(IOM, 2011). 우리나라에서는 진료계획표critical pathway와
임상진료지침에 대한 용어의 혼동으로, 임상진료지침보다는 진료계획표
의 개발에 정책적 지원이 집중되고 있음.[8]

● 우선순위에 따라 임상진료지침이 체계적으로 개발되지 못하고 있음. 연
구 결과에 따르면 급성심근경색증, 뇌혈관질환, 알츠하이머병과 기타 치
매, 골관절염, 목부위 통증, 만성신장질환, 간경화증 등의 우선순위가 높
은 것으로 나타났으나(Jo et al., 2015), 이러한 우선순위에 따라 지침 개발
이 이루어지지 않고 있음.

● 근거에 바탕을 둔 지침 개발 활동이 미약하고, 이해관계자를 지침 개발 과
정에 적절하게 참여시키지 못하고 있어 지침의 질적 수준이 낮은 편임(Jo
et al., 2013). 진료지침 적용의 효과에 대한 평가가 이루어지지 않고 있음.

● 지침의 보급 활동이 미약하고, 지침에 대한 의료제공자들의 수용성이 낮
은 편임(Ahn and Kim, 2012). 근거에 바탕을 두고 개발한 임상진료지침을
건강보험급여 또는 심사 기준과 연계하여 실행을 강화할 필요가 있음.

● 소비자의 의사결정에 도움을 줄 수 있는 소비자용 지침consumer version
개발하고 보급하기 위한 노력이 매우 미약함. 예를 들면 미국의 경우
AHRQAgency for Healthcare Research and Quality가 환자와 보호자가 병원의 질과 안
전 향상 활동에 참여하는 데 도움을 줄 수 있는 지침을 개발하여 보급하고
있음(AHRQ, 2017).

---

8 일부에서 critical pathway를 '표준진료지침'으로 번역하여 사용하고 있어, 임상진료지침(clinical practice
guideline)과 개념의 혼동을 유발하고 있음. Critical pathway는 '환자 진료 목표를 설정하고, 이를 효율적으로 달
성하기 위하여 진료 활동의 순서와 시점을 제시한 환자 관리 계획'으로 '표준진료지침'보다는 '진료계획표'가 더 적절
한 번역으로 판단됨. 양자의 차이점에 대해서는 이상일(1999)의 논문을 참고하기 바람.

4. 건강보험 진료비 심사

● 우리나라의 건강보험 진료비 심사는 부적절한 이용을 관리하는 의료이용 심사utilization review의 성격을 가지고 있음. 우리나라의 진료비 심사는 진료 가 종료된 이후에 심사를 시행된다는 점에서 사후심사retrospective review로 분 류할 수 있음.

● 의료이용심사가 성공을 거두기 위해서는 다음과 같은 원칙을 지켜야 함 (Wickizer and Lessler, 2002).
   - 비용절감뿐만 아니라, 질 향상에도 관심을 두어야 함.
   - 정확하고 믿을 만한 자료와 과학적 근거를 기반으로 하여야 함.
   - 제공자, 환자, 보험자 등의 행정적 부담을 최소화하여야 함.
   - 절차가 모든 대상자들에게 공정하여야 함.
   - 모든 과정을 투명하고 믿을 수 있게 관리하여야 함.

● 우리나라의 건강보험 진료비 심사는 사후심사로, 부적절한 입원 또는 시 술의 사전 예방이 이루어지지 못하고 있음. 또한 행위별수가제에서의 진 료비 심사는 과다이용에 초점을 맞추고 있으며, 과소이용과 과오이용에 대한 관리는 이루어지지 않고 있음. 이에 따라 의료의 질 관리보다는 진료 비 통제에 초점이 맞추어져 있음.

● 심사 기준의 의학적 근거 및 심사의 신뢰도에 대한 논란이 지속되고 있 음. 진료비 심사 조정을 피하기 위한 의료기관 진료비 청구 자료의 부정확 한 코딩이 일상화되어 있음.

● 자료 제출에 따른 행정적 부담이 청구 전산화를 통하여 크게 완화되었으 나, 현지 조사의 공정성과 심사 기준 및 사례의 공개 등 과정의 투명성에 대한 비판이 제기되고 있음.

5. 건강보험 요양급여 적정성 평가

● 건강보험 요양급여 적정성 평가는 질 지표를 이용하여 의료기관별 성과

비교 자료 제공 및 결과에 따른 진료비 가감 지급과 평가 결과의 공개를 통하여 의료기관의 질 향상에 기여하여 왔으나, 다음과 같은 한계점이 지적되고 있음(이상일, 2008).

- 적정성 평가 대상을 지속적으로 확대하여 왔으나, 아직도 평가 대상 기관 또는 질환/시술이 일부에 국한되어 있음.
- 대부분 건강보험 진료비 심사용 청구 자료에 의존하고 있어 자료의 정확성에 논란이 있고, 평가에 필요한 임상적 정보가 누락되어 있음.
- 평가용 자료를 사후에 수집하고 있어, 자료 수집에 관련된 건강보험심사평가원과 의료기관의 업무량을 증가시키고 있음.
- 진료 시점과 평가 결과 공개 시점 사이에 시간적 차이가 크게 나타나고 있음.
- 일부 평가 항목에서는 전수 자료가 아닌 표본자료를 이용하고 있음.
- 요양급여 적정성 평가 결과에 대한 소비자의 정보접근성이 낮은 편임.

1. OECD의 정책 제언

● OECD(2012b)는 한국 보건의료체계를 검토하고 의료의 질 향상을 위하여 ① 의료의 질 및 거버넌스 향상 전략, ② 1차의료 역량 강화를 통한 질병 예방 및 만성질환 환자 지원, ③ 의료의 질 향상을 촉진하기 위한 재정적 수단의 효과적 사용, ④ 심혈관계 질환에 대한 의료의 질 향상이라는 제언을 한 바 있음.

● 이 중 '의료의 질 및 거버넌스 향상 전략'의 구체적 내용은 다음과 같음.
  - 개별 의사들의 성과모니터링 시스템을 통하여 환자안전상 위험요인 등의 문제들을 감시한다. 이를 위해 환자들이 자신들의 의료서비스 경험을 피드백하고 의료과오를 보고할 수 있는 장치를 마련해야 한다.
  - 보건의료 전문가 단체가 의료의 질에 발생하는 문제 및 전문적 과실을 조사할 수 있게 해야 하며, 심각한 과실이 확인된 경우에는 보건복지부 장관에게 면허 취소를 권고하는 방안을 도입한다.
  - 종합병원 및 중소병원의 인증제를 시행하고, 요양병원 인증제를 지속적으로 확대하며, 1차의료기관에 대해서도 인증 프로그램을 도입한다.
  - 임상진료지침의 개발을 촉진하고 임상진료지침을 재정적 의사결정에 연계시키는 절차를 마련한다.
  - 치료군 간 처방적정성을 검사하는 방식으로 DUR을 시행하며, 향후 이를 확대하여 대형병원의 처방 약물들도 포함시킨다.
  - 이용 가능한 데이터를 적극 활용하여 보건의료시스템의 성과를 분석하고 환자의 요구에 적합한 의료를 제공할 수 있도록 한다. 예를 들어, 심평원은 재원이 적절히 배분되고 있는지 판단할 수 있도록 지역 차원에서 환자에게 제공된 서비스와 결과에 관한 정보를 제공해야 한다.
  - 심평원에 이미 도입되어 있는 기술과 정보를 이용하여 환자의 병력 전산 데이터를 구축하되, 프라이버시가 침해되지 않도록 노력한다.
  - 심평원은 한국 보건의료시스템에서 의료의 질을 최종적으로 관리하는 제도적 모범기관으로서, 모든 보건의료 서비스의 질을 담당한다. 그리고 그 결과를 각각의 의료공급자들에게 피드백해 주며, 소비자들을 위

해 그 정보를 제공해 줄 책임을 가지고 있다.

2. 의료 질 관리 정책의 방향

● 정부는 다음과 같은 여러 가지 정책 수단을 통하여 보건의료의 질과 안전을 개선할 수 있음(Tang et al., 2004).

- 보건의료의 구매: 국민건강보험의 지불제도, 보험급여 여부 및 수가 결정 등
- 보건의료의 제공: 공공의료기관을 통한 직접적인 보건의료 제공 등
- 취약 집단의 양질의 의료에 대한 접근성 보장: 의료급여 및 차상위 계층에 대한 보장성 확보
- 보건의료 시장의 규제: 법 제정 및 실행, 간접 규제meta-regulation
- 새로운 지식의 획득에 대한 지원: 보건의료 연구 개발 지원 등
- 보건의료 기술 및 행위의 개발과 평가: 보건의료기술평가 등
- 보건의료의 질 모니터링: 의료의 질 측정, 결과 환류 및 공개 등
- 보건의료 의사결정자에 대한 정보 제공: 진료지침 개발 및 보급 등
- 보건의료인력의 개발
- 보건의료체계 내 이해관계의 조정

● 보건의료의 규제는 그 강도에 따라 자발적 활동voluntarism, 시장기전market mechanism, 자율규제self-regulation, 간접규제meta-regulation, 직접규제command and control 등으로 구분할 수 있음(Healy and Braithwaite, 2006). 자발적 활동으로는 임상진료지침, 개인적인 모니터링, 보수교육 활성화, 새로운 기술 도입 등이 있으며, 시장기전으로는 경쟁 활성화, 성과연동지불제도, 성과계약제, 소비자 정보 제공 등이 있음. 자율규제로는 자율인증제도, 성과 목표 설정, 벤치마킹, 동료 검토, 진실 말하기 등이 있고, 간접 규제로는 자율규제의 의무화, 지속적 질 개선 활동의 의무화, 외부기관의 진료 감사, 위해사건 보고의 의무화, 근본원인분석의 의무화, 내부고발자의 보호, 성과지표 공개, 소비자 민원 감독관, 비용지불협약, 진료거버넌스 등이 있음. 직접규제 방안으로는 형사 또는 민사상 처벌, 면허 취소 및 정지, 면허 갱신제 등이 있음.

● 일반적으로 규제의 강도가 낮은 방법부터 사용하면서 그 효과에 따라 점차 강도가 높은 방법으로 규제를 강화하는 것이 바람직하다고 알려져 있음. 우리나라의 경우 제공자 집단의 전문직업성professionalism이 취약하다는 점을 고려하여 볼 때(조병희, 1992), 단기적으로는 자발적 활동이나 자율규제를 통한 보건의료의 질 개선 활성화를 기대하기 어려움. 또한 정부 정책에 대한 제공자 집단의 신뢰가 낮아 직접 통제에 대한 수용성도 높지 않은 상태임. 이러한 상황을 고려하여 볼 때, 시장기전 또는 간접규제를 주된 정책 수단으로 활용하는 것이 적절하다고 판단됨.

3. 의료 질 관리를 위한 제도적 기반의 구축

● 국가 수준에서 의료의 질 향상을 위해서는 체계적인 접근이 필요함. 이를 위해서는 현재의 상태를 파악하고, 미래에 원하는 방향(목적)을 설정하여, 원하는 방향으로 가기 위한 방법(정책 수단)을 마련할 필요가 있음.

● 미국의 경우 AHRQAgency for Healthcare Research and Quality의 주도로 300개 이상의 관련 집단이 참여하여 2011년에 National Quality Strategy를 발표하였음. 이 계획에는 3가지 목표(질 개선, 건강수준의 향상, 비용 절감), 6가지 우선순위 영역(진료의 안전성 제고, 환자와 가족이 진료에 동반자로 참여, 진료에서 소통과 조율의 촉진, 건강한 생활의 모범 사례 확산을 촉진하기 위하여 지역사회와 협업, 새로운 보건의료 제공 모형의 개발 및 확산을 통하여 비용 부담 적정화)과 9가지 정책 수단(측정과 피드백, 대중 공개, 학습과 기술적 지원, 자격 인정, 인증 및 규제, 소비자 인센티브와 급여 설계, 지불제도, 건강정보기술, 혁신과 확산, 인력 개발)이 포함되어 있음.

● 우리나라에서도 국가 수준에서의 현황 파악, 목적 설정, 정책 수단 개발 등 의료 질 관리 정책을 수립하여 〈보건의료기본법〉에 따른 보건의료발전계획 또는 〈환자안전법〉에 따른 환자안전종합계획에 명시하고 추진할 필요가 있음.

1) 보건의료의 질 측정

● 우리나라는 보건의료 질적 수준에 대한 현황이 제대로 파악되어 있지 않
은 상태임. 건강보험심사평가원이 〈요양급여 적정성 평가 결과 종합 보고
서〉를 매년 발간하고 있으나, 평가 영역이 건강보험급여 영역으로 제한되
어 있고, 전체 질환/시술 중 평가 대상 질환/시술이 차지하는 비중이 작은
편이며, 지역 및 계층별 분석 등 형평성 측면에서의 분석이 이루어지지 않
고 있음.

● 한국보건사회연구원에서 〈한국 의료 질 보고서〉를 발간한 바 있으나, 연
구 시점에서 가용한 자료 또는 지표만을 이용한 현황 분석으로 일부 영역
에서는 지표가 부족하다는 제한점을 가지고 있어, 추가로 질 지표를 개발
하여 자료를 수집할 필요가 있음(강희정 외, 2015).

● 우리나라 보건의료의 질 및 형평성의 수준을 체계적으로 파악하는 일은
보건의료 질 관리 정책의 출발점이 될 것임. 이를 위해서는 〈그림 2〉와 같
이 국가 수준에서 보건의료 질에 대한 국가 목표 설정, 질 측정 및 보고,
질 개선 활동의 연계가 필요할 것임(McGlynn, 2003).

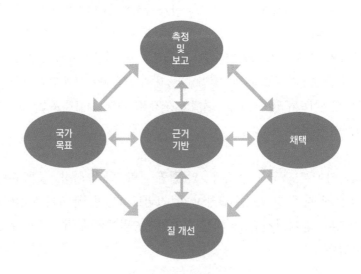

그림 2. 질 측정 및 보고 체계를 위한 개념 틀

● 미국의 경우는 의회에서 매년 정부가 국가 보건의료 질 보고서_{National Healthcare Quality Report, NHQR}와 국가 보건의료 형평성 보고서_{National Healthcare Disparity Report, NHDR}의 발간하도록 의무화하는 〈Healthcare Research and Quality Act of 1999〉를 통과시켰음. NHQR과 NHDR은 40개 이상의 전국적 데이터베이스에서 입수 가능한 자료를 이용하여 2차 분석을 하고 있음. 이 보고서를 통하여 국가 수준에서 보건의료의 질적 수준 및 형평성의 수준과 변화 추이 파악을 통하여 정책 목표를 설정하고 있음(McNeill and Kelley, 2005).

● 우리나라에서는 건강보험심사평가원이 시행하고 있는 기존의 요양급여 적정성 평가의 평가지표를 확대하는 방안을 우선적으로 고려하여 볼 수 있음. 이를 위해서는 상세한 임상 정보가 필요하기 때문에 기존의 건강보험 진료비 심사용 청구 자료 외에 추가적인 평가용 자료의 확보가 필요함. 이러한 자료의 확보 방안으로는 법적으로 자료 제출을 의무화하는 방안 또는 자료 제출 기관에 인센티브를 부여하여 참여를 유도하는 방안_{pay for reporting, P4R}이 있음. 요양급여 적정성평가 자료 제출로 인한 의료기관의 부담을 줄이고 자발적인 참여를 제고하기 위해 일정기간 자료 제출에 대한 보상을 한 후에 자료 제출을 의무화하는 방안을 고려하여 볼 수 있음(황수희 외, 2017). 또한 자료의 정확성 확보가 필수적이므로 기존의 부정확한 코딩 관행을 개선할 수 있는 방안도 함께 마련하여야 할 것임.

● 환자안전 영역은 우리나라의 현황 파악이 특히 취약한 부분임. OECD (2012b)는 이와 관련된 문제를 다음과 같이 지적한 바 있음(〈박스 1〉).

- 한국 보건의료체계 안에서 가장 우려되는 문제는 환자의 안전을 보장하는 명확한 기전이 부족하다는 점일 것이다.

- OECD 국가들은 지난 20년에 걸쳐 임상진료의 바람직하지 않은 경향을 파악하고, 이를 줄이기 위해서 개별 의사들의 성과를 모니터하는 방법을 강구해 왔다. 그러한 체계는 (적신호 사건과 같은) 환자 안전에 있어서의 문제점을 모니터하고, 환자들로 하여금 (의료의 과와 관련된 문제를 포함해서) 보건의료서비스에 대한 그들의 경험을 피드백할 수 있는 방법을 제공했다.

- 한국에서는 환자안전에 대한 국가 프로그램의 일부로 이와 유사한 체계를 구축하기 위한 노력이 수행되어야 한다.

박스 1. 환자안전 현황 파악의 문제점

● 우리나라에서는 환자안전 문제의 현황에 대한 실증적인 조사 연구가 이루어진 바 없어 문제의 규모를 정확하게 파악할 수 없는 상태임. 우리나라 병원의 환자안전 수준이 외국 병원과 비슷할 것이라는 가정하에 외국에서 이루어진 연구 결과를 우리나라 입원 건수에 적용하여 문제의 규모를 개략적으로 추정한 결과에 따르면, 2013년 입원환자 중 예방할 수 있는 유해사례로 인한 사망자 수가 연간 19,013명(저추정치 5,469명, 고추정치 56,070명)에 이를 것으로 추정됨(이상일, 2015). 2013년의 운수사고의 총 사망자 수 6,024명이었음을 고려하여 볼 때, 환자안전이 국민 건강에 매우 중요한 문제임을 알 수 있음.

2) 질 측정 결과의 공개

● 보건의료의 질 측정 결과의 공개와 개선은 선택selection, 변화change와 평판reputation이라는 3가지 경로로 연계될 수 있음. '선택' 경로는 환자들에게 측정 결과를 이용하여 제공자들을 선택할 수 있게 함으로써, 제공자들이 소비자의 선택을 받기 위하여 질 개선을 위한 노력을 하는 것임. '변화' 경로는 의료진이나 의료기관이 개선 여지가 있는 영역을 스스로 찾아 개선하려는 전문직이 가진 고유한 자발적인 동기부여를 자극하는 것임. '평판' 경로는 개인, 팀 또는 조직의 성과를 비교할 수 있는 정보를 공개하면, 이들이 상대적인 평판을 유지하거나 개선하기 위하여 노력을 하는 것임(Raleigh and Foot, 2010).

● 미국의 CMS가 운영하는 Hospital Compare와 Physician Compare,[9, 10] 영국의 National Health Service가 운영하는 NHS Choices의 일반의, 응급의료, 병원, 치과의사 찾기 서비스[11] 등이 의사 또는 의료기관 비교 정보를 적극적으로 제공하고 있음.

● 의료 질 평가 결과를 공개할 때 터널시야, 최적화 미달, 근시안적 접근, 성과 수준의 수렴, 조직 경화, 단기적 행태 변화, 자료 조작 등 의도하지

---

9 https://www.medicare.gov/hospitalcompare/search.html?.

10 https://www.medicare.gov/physiciancompare/.

11 http://www.nhs.uk/service-search.

않았던 결과들이 나타날 수 있으므로, 이러한 부작용을 줄일 수 있는 방안들을 마련하여야 함(Marshall et al., 2004).

● 정보에 입각한 소비자의 선택informed choice을 촉진하기 위해서는 의료의 질뿐만 아니라 가격에 대한 정보도 함께 제공할 필요가 있음. OECD도 경쟁을 촉진시키고 의료제공자들의 행동을 개선하기 위해 소비자들에게 의료제공자들의 성과에 대한 정보 가용성을 높일 것을 권고한 바 있음(Jones, 2010). 현재 건강보험심사평가원에서 일부 질환 및 시술에 대하여 제공되고 있는 비용 정보는 보험급여에 국한되어 있다는 제한점이 있음. 이 정보는 비급여 영역의 진료비가 포함되어 있지 않으며 의료행위의 특성상 소비자들이 의료행위를 개별적으로 선택할 수 없기 때문에, 공급자 선택에 필요한 가격 정보로서의 역할을 기대하기 어려움. 따라서 소비자에게 가격 정보를 제공하는 효과를 높이려면 국민건강보험 환자의 비급여 내용 및 비용에 대한 자료 제출을 법적으로 의무화할 필요가 있음(이상일, 2009).

3) 진료비 지불과의 연계

● 의료 질 평가 결과와 진료비 지불을 연계하는 방안으로는 지불제도의 개편과 성과연동지불제도의 도입 등을 고려하여 볼 수 있음. 미국의 CMS는 메디케어 행위별수가제 진료비 지불 방식을 질 평가 결과와 연계하지 않은 행위별수가제(범주 1), 질 평가 결과와 연계한 행위별 수가제(범주 2), 행위별수가제의 틀에 바탕을 둔 대안적 지불 모형(범주 3), 인구집단에 바탕을 둔 지불제도(범주 4)로 구분하고, 가치기반구매사업Value-based Purchasing Program을 점차 확대하여, 2018년에는 범주 1 10%, 범주 2 40%, 범주 3과 4 50%의 비중이 되도록 할 계획을 가지고 있음.[12]

① 성과연동지불의 확대

ⓐ 의료공급자들의 성과 개선 활동을 촉진하기 위하여 성과 측정 결과에 따라 진료비를 차등 지급하는 성과연동지불제도pay for performance, P4P를 도입할 필요가 있음(OECD, 2010). 현행 〈국민건강보험법〉 체계에서 적용

---

12 https://www.cms.gov/Newsroom/MediaReleaseDatabase/Fact-sheets/2015-Fact-sheets-items/2015-01-26-3.html.

하고 있는 요양기관 종별 가산율과의 연계 방안 등이 논의되고 있음(건강보험심사평가원, 2012). OECD도 신중하게 선택한 성과지표를 기반으로 국민건강보험이 제공하는 보험 보상금과 보건의료의 질을 연계시킬 것을 권고한 바 있음(Jones, 2010). 성과연동지불제도를 도입하기 위해서는 성과의 측정, 보상 근거의 설정, 보상의 지급 방안이 마련되어야 함. 성과연동지불제도를 운영하기 위해서는 제도의 구상, 설계, 실행 및 평가 단계에서 갖추어야 할 조건들에 대한 면밀한 사전 검토가 필요함(AHRQ, 2006). P4P의 도입은 정확한 성과 측정을 전제로 하고 있어, 현재 취약한 질과 비용 측면의 성과 측정 기반을 강화하는 방안이 우선적으로 마련되어야 함.

ⓑ 현재 우리나라에서 시행되고 있는 성과연동지불제도로는 건강보험심사평가원의 요양급여 적정성 평가 결과에 따른 진료비가감지급사업과 선택진료비 보상을 위하여 도입된 의료질평가지원금사업이 있음. 가감지급사업에 대한 이해관계자의 의견 조사 결과에 따르면, 대부분의 의료 관련 학회들이 반대하고 있었고, 보건의료관련단체와 소비자단체 일부는 찬성하고 있었음. 학회의 주된 반대 이유는 정부에 대한 불신, 제도 자체의 효과에 대한 낮은 신뢰성, 가감지급사업으로 인한 부작용 발생의 우려였음(이현정 외, 2014). 공급자 단체의 P4P에 대한 수용성을 제고시키기 위한 방안을 마련하여야 할 것임. 또한 이 두 P4P사업에서 사용하는 평가지표에 중복이 있어 사업 간 조정이 필요함.

② 의료과오에 대한 지불의 연계
  ⓐ 환자안전에 관련된 성과연동지불제도P4P의 하나로, 의료과오로 인한 합병증에 대한 진료비 지급 거부no pay for errors를 도입할 필요가 있음. 이러한 제도를 도입하기 위해서는 다음과 같은 조건이 필요함(Wachter, 2008).
    - 예방 가능한 문제
    - 정확하게 측정할 수 있는 문제
    - 상당한 손실을 초래하는 문제
    - 입원 시점의 동반상병Present on Admission, POA과 구분할 수 있는 문제

ⓑ 2008년 10월 1일부터 미국 CMS는 10개 범주의 병원에서 발생한 합병증hospital-acquired conditions, HAC에 대하여 진료비를 지급하지 않고 있음.[13] 이러한 제도의 도입으로 환자안전에 대한 의료기관의 관심이 크게 증가한 것으로 알려져 있음.

ⓒ 우리나라도 의료제공자의 명백한 과실에 기인한 환자안전 문제 또는 의료관련 감염으로 인하여 발생한 진료비를 모두 지급하고 있어, 환자안전 개선 활동에 대한 유인을 약화시키고 있음. 진료비 청구 자료를 통하여 파악할 수 있는 문제에 대하여 진료비 지급을 하지 않는 방안의 도입이 필요함.

4) 법적 규정의 정비
① 건강보험 관련 법
ⓐ 건강보험 요양기관 계약제 도입
- 의료기관의 질적 수준을 보장하기 위해서는 요양기관당연지정제에서 계약제로 전환할 필요가 있음. 요양기관당연지정제하에서는 요양급여 적정성 평가에서 질적 수준에 문제가 있음에도 불구하고, 평가 결과의 통보, 공개, 가감지급 등에 반응하지 않는 의료기관을 관리할 방법이 없음.[14]
- 미국의 CMS와 같이 요양기관 계약 조건에 의료기관 인증 등 의료의 질에 관한 조항을 포함시킬 수 있을 것임. 요양기관 계약제의 초기에는 건강보험 진료 여부만을 계약하도록 하고, 점차로 계약의 범위를 넓혀가는 방안을 고려하여 볼 수 있을 것임. 건강보험 요양기관의 인정 기준, 계약 해지 기준과 절차는 보험자와 의료단체가 협의하여 정할 수 있을 것임.

---

13 이에 속하는 합병증으로는 3도 및 4도의 욕창, 심각한 손상을 유발한 낙상 및 외상, 황색포도알균 혈류감염, 카테터와 관련된 요로감염, 수술 후 이물질 잔류, 특정 수술 창상 감염, 공기색전증, 부적합 혈액 수혈, 혈당 조절 실패의 특정 징후, 특정한 심부정맥혈전증이 있음.

14 헌법재판소가 2002년 10월 31일 요양기관당연지정제에 대하여 합헌 결정을 내린 바 있으나, 이는 요양기관 계약제가 위헌임을 뜻하는 것은 아님. 당연지정제는 모든 요양기관이 보험 정책에 동일한 영향을 받게 되어 요양기관들의 집단적 반발 가능성을 높이는 등의 역기능이 있음. 최근 공급자가 급속하게 증가하여 의료기관 간의 경쟁이 심화되고 있다는 변화를 고려할 때, 공급자 간 불법적인 담합을 막을 수 있는 제도적 장치가 마련된다면 요양기관 계약제의 도입을 고려할 필요가 있음.

ⓑ 건강보험 요양급여 적정성 평가 자료 제출 의무화
- 현재와 같은 요양급여 적정성 평가자료 수집체계로는 질 평가 대상을
확대하거나 공개 또는 가감지급과 같은 정책 수단을 활용하기 어려움.
- 초기에는 자료 제출에 필요한 경비를 건강보험에서 지원pay for reproting하
고, 병원 전산시스템 등 자료 제출 기반이 갖추어진 후에는 평가용 자
료 제출을 의무화하는 단계적 접근을 고려할 수 있음.
- 미국의 Medicare and Medicaid Electronic Health Record
Incentive Programs에서도 Meaningful Use 요건의 일부분으로 임
상질지표clinical quality measure 제출이 포함되어 있음.[15]

ⓒ 건강보험 환자의 비급여 진료비 내역 제출 의무화
- 건강보험 보장성 강화 정책의 기초 자료를 확보하고, 비급여 행위의
적절한 관리 방안을 마련하며, 건강보험 환자 비급여 진료비 수준을 파
악하여 환자가 실제로 부담하는 진료비 정보를 정확하게 제공하기 위
해서는, 건강보험 환자의 비급여 진료비 내역 제출을 의무화할 필요가
있음.

② 환자안전 관련 법
ⓐ 〈환자안전법〉이 2016년 7월 29일부터 시행되고 있으나, 환자안전 활
동의 활성화를 위하여 〈환자안전법〉의 개정이 필요함.

ⓑ 의무 보고의 도입
- 환자안전에 관련된 문제의 개선을 위해서는 발생할 뻔 했던 사건 또
는 이미 발생한 사건을 파악하여, 동일하거나 유사한 사건의 재발을 방
지하기 위한 시스템의 구축이 필요함(박형욱, 2012). 이를 위해서는 환
자안전 보고체계가 필요한데, 보고체계는 내부/외부 보고체계 또는 의
무/자율 보고체계로 구분할 수 있음. 의료진의 명백한 과오에 의하여
발생한 중대한 의료사고에 대해서는 대부분의 나라에서 보고를 의무화
고 있음(옥민수 외, 2015).

---

15 https://www.healthit.gov/providers-professionals/faqs/what-are-clinical-quality-measures.

- 예를 들면, 미국의 27개주에서 NQF(National Quality Forum)가 정한 SRE(Serious Reportable Events) 발생 시 보고를 의무화하고 있음. NQF의 SRE는 2011년 기준 6개 영역(Surgical or Invasive Procedure Events, Product or Device Events, Patient Protection Events, Care Management Events, Environmental Events, Potential Criminal Events)의 29개 사건이 있음 (NQF, 2011).
- 우리나라의 〈환자안전법〉에는 이러한 적신호사건들에 대한 의무 보고 조항이 없음.

ⓒ 자율 보고의 활성화
- 경미한 사건(minor event) 또는 일어날 뻔했던 사건(near miss)에 대해서는 보고자의 비밀을 보장하고, 문책하지 않으며, 자율적 보고를 장려하여야 함(Leape, 2011).
- 미국의 경우 〈Patient Safety and Quality Improvement Act of 2005〉를 제정하여 보건의료인 또는 보건의료기관이 질 향상 또는 환자안전 개선을 위하여 행한 활동의 결과로 만든 문서(Patient Safety Work Products)에 대해서는 법정에서의 증거 개시(discovery) 등에 대하여 법적으로 보호해 주고 있음. 의무 보고와 자율 보고 시스템을 통하여 수집된 자료를 이용하여 국가 차원의 데이터베이스를 구축하여 환자안전 개선에 유용한 자료로 활용하고 있음.
- 우리나라의 〈환자안전법〉에도 PSWP에 대한 법적 보호 조치 조항을 추가할 필요가 있음(옥민수 외, 2015).

ⓓ 환자안전사건 소통하기 촉진
- 진료 중 환자에게 위해사건이 발생한 경우 이를 환자에게 알리는 환자안전 사건 소통하기(disclosure of patient safety incidents)에 대한 지지가 증가하고 있음. 이는 진실 말하기가 의료과오 소송의 가능성을 증가시키지 않으며, 심지어는 소송 건수와 배상액을 감소시킨다는 연구 결과에 따른 것임. 미국에서는 일부 주에서 법으로 원고가 의료인의 위로 또는 공감의 표시를 소송에서 과실을 인정하는 증거 자료로 사용할 수 없도록 한 법률(apology law)의 제정, The Joint Commission의 환자안전 사건 소통하

기에 대한 National Patient Safety Goal, Harvard의 가이드라인, National Quality Forum의 권고 등이 환자안전사건 소통하기를 확산시키는 데 기여한 것으로 알려져 있음(옥민수·이상일, 2017).

- 환자안전사건 소통하기에 관한 체계적 문헌 고찰에 따르면, 환자안전사건 소통하기는 의료소송 건수 및 관련 비용 감소, 의료진 처벌에 대한 의향 감소, 의사와 환자 관계 강화, 의료진 추천 및 재방문 의향 증가, 의료 질 평가 점수 증가, 의료진의 죄의식 감소 등의 효과가 있거나 또는 의료인 및 일반인들이 그러한 효과에 대하여 전반적으로 동의하는 것으로 나타났음(Ock et al., 2017). 우리나라에서 가상적 사례를 이용하여 위해사건 발생 시 환자안전 소통하기의 효과를 평가한 연구 결과에 따르면 이와 비슷한 결과가 나타났음(Ock et al., 2016). 우리나라에서도 〈사과법apology law〉에 관련된 조항이 〈환자안전법〉에 마련된다면, 보다 많은 의료기관들이 환자안전사건 소통하기에 참여하도록 유도할 수 있을 것으로 판단됨(옥민수와 이상일, 2017).

5) 의료기관의 질 개선 활동에 대한 지원

ⓐ 의료기관의 질 개선 활동에 대한 기술적 및 재정적 지원이 필요함. 미국의 경우 정부 기구인 Agency for Healthcare Quality and Research가 의료의 질 및 환자안전 개선에 필요한 다양한 정보를 제공하고 있으며 관련 분야의 연구에 대한 연구비를 지원하고 있음. 미국의 비영리 민간기구로는 IHIInstitute for Healthcare Improvement가 공동의 질 개선 주제에 관심을 가지고 있는 의료기관들을 모아서 BTSBreakthrough Series 모델을 이용하여 개선 활동에 대한 기술적 지원을 하고 있음. 영국National Primary Care Collaborative과 오스트레일리아Australian Primary Care Collaboratives Program에서 IHI의 BTS 모형을 활용하여 국가 수준에서 1차의료 질 개선 활동을 수행하여 성공을 거둔 사례가 보고된 바 있음(Pickin et al., 2004; Knight et al., 2012).

ⓑ 우리나라에서도 의료기관들의 질 개선 활동 활성화를 위해서는 공공 또는 민간 부문에서 의료기관의 질 개선 활동에 대한 기술적 지원을 강화하여야 하며, 이를 위하여 건강보험 또는 국고 지원이 필요할 것임.

참고 문헌

강희정, 하솔잎, 이슬기, 김소운, 홍재석, 이광수 (2015), 〈한국 의료질보고서: 의료서비스 질 향상에 대한 의료시스템의 성과와 과제〉, 한국보건사회연구원.

건강보험심사평가원 미래전략위원회(2012), 〈의료심사평가 선진화를 위한 미래 전략〉, 건강보험심사평가원.

더불어민주당(2017), 《나라를 나라답게: 제19대 대통령선거 더불어민주당 정책 공약집》, 더불어민주당(http://theminjoo.kr/autoalbum/page/minjoo/view.html?extweb=true).

박형욱(2012), 한국 의료의 질 향상 방안, 〈대한의사협회지〉 55(10):969-977.

서민지(2017), 보건의료인력난 해결 촉구, 간호사들 사직서 찢었다, 〈메니파나뉴스〉, 5월 12일 자.

석승한(2013), 의료의 질 향상을 위한 의료기관평가인증제 발전 방안, 보건복지포럼 202:39-47.

석승한(2014), 2주기 의료기관인증제의 개선방향: 국제 적 수준의 환자안전과 의료 질을 위하여, 〈대한의사협회지〉 57(8):646-649.

옥민수, 이상일, 김장한, 이재호, 이진용, 조민우, 이미숙, 김선하, 김현주, 손우승 (2015), 환자안전 보고 시스템의 구성 요소 및 그 현황 분석, J Health Tech Assess 3(1): 4-16.

옥민수, 김장한, 이상일 (2015), 환자안전 관련 법의 구조와 현황, 〈보건행정학회지〉 25(3): 옥민수,이상일 (2017), 환자안전사건 소통하기의 필요성: 윤리 및 의료의 질 측면에서, 〈대한의사협회지〉 60(5) [Accepted].

이상아, 박은철 (2017), 2014 한국의 보건의료의 상대적 위치와 추이: 경제개발협력기구 국가와의 비교, 〈보건행정학회지〉 27(1):89-94.

이상일 (1999), Critical Pathway의 이해, 〈한국의료QA학회지〉 6(1):6-11.

이상일 (2008), 요양급여 적정성평가의 문제점과 개선 방향, 〈HIRA정책동향〉 5: 27-31.

이상일 (2009), 정보제공 활성화를 통한 의료서비스 개선, 서비스산업선진화 정책방향 보고서, 서비스산업 선진화 작업반.

이상일 (2015), 환자안전 개선 활동의 접근법, 〈대한의사협회지〉 58(2):90-92.

이재호, 고병수, 임종한, 이상일 (2013), 1차의료 표준모형과 질 평가체계, 〈대한의사협회지〉 56(10):866-880.

이춘성 (2012), 《독수리의 눈 사자의 마음 그리고 여자의 손》, 쌤앤파커스.

이현정, 이진용, 이상일, 손우승, 옥민수, 조민우 (2014), 가감지급사업에 대한 학계 및 소비자단체와 보건의료관련단체의 인식도 조사, J Health Tech Assess 2(1):10-18.

조병희 (1992), 국가의 의료 통제와 의료의 전문화: 한국 의료체계의 갈등 구조의 역사적 배경, 〈한국사회학〉 24:131-152.

통계청 (2016), 〈2016년 사회조사 결과〉, 대전: 통계청.

황수희, 김묘정, 오동관, 박춘선 (2017), 〈요양급여 적정성 평가자료 수집체계 개발 및 관리 방안〉, 건강보험심사평가원.

Agency for Healthcare Research and Quality (2017), Guide to Patient and Family Engagement in Hospital Quality and Safety, Content last reviewed February Agency for Healthcare Research and Quality, Rockville, M.D.(http://www.ahrq.gov/professionals/systems/hospital/engagingfamilies/index.html).

Agency for Healthcare Research and Quality(2006), Pay for Performance: A Decision Guide for Purchasers, AHRQ Publication No. 06-0047, Rockville, MD: Agency for Healthcare Research and Quality.

Ahmed N, Devitt KS, Keshet I, Spicer J, Imrie K, Feldman L, Cools-Lartigue J, Kayssi A, Lipsman N, Elmi M, Kulkarni AV, Parshuram C, Mainprize T, Warren RJ, Fata P, Gorman MS, Feinberg S, Rutka J (2014), A systematic review of the effects of resident duty hour restrictions in surgery: impact on resident wellness, training, and patient outcomes. Ann Surg, 259(6):1041-1053.

Ahn HS, Kim HJ (2012), Development and implementation of clinical practice guidelines: current status in Korea, *J Korean Med Sci*, 27(Suppl): S55-S60.

Ahn HS, Kim HJ, Welch HG (2014), Korea's thyroid-cancer "epidemic"-screening and overdiagnosis, *N Engl J Med*, 371(19): 1765-1767.

Ahn HS, Welch HG (2015). South Korea's thyroid-cancer "epidemic"-turning the tide *N Engl J Med*, 373: 2389-2390.

Bolster L, Rourke L (2015), The effect of restricting residents' duty hours on patient safety, resident well-being, and resident education: An updated systematic review, *J Grad Med Educ*, 7(3): 349?363.

Chassin MR, Galvin RW (1998), The urgent need to improve health care quality, Institute of Medicine National Roundtable on Health Care Quality, *JAMA*, 1998:280(11):1000-1005.

Healy J, Braithwaite J (2006), Designing safer health care through responsive regulation, *Medical Journal of Australia*, 184(10):S57.

Institute of Medicine (1990), *Medicare: A Strategy for Quality Assurance*, Volume I, Washington, DC: The National Academy Press.

Institute of Medicine (2001), Crossing the Quality Chasm, Washington, DC: National Academies Press.

Institute of Medicine (2011), Clinical practice guidelines we can trust: Consensus report, March 23(http://www.iom.edu/Reports/2011/ Clinical-Practice-Guidelines-We-Can-Trust.aspx).

Jo HS, Kim DI, Oh MK (2015), National priority setting of clinical practice guidelines development for chronic disease management, J Korean Med. Sci., 30(12): 1733-1742.

Jo M, Lee JY, Kim N, Kim S, Sheen S, Kim SH, Lee S (2013), Assessment of the quality of clinical practice guidelines in Korea using the AGREE Instrument, J Korean Med. Sci., 28(3):357-365.

Jones RS (2010), Health care reform in Korea. OECD Economics Department Working Paper No. 797, Paris, OECD Publishing.

Kelley E, Hurst J (2006), Health care quality indicators project: conceptual framework, OECD Health Working Paper, No. 23, Paris, OECD Publishing.

Kim Y (2016) How to improve health care quality in Korea, Proceedings of 2016 International Conference on Sustainable UHC through Stronger Health Systems, Seoul: Health Insurance Review and Assessment Service.

Kissick W (1994), Medicine's Dilemmas, New Haven and New London, CT: Yale University Press.

Knight AW, Caesar C, Ford D, Coughlin A, Frick C (2012), Improving primary care in Australia through the Australian primary care collaboratives program: a quality improvement report, BMJ Qual Saf, 21(11):948-955.

Leape LL (2002), Reporting of adverse events, NEJM, 347(20):1633-1638.

Marshall MN, Romano PS, Davies HT (2004), How do we maximize the impact of the public reporting of quality of care?, Int. J Qual Health Care, 16 Suppl 1: i57-63.

McGlynn EA (2003), Introduction and overview of the conceptual framework for a national quality measurement and reporting system, Med. Care, Jan;41(1 Suppl): I1-7.

McNeill D, Kelley E (2005), How the national healthcare quality and disparities reports can catalyze quality improvement, Med. Care, 43(3 Suppl): I82-88.

Melvin L, Corriveau S, Alak A, Patel A (2014), Resident duty hours: a review, Can

J Gen Int. Med, 9(4):142-144.

National Quality Forum, List of SREs(http://www.qualityforum.org/Topics/SREs/List_of_SREs.aspx).

O'Beirne M, Zwicker K, Sterling PD, Lait J, Lee Robertson H, Oelke ND (2013), The status of accreditation in primary care, *Qual Prim Care,* 21(1):23-31.

Ock M, Kim HJ, Jo MW, Lee SI (2016), Perceptions of the general public and physicians regarding open disclosure in Korea: a qualitative study, *BMC Med. Ethics*, 17(1):50.

Ock M, Lim SY, Jo MW, Lee SI (2017), Frequency, expected effects, obstacles, and facilitators of disclosure of patient safety incidents: A systematic review, *J Prev. Med. Public Health,* 50(2):68-82.

OECD (2012a), Value for Money in Health Spending, OECD Health Policy Studies, Paris, OECD Publishing.

OECD (2012b), *OECD Reviews of Health Care Quality: Korea - Raising Standards,* Paris: OECD Publishing.

OECD (2015), *Health at a Glance 2015: OECD Indicators*, Paris: OECD Publishing.

Pickin M, O'Cathain A, Sampson FC, Dixon S (2004), Evaluation of advanced access in the national primary care collaborative, *The British Journal of General Practice,* 54(502):334-340.

Porter ME (2010), What is value in health care? *N Engl J Med*, 363(26): 2477-2481.

Raleigh VS, Foot C (2010), *Getting the Measure of Quality: Opportunities and Challenges*, London: The King's Fund.

Relman AS (1988), Assessment and accountability: the third revolution in medical care, *N Engl J Med*, 319(18):1220-1222.

Roa DV, Rooney A (1999), Improving health services delivery with accreditation, licensure and certification, *QA Brief,* 8(2):4-10.

Tang N, Eisenberg JM, Meyer GS (2004), The roles of government in improving health care quality and safety, *Jt Comm J Qual Saf*, 30(1): 47-55.

Wachter RM, Foster NE, Dudley RA (2008), Medicare's decision to withhold payment for hospital errors: the devil is in the details. *Jt Comm J Qual Patient Saf*, 34(2):116-123.

Wickizer TM, Lessler D (2002), Utilization management: issues, effects, and future prospects, *Annu Rev Public Health*, 23:233-254.

World Health Organization(2002), World Health Assembly Resolution WHA55.18 and related documents(http://www.who.int/patientsafety/about/wha_resolution/en/index.html).

의료의 질 향상을 위한 정책 방향

의료체계와
스튜어드십 정립

이 규 식 연세대학교 보건행정학과 명예교수

Ⅰ. 스튜어드십의 중요성

● 우리나라에서 거버넌스는 상당히 알려진 용어이지만 스튜어드십stewardship 이라는 말은 다소 생소하게 들림.

● WHO(2008)에서는 스튜어드십과 거버넌스를 거의 같이 다루고 있어 거 버넌스로 표현하여도 좋지만 스튜어드십이 더 광범위한 개념이기 때문에 정책과 관련해서는 스튜어드십을 사용하는 것이 보다 정확한 의미를 전달 한다고 판단하였음.

1. 스튜어드십과 거버넌스

스튜어드십에 대하여 논의하기 이전에 먼저 스튜어드십과 거버넌스에 대한 구분부터 해 보기로 함(이규식, 2016a).

● WHO는 거버넌스보다 광의의 개념으로 스튜어드십을 설명하고 있지만

거의 같이 다루고 있음(이규식, 2016a).

    - WHO Europe은 2008년 9월 조지아_{Georgia}의 트비리시_{Tbilisi}에서 개최된 제58차 유럽지역위원회에서 'Stewardship/Governance of Health Systems in the WHO European Region'을 주제로 스튜어드십을 다루었음.

      · 트비리시 회의는 스튜어드십을 주제로 하였으나 거버넌스라는 의미를 내포하고 있음. WHO는 스튜어드십이라는 웹사이트에서 스튜어드십은 때로는 거버넌스로 협의적으로 정의되기도 한다고 서술하고 있음.

      · 2002년 WHO에서 발간된 Travis et al.(2002)의 논문에서는 스튜어드십은 공공거버넌스_{public governance}라는 표현과 유사하다고 밝히고 다만 WHO는 국민의 건강과 복지에 책임을 갖고 보건·의료체계 전반을 이끄는 정부의 역할에 더욱 초점을 두기 위하여 스튜어드십을 사용하고 있다고 밝히고 있음.

    - 그러나 학자에 따라 구분하여 사용하기도 함. 세계은행 등에서는 Preker et al.(2007) 등의 논리에 따라 구분하여 설명하고 있음.

● 스튜어드십이란 국가 보건·의료정책의 목표를 달성하기 위하여 정부에 의하여 수행되는 광범위한 기능으로 설명.

    - WHO가 발간한 〈The World Health Report 2000〉에서 "스튜어드십이란 국가 보건·의료정책의 목표를 달성하기 위하여 정부가 추구하는 광범위한 영역의 기능"으로 정의.

    - Hunter, Shiskin and Taroni(2005)는 스튜어드십을 "WHO의 정의를 국민 복지를 위한 정교하고 책임 있는 경영_{management}으로써 훌륭한 정부의 본질을 이루는 것"으로 해석하고 있음.

    - Saltman and Ferroussier-Davis(2000)는 국민들의 입장에서 "스튜어드십이란 국민의 복지를 책임지는 정부의 기능으로 합법성과 신뢰성이 바탕이 되어야 한다."고 정의하고 있음.

● 거버넌스는 1980년대에 거버닝의 방법_{ways of governing}에 관한 논의에서 등장하는 새로운 개념으로 정부(거버먼트)와 구별되는 개념임(Rhodes, 1996).

- 거버넌스는 사회의 변화로 인해 직면하는 과제가 달라짐에 따라 대두
  되었음.
- 산업사회industrial society에서 지식기반사회knowledge-based society로 바뀌면서
  국민들의 건강이나 복지가 정부만의 일이 아니라 사회구성원 모두의 관심
  사가 됨에 따라 모든 구성원이 참여하여 네트워크를 이루고 민주적 절차에
  의한 의사결정을 하는 방식이 요구되면서 거버넌스 개념이 대두.
- 전통행정학은 관료적 계층제에 의한 규제나 통제에 의존하는 행정으
  로 오히려 행정을 망치는 결과를 초래하고 있기 때문에 '코페르니쿠
  스적인 사고의 대전환'을 통한 새로운 패러다임으로 거버넌스governance
  without government를 사용(이명석, 2007).

● Smith et al.(2012)은 거버넌스를 사회적 협력social coordination으로 정의를
  내리면서 계층제hierarchy, 시장market, 그리고 네트워크network의 3가지 형태로
  이루어진다고 하였음.

● Kickbusch and Behrendt(2013)는 거버넌스를 복잡성과 상호의존성이
  증가하는 세계에서 의사결정과 관련하여 정부가 시민이나 사회조직과 서
  로 소통하는 과정으로 정의하고 있음. 즉, 복잡해진 세계에서 어떻게 정부
  와 사회조직이 상호교류하고, 어떻게 시민과 관련을 맺고, 어떻게 의사결
  정을 하느냐에 관한 것이 거버넌스라는 것임.

● 스튜어드십과 거버넌스와의 관계는 다음과 같이 설명하고 있음.
- Travis 등(2002)은 스튜어드십을 공공거버넌스와 유사하게 간주함. 그
  러면서도 큰 차이점으로 거버넌스는 공공행정의 효율성을 강조하는 데
  반하여 스튜어드십은 효율성뿐만 아니라, 정책에 대한 국민들의 신뢰
  와 정책의 윤리성까지 포함한다고 주장.
- Armstrong(1997)은 거버넌스에 경제학적 접근법을 접목시켜 인간을
  경제적인 합리성을 갖는 호모에코노미쿠스homo economicus로 간주하여 개
  인적이며 기회주의적으로 자신에게만 헌신하는 것으로 여기지만, 스튜
  어드십은 거버넌스에 사회적·심리적인 접근법을 접목시켜 인간을 집
  단적이며 조직화되고 신뢰할 수 있는 대상으로 묘사함. 그리하여 스튜

어드십을 신뢰를 바탕으로 하는 윤리적인 정책결정에 시장의 효율성과 같은 행태를 결합시킬 수 있는 능력으로 간주함.

- 거버넌스도 스튜어드십과 거의 유사한 기능을 하는 것으로, 즉 국가의 권위가 공익을 위하여 행사되는 전통이나 제도와 같은 것으로 정의될 수 있으나 스튜어드십은 윤리적인 거버넌스 또는 제대로 된 형태의 거버넌스good form of governance로 구분할 수 있음.

● 스튜어드십과 거버넌스 간의 관계는 〈표 1〉에서 잘 설명됨. 스튜드십은 주로 거시적인 정책 수행에 적용되며 거버넌스는 주로 중간 수준 내지는 조직관리 수준에 적합.

● 이상과 같은 논의를 토대로 할 때, 의료정책과 관련하여서는 거버넌스보다는 스튜어드십이라는 용어가 보다 타당하다고 여겨짐.

경영관리 형태	경영관리 적용 수준			
	거시적	Meso/ organization	미시적	개인적
Stewardship	적합	일부 적합	–	–
Governance	일부 적합	적합	일부 적합	–
Operational Management	–	일부 적합	적합	일부 적합
Case Management	–	–	일부 적합	적합

표 1. 스튜어드십과 거버넌스(자료: Preker et al., 2007)

2. 스튜어드십의 중요성

1) 스튜어드십의 중요성(이규식, 2016a)

● WHO는 정부를 국민을 위한 청지기steward로 간주하여, 스튜어드십을 강조하고 있음. 제2차 세계대전 이후 유럽 국가들이 복지제도를 확대하면서 정부의 기능도 확대하여 큰 정부가 등장하였음. 그러다 1990년대에 의료

개혁이 일어나면서 정부의 역할도 새롭게 조명하게 되었음.

● 1990년대 이후의 의료개혁 동향을 보면, 서유럽 국가들은 정부공영제형 의료체계이든 건강보험형 의료체계이든 경쟁원리를 도입하는 관리된 경쟁managed competition 시스템을 만들어 내는 개혁을 하였고, 시장경제체제로 전환하게 된 구 공산권 국가들은 건강보험제도를 도입하는 급진적인 개혁을 하였음.

  - 과거에는 정부가 명령과 통제command and control를 통하여 정책 방향 설정은 물론 의료체계의 운영에까지 직접 개입하였음.

  - 의료개혁 과정에서 관리구조는 관료제에서 시장경쟁형으로 변환되었으며, 여기에는 소유권과 경영관리control의 분리, 공정한 계약, 성과측정, 사업 이행에 대한 모니터링 등이 포함되었음(Forder, Robinson and Hardy, 2005).

  - 이에 따라 정부의 역할도 '노는 적게 젓고 방향타는 확실히row less and steer more'라는 방식으로 바뀌었음. 방향타를 잡는 것은 스튜어드십과 같은 의미로 전략적인 정책 방향과 비전을 설정하는 것이며 노를 젓는 것은 서비스를 제공하고 비전을 수행하는 운영 업무operational와 같다고 하겠음(Osborne and Gaebler, 1993).

  - 이러한 변화는 의료 분야에서 정책 방향과 비전의 설정, 서비스의 제공, 자원의 개발, 재정운영 등을 위하여 스튜어드십이 중요한 개념으로 대두되는 계기가 되었음.

● 보건·의료정책에서 추구하는 가장 보편적인 목표는 국민건강(수준 및 형평), 반응성, 재정의 공정성이며, 국가의 정책은 의료서비스를 제공하고 재정을 조달하는 데 있어 공공, 민간 그리고 시민사회의 자원 영역voluntary의 상대적인 역할과 책임으로 이루어짐. 스튜어드십은 다음과 같은 역할을 기대함.

  - 스튜어드십에는 정책 개발과 집행의 전략적 방향을 유지하는 일, 바람직하지 않은 방향으로 가는 흐름이나 왜곡을 찾아내고 바로잡는 일, 국가 발전에서 건강에 관한 사실을 명확하게 부각시키는 일, 의료체계의 다양한 참여자들을 규제하여 확실한 책무 메커니즘accountability mechanism

을 만들어 내는 일을 함.

- 스튜어드십은 보건·의료체계를 넘어 다른 분야의 국가 정책이나 입법이 국민의 건강을 향상(최소한 악화는 방지)시키도록 보장하는 기능도 포함함.
- 스튜어드십은 중앙정부 차원에서 극대화될 수 있지만 지방 정부 차원에서도 중요함.

● 보건·의료 분야에서 스튜어드십의 역할을 WHO(2000)에서는 〈그림 1〉과 같이 정리하고 있음. 의료체계의 기능을 수행하기 위한 투입요소로 스튜어드십, 자원개발, 재정관리, 서비스 제공의 4가지 가운데서 스튜어드십은 서비스 제공, 자원개발, 재정관리를 능가하는 가장 중요한 기능으로 간주됨.

- Hunter, Shiskin and Taroni(2005)는 보건·의료체계의 전반적인 성과를 좌우하는 역할을 가질 뿐만 아니라, 성과에 대한 궁극적 책임은 정부가 져야 하기 때문에 스튜어드십이 중요하다고 주장.
- 보건·의료체계가 목표하는 바를 최대로 달성할 수 있도록 시스템의 모든 요소들을 원활하게 작동시키고 관리해야 할 책임이 있으며, 이러한 측면에서 스튜어드십은 공공거버넌스의 개념과 유사.

● 스튜어드십에서 요구되는 것은 비전 설정, 지적 능력과 영향력으로 보건부가 정부를 대표하여 국가 보건·의료계획의 발전과 업무를 감독하고 주도해 나가야 한다는 것임.

● 보건·의료 분야에서 스튜어드십의 어떤 부분은 전적으로 정부에 의하여 수행되는 것이라 할 수 있으나, 정부 밖에서의 스튜어드십은 의료서비스의 구매자와 공급자의 책임으로 주어진 의료비 지출을 통하여 가급적 많은 건강상의 이득을 얻도록 하는 것임. 오늘날 대부분의 국가에서 건강과 관련된 정부의 역할은 변화하고 있음.

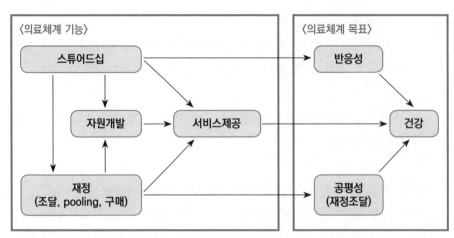

그림 1. 의료체계의 기능과 목표 간의 관계(자료: WHO, 2000)

2) 스튜어드십의 문제점(이규식, 2016a)

오늘날 많은 국가들은 스튜어드십과 관련해 다음과 같은 문제들에 직면하고 있음.

● 첫째, 보건부가 근시안적이 되어 정책의 가장 중요한 대상자가 국민이라는 점을 잊고 이해관계자stakeholder만 배려하는 문제가 있음. 그리고 보건부가 단견적이 되어 비전을 설정하지 못하거나 설정하더라도 먼 미래를 내다보지 못하고 있음. 그리하여 투자 결정 역시 당장 눈에 띄는 것에 치중할 뿐 장기간이 요구되는 필요도에 대한 투자는 외면하게 됨.

● 둘째, 스튜어드십의 비전이 좁아tunnel vision in stewardship 보건·의료정책의 수단으로 동원되는 법령 제정을 비롯하여 규제, 시행령, 공공질서의 정립에서 배타적인 시각을 보이고 있음. 성문화된 규제는 스튜어드십이 성과를 발휘하는 데 중요한 역할을 하게 되는데, 규제의 결과를 모니터할 보건부의 능력이 결여되어 규제가 비효과적으로 작동되는 문제가 있음.

　　- 제대로 된 스튜어드십은 의료체계 내의 다양한 참여자들의 행동에 영향을 미칠 여러 가지 전략(정보 확보, 다른 그룹의 협력, 인센티브 설정 등)을 필요로 하는데, 보건부는 이와 같은 능력이 결여되어 있음.

● 셋째, 보건부는 대중의 이익을 보호하기 위하여 만들었던 규제가 원래 목적에서 벗어나는 행위에 대해 못 본채 하는 경우도 있음. 그렇게 한 결과 스튜어드십의 신뢰를 붕괴시키고 부패가 제도적으로 자리 잡게 함.

II. 보건·의료 분야와 스튜어드십의 적용

● 보건·의료 분야에서 스튜어드십의 적용은 다음과 같은 3가지 영역에서 이루어짐(WHO, 2000).

- 첫째, 정책의 결정 분야로 비전을 설정하고 정책의 방향을 제시하는 역할임.
- 둘째, 규제라는 전략을 통하여 영향력을 행사하는 일임.
- 셋째, 정보를 수집하고 사용하는 일임.

1. 정책 결정과 스튜어드십

● 보건·의료정책에서 가장 중요한 것은 비전 설정이며, 비전은 전략적인 계획의 수립을 통하여 설정됨(WHO, 2000).

- 비전 설정은 다양한 정책 수단들에서 기대되는 역할과 우선순위의 대체적인 윤곽을 제시하게 됨.
- 비전 설정을 통하여 국민적 합의consensus를 모아 정책을 원활하게 수행하도록 함. 비현실적인 공적재정에 의한 서비스 확대나 과장된 경제 성장으로 비전을 설정하게 될 경우, 수립된 정책이나 계획은 실현 불가능한 서류 작업으로 끝남.

● 보건·의료정책의 틀은 다음과 같은 점에 유의하여야 함.

- 첫째, 정책목표를 설정하고 이에 관련된 과제를 찾아내야 함.
- 둘째, 재정조달과 서비스 공급에서 공공과 민간영역의 역할을 정립하여야 함.
- 셋째, 목표 달성을 위하여 공공과 민간영역이 맡아야 할 정책 수단을 정립하여야 함.
- 넷째, 보건·의료체계의 수용능력capacity을 확충하고 조직 운영의 발전을 위한 과제를 정립하여야 함.
- 다섯째, 지출의 우선순위 정립을 위한 지침을 만들고, 자원 배분의 결정과 연관되는 문제를 분석해야 함.

● WHO는 건강수준, 반응성, 재정조달의 공정성 등 3가지 정책목표를 설정하고, 목표 달성을 위한 4가지 핵심 기능(자원개발, 재정, 서비스 공급, 스튜어드십) 개선에 유의하고 있음.

   - 스튜어드십은 다른 3가지 기능이 정책목표 달성을 위하여 잘 작동하는지 모니터하고 규제하도록 설계되고, 소비자와 공급자의 이해가 균형이 되도록 설계되어야 함.

   - 그런데 보건부의 고위층이 자주 바뀌거나 정치적인 환경이 자주 바뀌면 스튜어드십이 제대로 작동하기 어려워지기 때문에, 잘 작동하는 스튜어드십은 특정 정책의 방향이 사람에 의하여 쉽게 바뀌지 않도록 해야 함.

2. 영향력 행사와 스튜어드십

● 스튜어드십의 중요한 요소는 규제를 통하여 정책의 영향력을 행사하는 것으로 정부나 정부기관(국민건강보험공단 등)이나 정부 산하의 특수 조직에 의하여 이루어짐.

● 규제는 보건·의료체계에 관여하는 모든 참여자들의 행동을 다스리는 규정으로 관련자들이 모두 따르도록 강제하는 것으로 다음과 같은 역할을 수행함(WHO, 2000).

   - 첫째, 규제는 관련자들의 행동을 촉진시키거나 제한함. 의료 분야에는 많은 민간영역의 사람들이 참여하기 때문에 이들의 행동을 촉진시키기 위하여 공공자산의 판매, 우선적인 대출, 조세 감면과 같은 인센티브가 있으며, 민간영역의 활동을 제한하는 규제로 시장 진입의 제한으로 우리나라와 같이 민영의료의 금지와 같은 것이 있음.

   - 둘째, 규제에는 자원이 소요됨. 규제적인 감독이나 계약과 같은 전략은 정부(보험자 포함)나 공급자에게 높은 거래비용transaction cost을 발생시켜 정책이 추구하는 비용절감 효과를 떨어뜨리게 함. 규제에 따른 비용을 줄이기 위해서는 이 분야의 종사자들에게 기술지원과 훈련을 시키고 또한 전문성을 갖춘 인력을 채용하는 것이 필요함. 또한 환자, 공급자, 대중, 미디어가 규정을 아는 것도 중요.

- 셋째, 효과적인 공공 서비스는 그 자체가 규제 도구가 됨. 공공영역은 소비자의 변화하는 니즈에 대응하고, 새로운 의료기술을 도입하고, 의료전문가들의 합리적인 기대에 부응하여야만 함.
  - · 만약 공공영역이 민간영역에 비하여 가격이나 질에서 경쟁력을 갖추고 있다면, 강한 공공영역이 소비자 보호와 민간 공급자들을 규제하는 좋은 전략이 됨.
  - · 그런데 문제는 공공영역이 정부의 보조를 받는데도 불구하고 질이나 반응성에서 경쟁력이 떨어지는 데 있음. 만약 공공영역이 낙후되거나 개선되지 못하면 불필요한 자원이나 감시가 시장의 범법자를 잡기 위해 낭비되고, 제대로 된 서비스를 받기 위하여 음성적 지불under the table payment이 형평성을 훼손시키는 문제를 야기함.
  - · 개인의 이기심과 구분되는 전문가의 자율규제가 양질의 서비스 제공에 도움을 줄 수 있음. 의료인력들이 각자의 영역에서 전문가 협회를 설립하고 스튜어드십의 몇 가지 기본 업무를 맡게 됨. 협회는 회원의 자격을 검토하고, 서로의 경험을 공유하며, 회원들을 교육시키기도 함. 민간 공급자들이 필요로 하는 기본 정보를 보증하기 위하여 정부가 협회에 약간의 재정 지원을 하는 것도 중요함.
- 넷째, 규제를 위해서는 소통이 중요함. 민간영역에 대한 감독이 강한 나라에서는 정부 규제 조직의 상당한 부분을 규제 대상 민간공급자가 손쉽게 접촉할 수 있는 범위arms-length 안에 배치함. 만약 그렇게 하지 않으면 민간 공급자들이 규제의 포로가 된 시스템을 와해시키려 하고, 규제가 자기들에게 유리하게 작용하도록 규제 담당자(공무원 등)를 포섭하는 전략을 택하게 됨. 규제자와 규제대상자 간의 소통은 규제가 잘 작동되기 위하여 필수적인 요소임.

3. 정보의 활용과 스튜어드십

- 정부가 보건·의료체계 전반에 어떠한 일이 발생하였는지를 제대로 이해하지 못한다면, 보건·의료체계에 관련되는 다양한 이익집단들이 정책에 반대하는 것을 막기 어려움. 정보와 이해라는 두 가지 측면에서 좋은 정보시스템은 최고의 의사결정을 하는 데 필요한 요소가 됨(WHO, 2000).

● 정보는 보건·의료체계의 가장 밑바탕으로부터 얻게 됨. 정책에 필요한 정보는 다음과 같음.

- 누가 서비스의 공급자인가?
- 공급자들이 의료정책의 목표에 던지는 과제는 무엇인가?
- 생산요소 생산의 애로 사항 또는 생산요소 간의 불균형은 어디에서 기인하는가?
- 생산요소와 관련된 가장 적합한 정책 대안은 무엇인가?
- 주 재정 원천은 어디에 있고 어떠한 전략이 보다 더 형평적이고 좋은 성과를 얻게 되는 보험정책이 되는가?
- 재정은 주로 어디에 사용되고 어떤 정책이 더욱 효율적인 자원 배분을 달성할 수 있는가?

● 보건·의료체계는 막대한 양의 정보 수집이 가능함. 그러한 정보에는 의료시설이나 환자기록 등을 통하여 회계, 인사, 재고, 활동보고서(처방기록, 환자기록) 등이 포함됨. 그러다 보니 전혀 활용되지 않는 정보 수집에 많은 인력과 시간이 소요되는 문제가 있음.

- 스튜어드십을 위해서는 지역 간 차이나 일시적인 변동과 같은 정보들을 기간별로 요약한 것만 필요해짐.
- 정보와 관련하여 스튜어드십에서 제기되는 또 다른 문제는 필요한 정보가 없는 경우임. 많은 국가에서 국민들의 의료체계에 대한 기대나 복잡한 민간영역의 의료시장 구조에 대한 정보가 거의 없음.
- 이러한 정보가 없으면 반응성, 재정조달의 공정성이나 서비스의 질이나 접근성과 같은 보건·의료체계의 목표를 평가할 수 없게 됨.
- 정보에 대한 전반적인 그림 없이 좋은 스튜어드십을 기대할 수 없음.

● 스튜어드십은 국민들의 행동을 변화시키기 위하여 정책 결정과 규제를 지원하는 정보를 필요로 함.

- 정보의 기술적 확산은 의료체계의 능력향상capacity building을 위한 전략적 프로그램의 일부가 됨.
- 의료정책의 우선순위를 토론을 통하여 결정하게 될 경우, 질병의 부담, 질병 치료의 비용-효과, 기존 정책의 규모와 같은 다양한 정보가

뒷받침되어야 함.

● 많은 국가에서 환자권리를 보호하기 위한 조치를 취하고 있음. 비록 환자
권리에 관한 법률이 없어도 활발한 스튜어드십에 의하여 환자권리나 공급
자의 의무와 같은 개념이 정립되고 중요해지고 있음.
  - 여러 가지 의료행위에는 유해한 활동도 수반될 수 있음. 정부는 공적
    정보를 갖고 이러한 유해한 활동을 퇴치해야 함.
  - 항생제 과잉 처방, 정해진 용법recommended dosage의 무시와 같은 행위는
    대상별로 특화된 정보를 토대로 스튜어드십이 해결해야 할 과제임.

1. 의료정책과 스튜어드십의 문제점

우리나라 의료 분야에서는 스튜어드십이라는 용어조차 찾아볼 수 없음. 이것은 전통적인 관료적 계층제 행정을 토대로 정책을 추진하고, 편향된 정보로 정책을 수립하고 규제를 만들기 때문임. 우리나라 의료 분야의 스튜어드십 문제는 다음과 같음.

- 첫째, 의료체계의 장기적인 비전이 없음. 비전이 없다는 것은 장기적인 의료계획이 없기 때문이라 하겠음.[1]

- 둘째, 의료계획이 없다 보니 정책이 근시안적이 되는 문제가 있음. 우리나라는 고령화 속도가 빨라 2025년이 되면 초고령사회가 될 것으로 전망됨. 계획이 없다 보니 초고령사회에 대비하여 의료체계를 지역사회중심으로 전환하는 문제라든가, 의료와 돌봄의 연계를 어떻게 해야 한다든가 하는 등의 과제가 거론조차 되지 않고 있음.

- 셋째, 의료정책이 근시안적이 되다 보니 의료정책의 대상자가 국민인데, 이해단체에 끌려다니는 문제가 있음. 상병구조가 만성질병 위주로 바뀐지 오래지만, 이에 합당한 의료체계나 의학교육의 개혁, 1차의사에 대한 훈련 방법의 개혁 같은 것은 의사단체의 반대로 꿈도 꾸지 못하고 있음. 간호간병 통합서비스도 면허 간호사로만 해야 한다는 간호단체의 주장으로 진전이 없음. 의료정책이 국민을 위하는 것인지 이해단체를 위한 것인지 모를 정도가 되었음.

- 넷째, 1990년대 이후의 의료개혁을 통하여 유럽 국가들은 정부의 직접 통제 방식command and control에서 벗어나 의료서비스의 구매자(보험자)를 통하여 건강성과를 향상시키거나 반응성을 제고하는 전략적 구매strategic purchasing를 구사하고 있음. 그런데 우리는 재정통합이 모든 문제의 해결책

---

1 건강증진분야는 계획이 있어 건강수준의 향상과 건강형평성 제고라는 목표는 볼 수 있지만 반응성(responsiveness)이나 재정의 공정성(fairness of financing)과 같은 다른 목표는 찾아보기 어려움.

이 된 것으로 착각하여 전략적 구매는 엄두도 내지 못하고 있음. 전략적 구매를 통하여 의료체계의 목표를 달성하기 위해서는 국민들에게 구매자를 선택할 권리를 부여하여야 하는데 그 전제 조건이 되는 보험료 부과 방법마저 단일화하지 못하고 있음.

● 다섯째, 의료정책을 집행하는 수단이 되는 규제가 의료체계의 성과 향상에 기여하여야 함에도 불구하고 규제 결과를 모니터할 시스템도 제대로 갖추지 못하고 있음. 제대로 된 스튜어드십은 의료체계 내의 다양한 참여자들의 행동에 영향을 미칠 전략을 수립하기 위하여 정보의 확보, 협력을 이끌어 낼 인센티브 설정, 조직의 설정 등과 같은 능력을 갖추어야 하는데, 전통적인 관료시스템에 의한 명령이나 통제에 의존함에 따라 관련자들의 참여를 이끌어 내지 못하고 있음.

● 여섯째, 국민을 위하여 만들었던 규제가 원래의 목적을 벗어나도 이를 바로 잡을 조치는 생각도 못하고 있음. 보험급여와 관련하여 규제를 어긴 의료기관의 불법적 행동이나 무능하고 안전하지 못한 의료행위를 하는 의료기관이 있어도 제대로 감시도 못하고 있으며, 의료사고는 보고도 되지 않는 실정임.

● 일곱째, 우리나라의 IT 기술이 세계적 수준이기 때문에 생산되는 정보 역시 엄청나게 많음. 그러나 다양한 정보를 의료체계 목표 달성에 활용하는 방법은 상당히 부족함. 정보를 활용하여 의료정책의 우선순위를 정하고, 새로운 의료기술의 보험급여화를 위한 근거를 마련하고, 의료인력을 위시한 의료자원의 적정성을 판단하고, 의료정책의 문제점을 파악하여 새로운 대안을 만드는 등의 일에 정보 활용이 매우 미흡한 문제가 있음.

2. 스튜어드십의 과제

WHO(2000)는 스튜어드십을 정부가 국민들의 의료에 대하여 책임을 갖도록 조직 구조를 갖추고, 통제 및 관리하는 메커니즘의 과정이라 협의적으로 정의하고 있음. 의료체계의 운영과 관련된 스튜어드십의 과제는 다음과 같이 정리해 볼 수 있음(이규식, 2016a).

- 첫째, 의료체계의 비전을 설정하고 장기적인 전략적인 계획을 수립하여야 함. 이것은 의료계획으로 구체화되어야 함.

- 둘째, 전 국민이 의료보장제도 적용을 받고 있어 의료보장 의료의 이념을 제대로 설정해야 함. 의료보장 의료에 대한 이념을 제대로 설정하지 못함에 따라 스튜어드십 확립이 어려움. 많은 사람들이 의료를 '공공성이 강한 사적재화'로 받아들이고 있어 규제적인 정책을 수용하지 않으려 함. 제2차 세계대전이후의 의료보장제도는 의료를 기본권으로 간주하여 개혁되었으며, 이때 의료는 공공재(규범적 차원)가 됨. 공공재로서의 의료와 사적재화로서의 의료에 대한 스튜어드십은 달라짐. 따라서 의료보장제도에서 스튜어드십 확립을 위하여 의료의 이념 정립이 선행되어야 함.

- 셋째, 우리나라는 의료서비스에 대하여 재정 조달은 건강보험이라는 공적재정으로 하되 공급은 공공 및 민간의료기관을 활용하여 간접적으로 제공하고 있음. 전통적으로 건강보험제도로 재정을 조달하는 서유럽 국가들은 공공의료기관이 많아 건강보험제도의 운영을 정부의 명령과 통제 방식에 의존하였음. 그러나 1990년대 이후 의료개혁에 경쟁원리가 도입되었으며, 구매자의 능동적인 기능을 강조한 전략적 구매가 새로운 스튜어드십으로 주목을 받고 있음. 우리나라는 건강보험 재정을 단일화시키면서 구매자(보험자)도 단일화하여 제도 운영을 명령과 통제 방식에 의존하는 문제가 있음.[2] 우리는 민간의료기관이 많아 경쟁원리 도입이 용이하기 때문에 구매자를 능동적으로 활동하는 전략적 구매자로 전환시키도록 적극 노력하여야 함.

- 넷째, WHO(2000)는 의료체계의 목표 가운데 하나로 재정 조달의 공정성을 제시하고 있음. 의료재정의 공정한 조달은 보험료의 공정한 부담으로 가입자들의 연대성을 위하여 스튜어드십에서 매우 중요한 주제가 될 것

---

2 우리나라는 의료를 사적재화로 간주하고 있어 정부의 명령과 통제도 사실상 제대로 작동하지 못하고 있음.

임. 특히 전략적 구매가 작동하기 위해서는 구매자(보험자)의 선택이 필수적인데 구매자 선택이 가능해지기 위한 전제가 보험료 부과 방법의 단일화라는 재정 조달의 공정성임. 즉 가입자가 어떤 구매자를 선택하더라도 보험료를 내는 방법이 공정하여야만 구매자에 따른 보험료 금액의 차이가 올바른 선택의 기준이 될 수 있을 것임.[3]

● 다섯째, 의료체계의 성과로 WHO는 반응성을 중요한 목표의 하나로 제시하여 1996년 이후 개혁과제가 되었음. 명령과 통제라는 과거의 제도 운영방식은 참여자의 선호나 권리가 중시되기보다는 정책담당자들의 선호나 비용통제가 중시되었음. 반응성을 제고하기 위한 스튜어드십에는 계약을 통한 의료의 질이나 의료체계의 성과 향상, 성과와 연동된 지불제도, 의료이용자의 권리나 선호 중시, 의료의 존엄성과 같은 과제들이 모두 포함될 수 있음.

● 여섯째, 의료제도가 국민들의 신뢰를 얻고 제도가 윤리적 바탕 위에서 운영될 수 있도록 합리적인 규제의 설정이 요구됨.

● 일곱째, 의료행정의 효율화를 위한 IT 기술의 활용이 스튜어드십에서 매우 중요함. 행정과 IT 기술의 접목으로 빅데이터가 생성되고, 이를 활용하여 의료비 관리의 효과나 의료체계의 성과를 보다 신속하게 계측할 수 있고, 의료서비스의 구매 활동이 신속하고 정확하게 이루어져 공급자들의 반응성도 제고할 수 있는 기전이 마련되는 등의 혁신을 기할 수 있음.

---

3 어느 구매자는 보험료를 소득을 기순으로 부과하고, 어느 구매지는 보험료를 재산이나 가구원 수를 기준으로 부과할 경우 가입자 구매자 선택을 할 수 있는 표준적 기준이 없어 공정한 선택이 원천적으로 불가능함.

Ⅳ. 스튜어드십의 개혁 방향[4]

1. 비전의 설정

● 스튜어드십의 첫 번째 과제는 비전의 설정과 장기적인 전략 계획을 수립하는 일임. 우리나라는 사회보험제도를 갖는 국가인데 의료계획이 없다는 문제가 있음.

  - 의료계획을 통하여 의료정책의 장기적인 목표와 정책 방향을 제시하여야 함.
  - 장기적인 목표는 건강(수준 및 형평성), 반응성(수준 및 형평성), 그리고 재정의 공정성을 설정하면 될 것임.
  - 장기적인 정책 방향은 인구고령화에 부합하도록 의료체계를 개혁하는 것을 제시하여야 함. 의료체계의 개혁 방향은 유럽의 대부분 국가에서 추구하는 바와 같이 병원중심에서 지역사회중심으로 전환하는 것임.

● 이와 같은 비전하에서 지역사회중심의 의료체계를 구축하기 위하여 1차의료를 강화하고, 이를 뒷받침하기 위하여 1차의사의 교육이나 훈련 방법의 개선 등이 제시되어야 함.

● 반응성이나 재정의 공정한 조달은 비전으로 제시하되 구체적인 달성 수단은 별도 논의해야 할 것임.

2. 건강보험 관리체계의 개혁: 관리된 경쟁모형의 구축

1) 건강보험의 관리모형

● 건강보험의 관리 방식은 단일기금과 복수기금 방식의 두 가지 모형이 있으며, 우리나라는 2000년 7월을 기하여 단일기금으로 전환하였음. 단일기금하에서도 의료서비스 구매자를 단일single payer로 하느냐 복수multiple payers로 하느냐의 두 가지 방식이 있음. 단일기금에서 복수구매자로 하는 국가는 네덜란드와 독일이며, 단일기금에서 단일구매자로 하는 국가는 우

---

4 이 부분은 이규식(2016a)의 내용을 수정하여 게재하였음.

리나라와 대만임.

● 우리나라와 대만은 의료의 공급을 민간의료기관에 크게 의존하면서 단일기금, 단일구매자(보험자) 모형을 채택한 특이한 국가에 속함.
  - 이 모형은 인구고령화 시대에 생애재분배가 가능하여 노후에 보험료 걱정을 하지 않고 의료서비스를 제공받을 수 있는 장점이 있음.
  - 이와 같은 장점이 유효해지기 위해서는 대만과 같이 적용자가 모두 동일한 원칙으로 보험료를 부담해야 하는데, 우리나라와 같이 보험료 부담 방법이 달라 늙어서 은퇴한 후에 보험료가 오히려 높아지는 경우에는 생애역분배가 발생하는 부작용이 있음.

● 서유럽의 사회보험 국가 대부분은 건강보험의 관리체계를 복수기금, 복수구매자(보험자) 체제로 운영하고 있음. 복수의 다보험자체제는 한 질병금고에 속하는 사람의 수가 적어 위험 분산에 한계가 생기며, 질병금고 간의 재정 격차에 따른 형평성 문제가 제기됨.
  - 반면에 질병금고는 의료기관과 계약을 통하여 가입자가 원하는 의료서비스의 제공이 용이하여 주민들의 기호를 맞출 수 있는 이점이 있으며, 보험관리 단위가 작아 보험급여의 관리에 강제력을 발휘하지 않고도 효율을 도모할 수 있는 이점이 있음.

● 다보험자 모형이 갖는 장점을 발전시켜 경쟁을 통하여 효율성은 높이고, 복수기금(보험자)이 갖는 단점인 위험 분산의 제약이나 보험자 간의 불형평과 같은 단점을 보완하기 위하여 중앙기금이라는 단일기금을 설치하여, 질병금고는 구매자 기능만 하도록 하는 단일 기금-복수구매자(보험자) 모형으로 개혁을 한 국가가 네덜란드와 독일임.
  - 이 모형의 장점은 재정 조달을 위하여 모든 국민에게 동일한 방법의 보험료를 부과[5]하여 공정성을 유지하면서 구매자(보험자) 간의 경쟁을 가능하도록 만들어 의료체계의 효율을 기할 수 있다는 점임
  - 특히 구매자 간의 경쟁을 통하여 질병금고가 전략적인 구매자 기능이

---

5 모든 국민에게 동일한 방법의 보험료 부과는 소득을 기준으로 할 수밖에 없음.

가능하도록 하여 의료체계의 효율성 제고는 물론 반응성도 높일 수 있다는 점에서 매우 발전된 모형임.

2) 관리된 경쟁과 스튜어드십

● 의료가 인간의 기본권이라는 세계인권선언의 정신에 따라 전 국민의 의료를 정부가 보장함에 따라 의료이용은 수요가 아니라 필요도를 토대로 결정됨. 따라서 의료보장국가는 시장원리가 아니라 정부계획에 따른 명령과 통제가 운영원리가 되었음. 명령과 통제는 경쟁과는 거리가 있었고 관료적인 행정으로 인하여 효율성을 달성하기 어려웠음.

● 1980년대 신자유주의가 등장하면서 경쟁을 통한 효율성 제고가 전 분야로 확산되면서 의료 분야에도 경쟁원리를 도입하는 개혁이 제기되어 네덜란드를 필두로 관리된 경쟁모형이 대두하게 되었음.

● 관리된 경쟁모형은 미국에서 처음 시작되었음. 이 모형은 종래의 미국 의료체계가 경쟁과 정부의 규제가 공존하던 것을 경쟁과 규제를 혼합 blending시켜 규제된(혹은 관리된) 틀 속에서 경쟁할 수 있도록 한 특징이 있음 (Enthoven, 1993).

● 엔토벤에 의하여 제시된 관리된 경쟁모형은 1989년에 발표된 네덜란드의 데커 개혁안으로 사회보험에 작용할 수 있게 됨.
   - 의료서비스는 정보가 비대칭적이라 의사인 공급자는 환자의 진료대리인 기능을 하게 됨. 이때 의사가 비합리적 대리인으로 역할하게 된다면 과잉진료를 통하여 환자의 의료비 부담이 많아짐.
   - 이러한 불합리한 거래를 방지하기 위하여 과거에는 정부가 공급자를 규제하였음. 그런데 정부 규제가 오히려 공급자들을 유리하게 하는 경향이 있어 엔토벤은 환자를 위한 재정관리대리인(보험자)을 따로 설정하여 진료대리인인 공급자와 재정관리대리인인 보험자가 시장에서 경쟁하는 모형을 설정하였음.[6]

---

6 이 이론은 1990년대 후반에는 전략적 구매 이론으로 발전하여 구매자와 공급자가 계약을 통하여 경쟁이 가능하도록 전개되었음.

● 네덜란드형 관리된 경쟁모형은 가입자들에게 질병금고를 선택할 권리를 부여하고, 질병금고는 더 많은 가입자를 확보하기 위하여 공급자를 경쟁 시켜 비용 절감과 의료 질을 향상시킨다는 것임.

  - 이때 정부는 경쟁이 제대로 이루어질 수 있도록 후원자sponsor 기능을 맡아, ① 질병금고의 위험 선택을 방지하여 고위험군이 차별받지 않도록 감시하고, ② 의료기관의 카르텔화를 방지하며, ③ 질병금고의 담합을 방지하고, ④ 의료서비스의 질 관리를 위한 모니터링을 하도록 하였음(이규식, 1997).

● 네덜란드는 2006년 의료개혁을 통하여 강제로 전 국민을 건강보험에 가입시키고,[7] 보험자(구매자)를 민간보험회사에 위탁하면서 모든 건강보험재 정은 중앙기금이라는 단일기금에 집중시키도록 하였음.

  - 중앙기금은 징수된 보험료와 정부 보조금을 구매자(지불자)인 보험자 (보험회사)에 배분하고, 보험자가 진료비를 공급자에게 지불하도록 제도를 설계하였음.

  - 국민들은 보험자인 구매자를 선택하며, 구매자와 공급자가 의료시장에서 경쟁을 통하여 의료서비스를 국민에게 제공하도록 함.

  - 이렇게 함으로써 구매자인 보험자가 전략적인 구매자 기능을 하도록 개혁하였음.

● 네덜란드의 개혁안은 독일로 건너가 2007/2009년 개혁을 통하여 중앙 기금을 설립하고 보험료나 정부보조금은 모두 중앙기금에 집중시킴. 중앙 기금은 이 재정을 구매자인 보험자(질병금고)에게 배분하고 있음.

  - 소비자인 국민이 질병금고(구매자)를 선택하면 질병금고가 소비자를 대신하여 공급자와 경쟁을 통하여 의료서비스를 공급하는 방식으로 네 덜란드 모형과 거의 유사하게 단일기금(중앙기금)에 다수의 구매자(질병 금고)로 구성하고 있음.

● 네덜란드 모형과 독일 모형은 근본적으로 구매자 간의 경쟁을 통하여 공

---

7 네덜란드는 2005년까지는 일정 소득 이상의 사람들은 건강보험에서 제외시켜 국민의 약 63% 정도만 건강보험 에 가입되어 있었음.

급자와 경쟁한다는 관리된 경쟁모형에서는 차이가 없으나 두 나라 모형은 다음과 같은 점에서 약간의 차이가 있음.

- 중앙기금의 구성에 있어서 독일은 보험재정의 전부를 소득비례보험료로 하는 데 반하여 네덜란드는 보험재정의 50%만으로 중앙기금을 조성하고,[8] 나머지 50%는 구매자인 보험자가 가입자 1인당 정액보험료 nominal premium를 부과하여 보험자 선택을 정액보험료 크기로 할 수 있게 하였음.

- 구매자인 보험자를 독일에서는 기존의 질병금고를 활용하였는 데 반하여 네덜란드는 경쟁을 더욱 활발히 촉진하고, 보험경영의 효율화를 도모하기 위하여 질병금고를 폐쇄하고 민간보험회사를 활용하여 보험 관리를 위탁하고 있음.

- 중앙기금을 구매자인 보험자에게 배분함에 있어서 독일은 위험구조보상 morbidity-based risk structure compensation에 의거하여 가입자들을 152개 위험군으로 구분하여 이 기준을 토대로 배분하는 데 반하여 네덜란드는 가입자의 성, 연령, 소득, 거주지역, 약제비 사용에 따른 위험도, 질병군을 고려하여 사전적으로 배분하고, 배분된 예산을 사용한 후에 사후 조정도 하고 있음.

3) 건강보험의 관리된 경쟁모형 구축 방안

● 우리나라 건강보험에서 관리된 경쟁모형을 구축하기 위한 전제 조건으로는 전 국민에게 단일 방식의 보험료가 부과되어야 하는 것임. 단일보험료 부과를 통하여 어떠한 구매자를 선택하더라도 보험료를 내는 방법이 동일해야만 공정한 룰에서 구매자 선택이 가능함.

● 보험료 부담에서 형평이 이루어지면 다음은 경쟁원리를 도입하여 운영의 효율성을 높여야 함. 건강보험의 효율성은 관리비의 절감도 중요하지만 보험급여비 절감이 더 중요함.

● 보험급여비 절감을 위해서는 현재와 같은 단일구매자에서 벗어나 복수구

---

8 두 나라 모두 중앙기금에 정부의 보조금이 별도로 있음.

매자로 만들고 의료이용자인 국민들에게 구매자를 선택하도록 하여 구매자가 전략적 구매 활동이 가능하도록 만들어야 함. 건강보험에서 전략적 구매가 가능하기 위해서는 다음과 같은 전략이 요구됨.

● 현재의 건강보험 관리방식은 관료화를 심화시키고, 조직 간의 업무의 명확성이 결여되어 관리비용만 많이 소요되는 문제가 있음. 현재의 문제점을 요약하면 다음과 같음.
  - 조직이 공단지사, 지역본부, 공단본부로 3단계로 구조화되어 있는데 먼저 공단본부의 기능은 복지부의 정책기능과 겹쳐 보험자로서의 위상이 모호함.
  - 지역본부는 대규모 조직의 관리상 불가피하게 지사와 공단본부 간 업무의 가교 역할을 할 뿐 자율적인 기능은 거의 없음.
  - 공단지사는 보험료 부과 징수 업무와 민원처리 업무에 거의 대부분의 시간을 보내고 가입자에 대한 적극적인 서비스나 급여관리와 같은 보험자의 본질적인 업무는 상당히 제한적인 문제가 있음.

● 이와 같은 정체성이 모호한 관리체계를 전면적으로 개편해야 함.
  - 먼저 공단본부를 중앙기금으로 전환시키고 조달된 재정(보험료, 국고지원, 담배부담금)을 구매자인 지사(구매자)[9]에 배분하도록 함.
  - 전 국민에게 단일 적용할 수 있는 보험료 부과는 소득을 기준으로 하는 것이기 때문에 보험료 부과 및 징수는 국세청에 위임하여도 무방할 것임.
  - 공단지역본부는 필요 없는 조직이니 해체시켜도 무방함.
  - 중요한 것은 지사의 기능으로 지사가 구매자 기능을 할 수 있도록 기능을 전환시킨 후, 가입자에게 공단지사를 선택할 수 있는 권리를 부여하고 지사를 경쟁시켜야 함.
  - 가입자가 지사를 선택할 권리는 연 1회로 한정하고, 지사가 책임경영을 할 수 있도록 재정관리에 대한 책임을 부여하여 독립적인 법인수준으로 위상을 높여야 함.

---

9 공단 지사는 급여관리자이면서 의료서비스 구매자 기능을 부여함. 지사기 독립된 기구로 만드는 것은 당장하지 않고 차후에 하여도 될 것임.

- 공단지사가 구매자 기능을 하려면 현재의 인력으로는 부족하며, 보험료 부과 및 징수를 위하여 배치된 인력을 급여관리에 활용하여야 할 것임.

● 건강보험심사평가원은 중앙기금(건강보험공단)에 소속시켜 진료비 심사는 물론 중앙기금이 구매자에게 재정을 합리적으로 배분할 수 있도록 지표를 개발하는 등의 과제나 의료 질 관리 등의 기능을 강화할 수 있도록 해야 함.

● 중앙기금은 보험재정을 지사(구매자)에 배분할 때 가입자의 수에 비례하여 배분하되, 독일이나 네덜란드에서 택하고 있는 방식으로 가입자의 성과 연령 등을 고려하여 위험에 비례하도록 배분 지표를 개발해야 함.
  - 지사는 배정받은 재정으로 가입자들이 이용한 진료비를 의료기관에 지불함.
  - 공단지사(구매자)는 중앙기금(공단본부+심평원)으로부터 배정받은 재정을 모두 지출하고 부족할 경우에는 가입자들에게 1인당 정액보험료를 추가로 징수하도록 하고, 남을 경우에는 가입자들에게 특별한 서비스를 제공하도록 함.

● 가입자들은 추가 특별 서비스를 제공하는 지사를 선택할지, 정액의 추가 보험료를 부담시키는 지사를 선택할지를 매 1년 단위로 결정하여 지사를 바꿀 수 있도록 함.

● 이렇게 할 경우 공단지사(구매자)는 가입자들을 확보하기 위해서 급여관리에 많은 노력을 할 것이며, 가입자들에게 친절은 물론 민원 발생을 근원적으로 해결하기 위한 여러 가지 서비스 프로그램을 전개할 것임.

● 지사는 급여관리를 위해서 공급자들을 경쟁시키고, 가입자의 과다의료이용을 예방하기 위한 건강증진이나 질병관리 프로그램의 도입과 같은 다양한 노력을 할 것임.

● 이러한 지사의 노력이 바로 전략적 구매기능이 될 것이며, 이러한 기능을 원활하게 수행하기 위해서 요양기관계약제는 필수적임.

- 요양기관은 계약을 중앙기금과 하는 것이 아니라 공단지사(구매자)와 하도록 함. 다만 수가계약은 중앙기금과 의료기관 단체 간의 단체계약으로 함.

● 이렇게 구매자의 분리를 통한 경쟁을 도입할 경우, 중앙기금의 역할도 정부와 다르게 명확해질 수 있음. 중앙기금이 갖는 재정의 배분을 위한 산식의 개발, 가입자에게 구매자인 지사 선택을 돕기 위한 정보의 제공, 특히 가입자에게 각 지사와 계약한 의료기관에 관한 정보의 제공, 구매자(공단지사)의 성과 평가에 따른 인사고과 등의 많은 새로운 업무가 생기게 되어 공단인력의 감축과 같은 일은 일어나기 어려울 것임.

4) 요양기관 계약제의 도입
● 건강보험제도 내에서 전략적 구매를 하기 위해 필수적으로 도입해야 할 제도는 요양기관 계약제로, 가급적 빠른 기간안에 도입되어야 할 것임.

● 건강보험의 경쟁모형에서 핵심 역할은 구매자인 보험기금이 해야 하는데 구매자는 가입자의 재정관리 대리인 역할을 하여 공급자와 의료시장에서 경쟁할 수 있어야 함.
- 이러한 관리 방법은 가입자의 진료대리인 기능을 하는 의료공급자들을 합리적 대리인이 되도록 유도하는 방안이라 하겠음.

● 구매자(보험기금)와 요양기관 간의 계약은 1년 단위로 하되 연장이 가능하도록 함. 계약제를 하면 구매자는 의료의 질이 높은 의료기관과 계약을 할 것이며, 그 지표는 의료기관인증 여부가 될 것임. 그리고 진료비를 부당청구하는 의료기관은 계약에서 제외시켜 합리적인 급여관리가 가능토록 할 수 있을 것임.

● 계약제 실시의 전제 조건은 계약이 구매자(보험기금)들과 개별 의료기관 간에 이루어져야 함. 그런데 의료기관들이 수가계약에서 유리한 위치를 차지하기 위해 담합하여 단체로 계약을 거부하게 되면 정부는 공정거래 위반으로 엄격하게 다스려야 할 것임. 역으로 구매자(보험기금)들이 수가를

낮추기 위하여 담합하는 행위도 엄격하게 다스려야 함.

- 보험수가에 대한 협상은 중앙기금과 의료기관 대표 간의 단체계약으로 하고, 보험에 참여 여부는 요양기관이 독자적으로 결정하는 개별계약을 하도록 해야만 수가의 표준이 이루어지고, 담합을 예방할 수 있을 것임.

- 일부에서는 요양기관계약제가 실시되면 부자들은 비계약병원을 이용하고, 비계약병원 이용을 하기 위하여 민영의료보험에 가입하게 되기 때문에 건강보험에서 탈퇴하여 건강보험이 붕괴된다는 가설을 주장하며 요양기관계약제를 반대하고 있으나, 이러한 주장은 논리적인 타당성이 없음(이규식, 2016b).
  - 건강보험은 법에 의하여 모든 국민이 강제로 가입해야 하기 때문에 건강보험에서 탈퇴는 불가능함.
  - 요양기관계약제와 건강보험계약제는 전혀 다른 의미이며, 사회보험방식의 건강보험제도를 운영하는 국가로서 선택적 가입을 허용하여 계약방식을 택한 국가는 없음. 또한 대체형 민영보험을 허용하는 사회보험 국가도 없음.[10]

3. 전략적 구매와 스튜어드십

- 〈World Health Report 2000〉에서 WHO가 제안한 전략적 구매는 의료보장제도의 스튜어드십에서 매우 중요함. 전략적인 구매를 위해 전제되는 조건은 구매자의 선택에 있음.

- 전략적 구매가 스튜어드십에서 갖는 중요한 의미는 다음과 같음(Robinson, Jakubowski and Figueras, 2005).
  - 첫째, 전략적 구매를 통하여 달성 가능한 목표는 국민들의 건강수준 향상, 의료의 질 향상, 소비자의 권리 및 반응성 향상을 들 수 있음.
  - 둘째, 전략적 구매 이론은 제도 경제학이나 조직 경제학의 새로운 발

---

10 독일이 유일하게 소득 상위 10% 계층에 한하여 대체형 민영보험의 가입을 허용하고 있을 뿐임.

전을 바탕으로 하는데, 여기에는 계층제, 시장, 네트워크 각각의 장점을 포함하여 경제적 조직의 대안적인 방법에 대한 논의와 조직 행동을 이해하기 위한 신공공행정NPM이 포함됨. 거래에 따른 순비용에 의한 거버넌스의 비교, 주체와 대리인이 포함되는 거래의 행태에 의하여 중재되는 거버넌스 구조와 산출물 간의 관계 설정 등도 포함.

- 셋째, 구매에 있어서 시장과 경쟁의 역할, 구매와 관련하여 시장을 토대로 할 때의 장점, 그리고 구매에서 시장을 활용하는 전략적 구매를 통하여 소비자의 반응성을 제고할 수 있음.

- 넷째, 전략적 구매는 소비자의 참여와 책무성을 다루며, 구매자는 소비자의 대리인이 됨. 또한 전략적 구매는 환자권리 운동으로 연결되고 있어 스튜어드십에서 매우 중요한 내용이 됨.

- 다섯째, 전략적 구매는 계약을 통하여 공급자들의 행태를 바꾸는 중요한 기능을 하게 됨. 공급자는 의료체계의 중요한 참여자이기 때문에 참여자에 대하여 영향을 행사하는 전략적 구매는 스튜어드십의 과제가 됨.

● 전략적 구매에서 스튜어드십의 역할은 〈그림 2〉와 같이 설명할 수 있음.

구매의 과제	스튜어드십 기능		구매 하위 기능
누구를 위한 구매?	의료보장 가입자 정의		이용 환자의 정의
무엇을 구매?	급여 내용 결정		구매할 서비스 결정
누구로부터 구매?	구매 원칙 수립		공급자 결정
어떻게 지불?	지불제도 결정		공급자에게 지불
얼마나 지불?	보조금		수가표 관리

그림 2. 구매의 과제와 스튜어드십 기능과의 관계(자료: Preker et al., 2007)

- 재정공정성financing fairness은 WHO(2000)가 설정한 의료체계의 목표 가운데 하나로 의료보장제도를 통한 사회 연대성 확보를 위하여 매우 중요한 과제가 되고 있음.
  - 재정의 공정성이 보장되어야 전략적 구매가 가능함.

- 재정의 공정성에는 두 가지 과제가 있음(Murray and Frenk, 2000).
  - 첫째는 의료재정을 부담한 후에 가계가 빈곤해져서는 안 된다는 것으로, 부담의 한계를 넘는 초과지급이 가계를 빈곤하게 만들 수 있다는 것임.
  - 둘째는 가난한 가계는 부유한 가계에 비하여 기여금이 적어야 한다는 것으로 의료재정에 대한 기여금은 가처분소득을 반영해야 한다는 것임. 극빈층의 경우 공정한 부담은 의료재정에 대한 기여를 면제하여 주는 것도 포함.

- 첫 번째 과제는 재난적 의료비catastrophic health expenditure 지출[11]로 인하여 가계가 빈곤해지는 것을 방지해야만 한다는 것으로 포괄적인 급여가 건강보험에서 이루어진다면 재난적 지출을 예방할 수 있을 것임.

- 두 번째 과제는 재정 조달의 공정성으로 같은 재정을 사용하는 재정 단위에 속하는 가입자(피보험자)에게는 같은 원칙으로 재정을 조달할 때 달성 가능함.
  - 독일의 경우 2007/2009년 의료개혁을 통하여 질병금고는 달리하여도 중앙기금을 통하여 모든 국민들이 동일한 재정을 사용하기 때문에 모든 국민에게 소득 기준 동일한 비율로 보험료를 부과하여 공정성을 유지하고 있음.

---

11 재난적 의료비에 대한 정의는 크게 두 가지로 나누어짐. Wagstaff and van Doorslaer(2003)는 주어진 기간에 가계소득의 일정률 이상이 직접의료비(OOP)로 지불될 때로 정의하고 있으며, Xu(2005)는 가구의 지불능력(non food expenditure) 중 40% 이상을 직접 의료비로 지불한 경우로 정의하고 있으나, 국가의 상황에 맞게 10-40% 값을 사용할 수 있다고 하였음.

● 우리나라는 건강보험을 통합하여 모든 국민이 단일기금을 사용하고 있음에도 불구하고 보험료 부과는 과거 보험조합에서 사용하던 부과 방식에서 크게 벗어나지 못하여 근로자와 지역주민들의 보험료 부과를 달리하는 모순을 갖고 있음. 동일한 재정을 사용하는 한, 동일한 방법의 보험료 부과를 통하여 재정의 공평한 조달이 시급이 이루어져야만 제대로 된 스튜어드십을 유지할 수 있을 것임.

5. 반응성과 스튜어드십

● WHO(1996)는 '류블랴나 헌장'[12]에서 '시민 중심의 원칙'으로 반응성 responsiveness을 발표하고 2000년에는 〈The World Health Report 2000〉를 통하여 각국 의료체계의 목표의 하나로 제시함에 따라 중요한 개혁과제 중 하나가 되고 있음.

● WHO(2016)에서 이야기하는 반응성은 사람들이 의료체계를 통하여 갖는 건강증진과 같은 의료적인 기대와는 별개로, 의료체계와의 접촉을 통하여 합리적으로 갖는 기대를 충족시킬 수 있는 능력으로 정의하고 있음.
   - 합리적인 기대legitimate expectation란 세계적인 인권의 규범과 의사로서의 전문가 윤리international human rights norms and professional ethics의 용어로 정의되고 있음.
   - 의료체계 반응성의 핵심은 소비자중심주의인데, 1990년대에 이르러 이 개념은 소비자 운동 또는 소비자 행정과 같은 규제의 차원에서 벗어나서, 주로 인간과 환경을 지킨다는 새로운 가치 기준에 입각해 사회·생태학적 균형과 인간복지를 지향함. 더불어 보다 높은 차원의 소비자 주권을 확립시키는 이념으로 발전되었음.[13]

---

12 류블랴나 헌장(Ljubljana Charter)에서 의료개혁을 통하여 의료체계가 갖추어야 할 요건으로 value-driven, health-focused, people-centered, quality based, financially sound and oriented towards primary health care를 제시하여 시민(소비자)중심의 체계를 강조하고 있음.

13 국제소비자기구(Consumers International, CI)가 규정하고 있는 소비자 권리에는 ① 기본적인 필수품에 대한 접근할 권리, ② 안전할 권리, ③ 소비자 권익 향상을 위한 소비자 운동을 전개할 권리, ④ 다양한 상품이나 서비스를 자유롭게 선택하고 구입할 수 있는 권리, ⑤ 소비자의 욕구, 의견, 선호 등을 국가 또는 지방자치단체의 소비자 정책이나 기업의 경영 활동에 반영할 권리, ⑥ 상품이나 서비스의 사용으로 인한 신체, 재산상의 피해에 대해 신속하고 적절하게 보상을 받을 권리, ⑦ 소비자 교육을 받을 권리, ⑧ 쾌적한 환경에서 살 권리(환경소비자 운동) 등을 포함하고 있음.

● 종래까지 의료체계의 성과를 평가할 때 항상 논의되던 고전적인 패러다임인 '형평성과 효율성'에서 한 단계 나아가 다른 시각을 제시하여 2000년대 개혁의 특징을 보이고 있음.

● Murray and Frenk(2000)나 De Silva and Valentine(2000)는 의료체계의 반응성을 사람에 대한 존중과respect for persons과 환자중심client orientation의 두 가지 각도에서 고찰하고 있음.

● 사람에 대한 존중은 개인이 의료체계와의 접촉interaction에서 필요한 윤리적인 차원에 대한 것으로 3가지 측면을 제시하고 있음.
  - 첫째는 환자 품위에 관한 존중respect for dignity으로 감염병에 감염된 사람을 격리하거나 유전적 결함이 있는 사람에게 불임수술을 하는 등의 의료행위는 건강수준을 향상시킬 수 있으나 자칫 인간의 기본권을 해칠 수 있다는 점을 유의하고 있음. 또한 환자 품위에 관한 존중에는 환자가 의료인을 만날 때 문진이나 신체적 검진에서 당황스러운 일이 생기지 않도록 의료인은 공손함과 세심함과 같은 배려를 강조하고 있음.
  - 둘째는 개인의 자율성에 대한 존중respect for individual autonomy으로 개인에게 자신의 건강과 관련하여 받아들여야 할 의료행위와 받아들이지 말아야 할 의료행위를 자율적으로 선택할 권리가 주어져야 한다는 것임.
  - 셋째는 비밀에 대한 존중respect for confidentiality으로 개인은 자신의 건강정보에 대한 비밀을 보장받을 권리를 가져야 한다는 것임.

● 환자중심 차원의 반응성이란 건강수준 향상 측면이 아닌 소비자만족도 측면에서 다음의 4가지 요소를 포함하고 있음.
  - 첫째는 건강상의 필요도에 대한 즉각적인 주목prompt attention to health needs이 중요하다는 것임. 일반 대중은 즉각적인 주목이 진료나 치료 대기에서 오는 불안이나 근심을 해소하여 더 좋은 치료 효과를 얻는다는 것임.
  - 둘째는 의료서비스와 관련하여 기본적인 안락함basic amenities과 관련하여 일반 대중은 깨끗한 대기실, 적절한 병상과 병원 식사와 같은 문제에 기대감이 크다는 것임.
  - 셋째는 치료를 받는 동안의 사회적인 지원 네트워크에 대한 접근성

access to social networks for individuals receiving care으로, 치료나 회복을 위한 사회
적인 지원 네트워크에 대한 접근성에 대한 기대가 치료 효과를 높이기
때문에 중요하다는 것임.

　- 넷째는 치료기관이나 의사에 대한 선택choice of institution and individual providing
care의 허용으로 환자들의 만족도를 높일 수 있는 방법으로 중요한 요소
가 됨.

● WHO(2000)는 의료체계 목표로서 건강에 대하여 수준health improvement과
함께 형평equity을 중시하는 것과 마찬가지로 반응성에서도 수준과 형평을
중요시하고 있음. 반응성의 형평도 건강형평성과 같이 사회적·경제적·인
구학적 및 기타 요소에 의하여 결정된다고 보고 있음. WHO의 의료체계
의 목표의 평가 요소와 관련된 내용을 정리하면 〈표 2〉와 같음.

의료체계의 목표	평가 요소	
	Average level	Distribution(equity)
건강	√	√
반응성	√	√
재정 조달의 공정성	–	√

표 2. 평가 요소와 관련된 WHO 의료체계의 목표(자료: Murray and Frenk, 2000)

6. 규제와 스튜어드십

● 의료정책이 참여자들의 신뢰성을 얻고 윤리적 기반 위에서 운영되기 위
해서는 적절한 규제regulation를 필요로 함.

● 규제는 의료정책의 비전에 따라 설정되는 전략적 계획의 실행에 매우 중
요한 역할을 하는 것으로, 의료체계에 관련되는 모든 사람들이 따르도록
행동을 강제하여 의료정책이 실질적인 효력을 발휘할 수 있게 하는 수단
이 됨.

　- 규제에는 법률의 제정이나 시행령과 같은 제도적인 조치가 필요하며,

민간의료기관의 참여에서 영리성을 배제하는 윤리적인 문제도 포함되어야 함.

- 규제에는 정책 수행의 모니터링, 감독supervision, 보고, 회계 그리고 구매의 모든 측면이 관련이 됨.

7. 스튜어드십의 확립을 위한 정보의 활용

● 정보통신기술Information, Communication and Technology, ICT의 활용은 의료정책의 효율성과 의료서비스 제공 형태의 획기적인 변화를 초래하여 스튜어드십에서도 변혁이 일어나고 있음. 이미 앞에서 새로운 스튜어드십의 등장 배경 중 하나가 21세기 들어 산업사회가 지식기반사회로의 전환됨에 따른 결과라 하였는데, ICT의 발전이 지식사회로의 전환을 촉진하게 되었기 때문에 스튜어드십에서 정보 활용이 매우 중요함.

● ICT 발전이 의료 분야에서는 건강보험의 진료비 청구와 심사 지불에 활용되어 의료행위와 비용상환 간의 시차를 단축할 수 있었고, 병원에서는 처방전달시스템OCS이라든가 의료영상저장전달시스템PACS[14] 등을 도입하여 병원정보시스템Hospital Information System, HIS을 구축하였으며, 행정적인 측면에서는 빅데이터 구축을 가능하게 만들어 정부에 의한 의료관리를 용이하게 하여 거버넌스 구조에 큰 변혁을 이루었음.

● 의료이용과 관련하여 많은 정보가 생산됨에도 불구하고, 여전히 활용에는 미흡함이 있음. 특히 개인정보보호라는 족쇄로 인하여 건강관리에 유용하게 활용될 수 있는 건강검진정보라든가 의료이용에 관한 빅데이터가 사장되기도 함.

- 의료정보는 정책의 우선순위 결정에 활용하도록 하고,
- 보건·의료체계의 능력 향상을 위한 전략에 활용하며,
- 또한 의료의 질 향상에 활용하도록 유의해야 할 것임.

---

14 의료영상을 필름이 아니라 디지털로 촬영하여 보관 및 관리하고 고속통신망을 통하여 전송함으로써 병원 내의 각 진료과에서 쉽게 영상을 볼 수 있을 뿐 아니라 병원 밖으로 전송도 가능한 시스템을 말함.

● ICT 발전과 원격의료의 도입은 의료서비스의 공급 행태를 병원중심에서 지역사회중심으로 바꾸는 계기도 되었음. 지역사회중심의 의료체계를 통하여 유럽 국가들은 입원일수를 단축하게 되었고, 그러한 결과 급성기병상수를 줄이기도 하였음.

- 특히 고령화와 만성질병 구조는 원격의료의 유용성을 더욱 높이도록 하였음.
- 원격의료에 의료민영화 낙인을 붙이는 것은 원격의료의 모형을 잘 개발하지 못하였기 때문임. ICT 강국에서 원격의료를 도외시하는 것은 문제가 있음.

V. 결론

● 우리나라에서 스튜어드십의 개념은 다소 생소하더라도 의료정책이 장기적인 비전을 갖고 이를 실천할 계획을 통하여 의료체계의 반응성을 높이고, 재정의 공정성을 높이기 위해 전통 행정학의 관료적 계층제에서 벗어나기 위해서 반드시 확립되어야 할 과제라 하겠음.

● 스튜어드십의 개념을 통하여 의료체계의 관리를 정부의 명령에 의존하는 것이 아니라 이해 관련자들의 참여 속에 도덕성을 갖춘 규제가 이루어지고, 건강보험에서는 구매자의 전략적 구매활동이 활발하게 이루어지도록 함으로써 과거의 효율성/형평성 위주의 정책에서 한 단계의 나아가 반응성도 고려하는 정책이 이루어져야 할 것임.

참고 문헌

이규식 (1997), 사회보험의 개혁과 경쟁원리, 보건경제연구, 3: 107-134.

이규식 (2016a), 의료보장론, 서울: 계축문화사.

이규식 (2016b), 의료산업화와 건강보험개혁, 이슈페이퍼 17호, 건강복지정책연구원.

이명석 (2007), 거버넌스의 이해: 사회적 조정양식으로서의 거버넌스, 성균관대학교 국정관리대학원, 11월 28일 자 강의안.

Armstrong JL (1997), *Stewardship and Public Service*, Ottawa: Canadian Public Service Commission (recited from Saltman and Ferroussier-Davis, 2000).

De Silva A and Valentine N (2000), *Measuring Responsiveness: Results of a Key Informant Survey in 35 Countries*, GPE Discussion Paper No. 21, Geneva: WHO.

Enthoven AC (1993), The history and principles of managed competition, *Health Affairs*, 12 (Supplement): 24-48.

Forder J, Robinson R and Hardy B (2005), Theories of purchasing, in *Purchasing to Improve Health Systems Performance*, edited by Figueras J, Robinson R and Jakubowski E, European Observatory on Health Care Systems and Policies Series, Copenhagen: WHO Europe.

Hunter DJ, Shishkin S and Taroni F (2005), Steering the purchaser: stewardship and government, in *Purchasing to Improve Health Systems Performance*, edited by Figueras J, Robinson R and Jakubowski E, European Observatory on Health Care Systems and Policies Series, Copenhagen: WHO Europe.

Kickbusch I and Behrendt T (2013), *Implementing A Health 2020 Vision: Governance for Health in the 21th Century*, Making it Happen, Copenhagen: WHO Europe.

Murray CJL and Frenk J (2000), A framework for assessing the performance of health systems, *Bulletin of the World Health Organization*, 78(6): 717-730.

Osborne D and Gaebler T (1993), *Reinventing Government*, New York, NY: Plume.

Preker AS, Haslinger RR, Busse R and Rosenmöller M (2007), Stewardship, gover-nance, and management, in *Public Ends, Private Means, Strategic Purchasing of Health Services*, edited by Preker AS, Liu X Velenyi EV and Baris E, Washington DC: The World Bank.

Rhodes RAW (1996), The new governance: governing without government, *Political Studies*, 44: 652-667.

Robinson R, Jakubowski E and Figueras J (2005), Introduction, in *Purchasing to Improve Health Systems Performance*, edited by Figueras J, Robinson R and Jakubowski E, European Observatory on Health Care Systems and Policies Series, Copenhagen: WHO Europe.

Saltman RB and Ferroussier-Davis O (2000), The concept of stewardship in health policy, *Bulletin of the World Health Organization*, 78(6): 732-739.

Smith PC et al. (2012), Leadership and governance in seven developed health systems, *Health Policy*, 106(1): 37-49.

Travis P, Egger D, Davis P and Mechbal A (2002), *Towards Better Stewardship: Concepts and Critical Issues*, Evidence and Information for Policy, WHO/EIP/ DP/02.48 Distribution: General Original: English, Geneva: WHO.

Wagstaff A and van Doorslaer E (2003), Catastrophe and impoverishment in paying for health care: with application to Viet Nam 1993-98, Health Economics, 12(11): 921-934.

WHO (1996), *Ljubljana Charter on Reforming Health Care in Europe*, Slovenia, 19 June.

WHO (2000), *The World Health Report 2000-Health Systems: Improving Perfor-mance*, Geneva: WHO.

WHO (2008), Stewardship/Governance of Health Systems in the WHO European Region, Regional Committee for Europe Fifty-eighty session, Tbilisi, Georgia, 15-18 September 2008, WHO Europe.

WHO (2016), Health Systems Responsiveness(http://www.who.int/ responsiveness/hcover/en/, 2017년 4월 10일 접속).

Xu K (2005), Distribution of health payment and catastrophic expenditure methodology, *Discussion Paper*, no 2-2005, Geneva: WHO.

의료 분야 규제제도의 개혁

이 규 식 연세대학교 보건행정학과 명예교수

Ⅰ. 서론

- 의료 분야의 규제에 대한 관심[1]은 1990년대 유럽지역에서 일어난 의료개혁에서 기업가적 주도권 내지는 진취성entrepreneurial initiatives의 등장에 기인하고 있음(Saltman and Busse, 2002). 우리나라도 2008년 이명박 정부가 집권하면서 기업친화business friendly정책이 강조됨에 따라 의료 분야의 규제에 대한 검토가 반짝 등장하기도 하였음.

- 의료 분야에서 시장가격기구를 기반으로 하는 경쟁원리와 정부의 개입을 토대로 하는 규제정책이라는 상반된 개념에 대한 논의는 이미 1970년대 미국의 보건경제학자들에 의해 제기되었음. Feldstein(1979)은《보건경제학Health Care Economics》초판에서 규제에 대하여 전통경제이론과 규제의 경제

---

1 여기서 규제라 함은 협의적 의미의 정부에 의한 통제만이 아니라 의료 분야를 정부 의도대로 유도하기 위한 인센티브나 육성과 같은 개입(intervention)을 모두 포괄하는 개념으로 받아들여야 함.

이론이 보는 시각이 각기 다르다는 점을 기술하였음.[2]

● 제2차 세계대전 이후 세계인권선언에 따라 의료(건강)가 인간의 박탈할 수 없는 기본권리inalienable right의 하나로 인식되고, 정부에 의한 의료보장을 모든 산업화 국가들이 받아들이면서 의료 분야에 대한 정부의 규제는 당연한 것으로 생각되었음.

● 그러다, 1989년 영국은 NHS제도에서 내부시장internal market 모형과 네덜란드의 관리된 경쟁모형managed competition이라는 개혁 방안이 제시됨에 따라 1990년대 의료 분야는 획기적인 재편성과 함께 기업가적 활동이 강조되는 변화가 이루어졌음.

● 유럽의 경험은 기업가주의가 의료 분야의 재구조화를 유도하는 지렛대가 되었음을 보여 주고 있음. 기업가적 행태가 혁신을 자극하고, 서비스나 새로운 생산물을 찾아내어 개발하고, 산업화하는 데 촉매제 역할을 한다는 것임. 기업가주의의 교훈을 공공이나 비영리민간 분야에 적용하려는 사람들은 비록 사회적 기업의 목표가 영리기업과는 다르지만 혁신을 자극하고 새로운 서비스를 창출하는 등의 역할은 적용 가능할 것이라는 점임 (Saltman and Busse, 2002).

● 그러나 공공영역의 정책가들은 조금 다르게 생각하여 기업가 정신의 거시적인 장점을 고려하고, 투자된 자원에서 얻게 될 산출물을 극대화할 수 있는 장점을 고려하여 "better value for money"를 강조하지만, 국가에 의하여 효과적인 규제의 울타리가 없다면 긍정적인 효과가 제한된다는 점을 들고 있음.
  - 예컨대 민영보험이 통제받지 않을 경우, 더 많은 가입자 확보를 추구하면서 고위험군은 배제시키는 문제를 나타낼 것이라는 점.
  - 정부 규제가 없을 경우, 능력 없는 외과 의사의 수술, 처방전 없는 임

---

2 Feldsteind은 1988년에 발간한 제3판에서 이론을 더욱 정교화하여 전통경제학에서는 규제가 공공의 이익 (public interest view)을 위하여 존재한다고 보는 반면에, 규제의 경제이론은 규제가 특정이해 그룹의 이익 (special interest group)을 위하여 존재한다고 설명하고 있음.

의조제, 시효 지난 의약품의 유통과 같은 문제가 생기게 된다는 것임.

● 이러한 부작용을 제거하기 위하여 규제가 불가피해지고, 규제의 범위는 포괄적이고 복잡해져 다양한 규제 메커니즘이 등장하게 됨. 의료 분야에서 시장에 의존하는 정도가 커질수록 규제가 증대하고, 투입물 중심에서 산출물 중심으로 규제가 이루어지는 경향이 있다는 것임.

　- 그리고 정부는 '노 젓기는 적게 하고, 방향타는 더욱 확실히 하는row less but steer more' 경향이 있음.

● 국가의 감독 책무supervisory responsibility는 스튜어드십이라는 용어로 진화되어 의료 분야의 전반적 정책이나 관리management에서 의무적으로 적용되고 있음(Saltman and Busse, 2002).

　- 스튜어드십의 개념은 국가로 하여금 의료체계가 전반적으로 윤리적인 바탕에서 작동하도록 하고, 재정적인 효율성을 추구하는 방향으로 이끌고 있음을 나타냄.

　- 즉, 스튜어드십의 중심 도구인 규제는 윤리성와 효율성을 전제하고 있다는 것임.

● 우리나라에서는 의료 분야는 시장경쟁이 허용되기 어려운 영역으로 간주하여 규제를 당연시하고 있음. 그러나 규제에 대한 이론이나 원칙이 없이 행정 편의적으로 이루어져 규제가 있어야 할 곳에는 규제가 없고, 규제가 없어야 할 곳에는 규제가 이루어지는 등의 문제가 있음. 의료가 국민들에게 보다 안전하고, 양질의 서비스로 제공되기 위해서는 규제가 이론과 원칙의 토대 위에서 제공되어야만 할 것임.

1. 규제의 정의

규제를 단일하게 정의하기는 어려움. 규제는 학문적인 관점, 정치적 과제 political agenda, 가치관 등에 따라 다양하게 정의되고 있음.

1) Baldwin 등(1998)은 학문적인 관점에서 3가지 범주로 구분

① 협의적인 정의

: 규제란 국가기관에 의하여 강제적으로 설정되는 규칙rule으로 주로 사회경 제적인 성격으로 규정. 법에 의한 처벌이나 행정적인 제재는 제외함.

② 중간 범주의 정의

: 정부가 경제를 운용하기 위하여 설정하는 규제로 정치경제학의 관점에서 조세나 공개disclosure requirements는 물론 국가 소유권이나 계약도 포함시킴.

③ 포괄적인 정의

: 의도했든 안 했든 규제를 사회적 통제라는 모든 메커니즘으로 정의. 규제 의 환경에 영향을 주는 정책에 관련되는 사회적 규범이나 가치를 포함.

2) Altman 등(1999)은 연속성의 관점에서 4가지 모형의 규제를 제시하고 있음.

① 최소개입

: 선택적인 개입으로 정부는 시장실패를 보완하기 위하여 규제를 실행.

② 지시적 모형

: 서비스의 표준을 추구하기 위하여 규제자나 구매자를 지렛대로 활용.

③ 제한적 모형

: 시장에서 통용할 수 있는 것을 제한하기 위하여 정부가 내리는 조치.

④ 규범적 모형

: 시장에서 제공되는 서비스의 기준을 정부가 정의하는 규제.

3) 규범적인 규제

경제활동에 영향을 미치는 규범적 가치라는 용어로 규제를 정의하여, 규범적 가치를 규제의 출발점으로 하고 효율은 규범적 가치 다음으로 취급함.

① Selznick(1985)

: 규제란 사회적으로 가치 있는 활동을 하는 공공기관에 의하여 이루어지는 지속적이고 핵심적인 통제로 정의.

② Colton 등(1997)은 경제 주체에 대한 두 가지 수준의 국가 규제로 정의.
  - 최소수준의 규제: 소비자 보호를 위한 안전에 대한 최소 충족 조건, 근로자의 건강과 안전, 그리고 환경적 보호를 의미.
  - 강한 규제: 공공의 이익에 영향을 미치는 산업에 대한 법적인 조치.

2. 규제가 일어나는 원인

1) 일반적 이론

일반적으로 규제가 일어나는 원인을 경제적 및 정치적 측면에서 살펴보고 있음.

● 경제적 측면

: 규제는 자본주의 경제의 시장실패 내지 시장불완전성에서 그 요인을 찾음. 시장실패는 자연독점, 외부경제, 공공재 및 비대칭적 정보에 기인하여 발생하며 이때 정부가 시장실패의 문제점을 보완하기 위하여 개입하게 됨 (Feldstein, 1988).

● 정치적 측면

: 규제는 산업의 내외적 환경이 기존 기업들에 대해 경쟁을 요구할 경우, 경쟁에 따른 불이익을 막아 내기 위해 기존 기업은 정부의 규제라는 형식을

통해 보호막을 치게 됨(Peltzman, 1976; Stigler, 1971).

- 보호막으로서의 규제는 신규 기업에 대한 진입장벽으로 자기 회사제품에 대한 가격통제나, 높은 이윤을 누리기 위해 생산량 제한과 같은 조치가 있음. 더욱 적극적인 경우에는 정부에 대해 규제 입법이나 규제 절차를 마련하도록 영향력을 행사하는 것임.

- 다른 사례로는 정부에 대하여 농업생산자들의 생산량 제한, 자동차 기업들의 외국차수입 규제, 수송회사들의 운송료 규제를 요청하는 경우가 있음(Greenberg, 1991).

2) 의료 분야의 규제

● 의료서비스는 수요의 불확실성과 정보의 비대칭성이라는 특성이 있음 (Greenberg, 1991).

- 수요의 불확실성과 관련하여 Arrow(1963)는 의료 분야를 다른 분야와 특별히 구분 지을 수 있다고 보았음. 환자는 자신의 병이 얼마나 지속되고, 어느 정도의 깊이로 치료되어야 할지 모름. 따라서 보험제도가 도입된다면 환자들 사이에 무조건 많은 진료를 받고자 하는 도덕적 해이moral hazard가 일어날 수 있어 적절한 규제가 필요하다는 것임.

- Pauly(1978)는 의료서비스는 공급자와 구매자 간에 정보의 비대칭성이 존재하여 의사는 환자의 질병 치료가 어느 정도 필요한지 정보를 가질 수 있으나 환자는 거의 알 수 없음. 이로 인하여 공급자가 과잉공급이라는 도덕적 해이에 빠질 수 있어 적절한 규제가 필요하다는 것임.

● 의료서비스는 병원과 같은 비영리조직에 의해 제공되어 비용최소화의 유인이 없어 효율성이 떨어지는 문제가 있음. 따라서 의료의 효율성을 향상시키려는 규제가 일어날 수 있음.

● 의료 분야에서는 재분배를 위하여 정부가 서비스를 직접 구매하여 배분하는 복지국가를 지향하게 됨. 후술하는 바와 같이 1990년대 이후 유럽의 의료개혁은 복지국가의 틀을 새로운 규제 국가로 전환하여 공공의 이익을 위하여 규제가 등장하는 모습을 볼 수 있음.

● 의료서비스에서 의사의 역할이 타산업의 공급자와는 큰 차이가 있음. 의사는 의료시스템 내에서 문지기 역할을 하게 됨. 의사의 승인 없이 환자는 입원할 수도 없고, 의약품을 구매할 수도 없으며, 각종 검사 같은 것도 받을 수 없음. 따라서 의사의 자격에 대해 규제가 없을 수 없음.

3. 규제의 이론

1) Feldstein의 이론

● 정부가 산업에 대해 규제정책을 채택하는 목적은 시장실패로 인한 문제점을 극복하기 위한 것임. 시장실패 중 공공재나 외부효과가 나타날 경우에 정부가 개입하는 데 대해서는 논란이 거의 없으나 자연독점의 경우와 정보의 비대칭에 기인하는 정부 개입에는 논란의 여지가 있음.

● 규제에 대한 전통 경제이론은 규모의 경제가 작용하여 자연독점이 성립할 경우 독점에 따른 불이익을 보게 될 대중을 보호하기 위해 정부가 개입하는 것을 타당하다고 보았음. 더불어 소비자가 상품이나 서비스에 대한 정보가 부족하여 질을 판단하지 못할 경우 소비자 보호를 위해 정부가 개입하는 데 대한 타당성을 인정하고 있음(Feldstein, 1988).
  - 전통 경제이론에서는 규제기구가 소비자의 이해를 대신하여 규제대상기업(독점기업)에 의해 생산되는 재화나 서비스의 가격을 규제 입법이 없을 때보다 낮은 가격에 공급하게 한다는 것임.
  - 이를 위해 규제기구는 독점기업의 가격이나 이윤에 대해 엄격한 통제를 가하며 이러한 통제의 전형이 전기, 가스, 수도와 같은 공공설비나 철도, 전화에 대한 규제라는 것임.
  - 이러한 이론을 규제의 공공이익론public interest theory으로 부르기도 함.

● 그러나 규제기구regulatory agency의 행태에 관한 이론 또는 규제의 경제이론economic theory of regulation에서는 전통 경제이론의 규제 타당성을 두 가지 측면에서 비판하고 있음(Feldstein, 1988).
  - 철도, 전화 그리고 공공설비와 같은 자연독점으로부터 소비자를 보호하기 위해 공공설비에 대해 통제가 이루어진다면 수송, 항공, 택시사업

과 같은 경쟁기업들에 대하여 왜 규제를 하는지 전통 경제이론은 설명을 하지 못하고 있음.

- 만약 규제정책의 의도가 규제 대상 기업의 가격과 이윤을 낮추도록 통제하는 것이라면 왜 다른 기업들이 이윤도 없는 이런 산업에 진출하려고 노력하는가에 대해서도 전통 경제이론은 제대로 설명을 하지 못하고 있음.

- 이러한 이론을 규제의 특정그룹 이익론interest group theory이라고 부름.

● 규제의 경제이론은 이러한 질문에 대한 답을 통하여 전통 경제이론이 갖는 규제의 타당성을 반박하고 있음(Stigler, 1971; Posner, 1974).

- 규제의 경제이론에 의하면 규제란 산업을 독점화하기 위한 명백한 목적에서 개발된다는 것임.

· 전통 경제이론은 독점기업에 대해 규제를 통해 경쟁기업과 같은 성과를 거둘 수 있다고 하는 반면, 규제의 경제이론은 정반대로 규제가 경쟁기업을 독점기업과 같이 행동할 수 있도록 한다는 것임.

- 규제의 결과는 규제 대상 기업의 가격을 높이고, 산출물의 생산을 억제시키고, 이윤을 증가시켜 잠재적 경쟁자로부터 규제 대상 기업을 보호하기 위하여 이루어진다는 것임.

● 규제의 경제이론은 규제를 수요와 공급이라는 시장이론을 사용하여 분석하고 있음. 규제에 대한 수요자는 규제를 통해 이득을 보는 기업이며 규제의 공급자는 입법가가 된다는 것임(Feldstein, 1988).

● 규제의 경제이론에서 규제의 목적이란 정부의 힘을 사용하여 정치적인 영향력이 약한 사람이 갖는 부를 정치적 영향력이 큰 사람으로 이전시키는 것을 말함(Feldstein, 1988).

- 규제수요자는 소수의 기업으로 규제를 통하여 농축된 이득concentrated interest을 얻기 때문에 적극적인 로비활동을 통해 규제를 법제화하게 됨.

- 소수의 특정 기업이 규제이득을 취함에 따른 비용은 그 기업의 제품을 이용하는 수많은 소비자에게 전가되기 때문에, 손실이 분산diffuse interest되어 소비자는 규제로 인한 손실을 깨닫지 못하게 되고 자연스럽게 규

제에 대해 무관심하게 됨.

- 규제를 통하여 독점적인 지위를 얻는 대표적인 집단은 노동조합, 낙농가, 전문가집단 등임.
- 규제공급자는 정치가로 이들은 규제를 공급하고 반대급부로 규제수요자로부터 정치적 지지를 얻게 됨. 규제공급자는 규제로 이득을 보는 집단이 보내 주는 정치적 지지의 크기와 규제로 손해를 보는 집단에 의해 잃게 되는 정치적 반대의 크기를 계산할 수 있다는 전제가 있음.

2) Baldwin 등의 이론

● Baldwin 등은 규제의 이론을 3가지로 설명함.

- 첫째, 공공의 이익론으로 Feldstein의 설명과 동일함. 정부는 공공의 이익을 대변하여 시장의 불안전성을 보완하기 위하여 규제를 한다고 설명.
  · 민주사회에서 정부는 항상 '좋은 정부'라는 규범적 가정에서 규제가 이루어진다고 봄.
  · 스튜어드십이 윤리적인 차원만이 아니라 효율성도 고려하지만, 정부를 스튜어드로 간주하게 되는 합리적 이유는 바로 정부가 공공의 이익을 대변한다고 간주하기 때문임.
- 둘째, 특정그룹 이익론interest group perspective으로 Feldstein과는 다소 다르게 설명하고 있음.
  · 규제란 다원화된 사회에서 다양한 이해그룹들이 경쟁을 통하여 가장 강력한 그룹에 흡수되는 정치적인 투쟁의 결과로 나타나는 결과라는 것임.
  · 이러한 관점에서 규제란 다원화사회에서 정상적인 정치적 활동의 한 가지 형태로 나타난다는 것임.
- 셋째, 미시경제적 이론인데 개인이 규제에 대하여 갖는 행동이나 의사결정과 관련하여 이기심self-interest으로 규명하고 있음.
  · 개개 의사결정자로서 개인적 선호라는 이기심으로 규제를 설명함. 경제적인 힘이 있으면 규제를 구매하는 이기심이 작동하게 되고, 더 많은 부를 얻기 위하여 규제를 사용한다는 것임.
  · 이러한 측면에서 개인은 3가지의 다른 입장을 취한다는 것임.

ⓐ capture theorists: 정부 규제기구는 규제 대상 기업이나 산업의 이익을 우선적으로 생각한다는 것.

ⓑ special interest and rent-seeking theorists: 개인이나 기업은 신규 진입을 제한하는 규제를 통해 이윤이나 지대를 추구하려고 함.

ⓒ public choice theorists: 공직자들은 쉽게 일자리를 얻고, 높은 임금을 받고, 자신의 경력을 쌓을 수 있는 지배권을 우선으로 생각함.

· 이러한 관점에서 규제는 본질적으로 경제의 효율을 왜곡시키기 때문에 최소화하거나 없애도록 해야 한다는 것임.

3) 최근의 동향

● 최근 유럽에서는 규제의 공공이익론에 대한 합리적 이유가 등장하고 있음. 이것은 국민들에게 기본적 서비스를 직접 제공하거나 제공을 보장하는 복지국가가 새로운 규제 국가new regulatory state의 형태로 등장하여 규제가 공익적이라는 논리를 제시하고 있음.

 - 정부가 직접 제공하던 기본적 서비스를 정부가 하지 않고 국민들이 이용 가능하도록 시장에서 하거나 과거 정부가 운영하던 분야의 다양성을 살리는 등의 방법이 등장함에 따라 새로운 규제가 필요해짐.

 - 규제 국가에서 나오는 규제는 그 영향력에서 친경쟁적pro-competitive이거나 반기업가적anti-entrepreneurial이 됨.

 - 이와 같은 새로운 규제 국가로의 전환에 대하여 규범적이고 실증적 관점에서 여러 가지 설명이 있지만, 공공이익론의 타당성을 적용하는 데 의료 분야가 가장 적합한 영역이 되고 있다는 것임(Saltman and Busse, 2002).

4) 규제 메커니즘

● 규제를 위한 메커니즘은 규제의 도구tool와 전략strategy으로 나뉘어짐. 그리고 도구와 전략의 다양한 조합을 통하여 규제가 이루어짐(Saltman and Busse, 2002).

 - 규제 도구는 매우 직선적straightforward으로 정부 결정에 강제적으로 따르게 하는 입법, 정부명령, 사법적인 질서가 있음.

 - 기본적인 도구의 사용은 전략적인 영역에 속하며, 정부 기구는 전략

의 선택 범위를 확대하여 왔음. 1990년대 규제제도에서 큰 변화는 바라는 행동을 유도하기 위하여 경제적 효율성을 고려한 soft-market-style의 인센티브 개발이었음(Majone, 1996).

● Baldwin과 Cave(1999)는 점재적인 규제 전략의 틀로 다음과 같이 열거하고 있음.

① 명령과 통제command and control

② 자율규제self-regulation와 강제된 자율규제enforced self-regulation

③ 인센티브를 토대로 하는 규제(세금이나 보조금)

④ 시장을 활용하는 통제market-harnessing control

⑤ 공개를 통한 규제disclosure regulation

⑥ 정부의 직접적 통제direct government control

⑦ 법적인 권리와 책임legal rights and liabilities

⑧ 공적 보상과 사회보험제도public compensation and social insurance scheme

● 이러한 다양한 전략의 논리를 생각할 때 규제는 전혀 다른 2가지 배경을 갖고 있음.

　　- 하나는 순응compliance과/또는 공개disclosure이며,

　　- 다른 하나는 제지deterrence와/또는 처벌institute sanction임.

● 규제의 도구나 전략을 넘어서 규제의 실행은 매우 어렵지만, 반드시 거쳐야 할 과정임.

　　- 올바른 규제를 개발하는 것과 이를 성공적으로 실행하는 것은 전혀 다른 이야기가 될 수 있음.

　　- 규제 실행을 위하여 전략적 평가strategic assessments와 정치기술political skills은 별도의 장치가 필요함.

　　- 성공적인 실행을 위해서는 규제기구 안에 잘 훈련된 규제자와 유능한 관리자가 필요하며, 관료적인 타성이나 제도적 부패가 없어야 함.

Ⅲ. 의료 분야에서의 규제정책

1. 의료 분야의 두 가지 규제

● 의료 분야에서 규제 도구와 전략의 응용에는 규제의 목표에 따라 다음과 같이 2가지의 방법으로 접근해야 함(Saltman and Busse, 2002).
  - 첫째는 정책목표policy objectives를 달성하기 위한 규제이며,
  - 둘째는 경영메커니즘managerial mechanism으로서의 규제임.

1) 정책목표의 달성을 위한 규제

● 정책목표는 사회경제적 목표에 관한 것으로 그 성격은 규범적이며 가치 중심적임. 의료와 같이 사회적인 방위 영역을 조직화하고 입법활동을 주도하기 위하여 핵심적인 정책목적core policy goals은 헌법에 명기하고 있음. 이러한 사회적인 결정은 공영의료제도NHS로 반영되거나 강제 가입에 기초하는 사회건강보험제도SHI로 반영되어 나타남(Saltman and Busse, 2002).
  - 이러한 가치관의 변혁은 자주 일어나는 것이 아니라 전쟁의 끝(1948년 영국의 NHS 등장)이나 독재체제의 붕괴(1980년대 포르투갈이나 스페인의 건강보험을 NHS로 전환), 그리고 정치적인 혁명의 결과(1990년대 CEE 국가들이 Semashko모형에서 건강보험으로 전환)로 등장하였음(Saltman and Busse, 2002).

● 사회경제적인 목표라는 관점에서 의료정책의 목표는 〈표 1〉처럼 설정됨.
  - 정책목표의 특징은 전 인구를 대상으로 하며 영리의료기관까지 포함하여 의료 분야의 모든 참여자actors들이 강제적으로 따르게 하는 국가적 요구mandatory national requirements가 됨.
  - 이와 같은 정책목표를 달성하기 위해서는 교육, 교통, 고용, 주택, 농업과 같은 다른 영역에서의 정부 결정에도 영향을 미칠 필요가 있음.

정책목표	내 용
형평과 정의	전인구에 대하여 균등하고 필요도에 기초한 의료서비스의 제공
사회적 결집	의료보장제도를 통한 의료서비스 제공(사회적인 연대)
경제적 효율	재정적으로 지속가능한 범위에서의 국민의료비의 통제
건강과 안전	근로자를 보호하고 안전수를 공급하며 위생적인 식품을 감시
시민교화	의료서비스, 의약품, 건강한 생활습관에 대한 시민교화
개인의 선택	가능한 범위에서 공급자 및 보험자에 대한 선택권 보장

표 1. 의료 분야의 규제: 사회·경제적 정책목표(자료: Saltman and Busse, 2002)

2) 관리메커니즘에 관한 규제

● 의료 분야의 관리메커니즘management mechanism에 관한 것으로 구체적인 내용은 〈표 2〉와 같음. 이것은 앞의 〈표 1〉에 제시된 목표를 달성하기 위한 구체적이며, 실천적인 메커니즘이라 하겠음.

  - 관리메커니즘은 주로 기술적이며 인적 및 물적 자원을 효율적으로 사용하는 데 초점을 두고 있음.
  - 이러한 관리메커니즘은 민간/공공의 혼합적 성격이 될 수도 있으며, 의료 분야의 다양한 공급자들에 대한 수많은 복잡한 배합을 반영하는 미시적인 규제로 개별 의료기관의 활동과 관련이 되는 규제들임(Saltman and Busse, 2002).

● 〈표 2〉에 열거된 관리메커니즘은 주로 의료서비스 관리 능력에 영향을 미치며, 의료서비스의 효율과 효과를 증진시키도록 하는 조치들임.

  - 이러한 규제들은 1990년대 유럽의 의료개혁 과제로 등장하였던 것들과 같음.
  - 이러한 관리기법의 응용은 의료 분야의 새로운 거버넌스로서 신공공행정new public management, NPM 운동을 촉발하게 되었음.
  - 〈표 2〉의 규제는 모든 국가에서 시행되는 것이 아니라 국가가 처한 환경에 따라 선택적으로 채택됨.
  - 또한 규제는 입법, 행정, 사법이라는 민주주의 국가의 세 기둥을 토대

로 법률 제정, 실행, 모니터링과 평가, 강제와 사법적 감시_{enforcement and} judicial supervision로 이루어짐.

메커니즘	내 용
질과 효과성 규제	임상적 치료의 비용-효과성, 의사의 훈련, 의료기관 신임
환자의 접근성 규제	문지기제도, 본인부담제도, 1차의사 리스트, 보험자 선택의 원칙, 조세정책, 조세의 지원
공급자 행위의 규제	공공병원의 민영화, 병원의 자본 차입 규제, 병원서비스와 1차서비스/홈케어 간의 합리적인 관계 정립
지불자 규제	계약의 원리, 병원서비스를 위한 규제된 시장의 구축, 수가개발, 민간보험회사의 자본투자행태와 보유금 규제, 질병금고 간의 재정조정
의약품 규제	대체조제, 등재제도, 참조가격제, 이윤율 통제, basket-based price
의사 규제	임금수준 또는 상환수준 결정, 면허 요건, 의료사고보험 범위 설정

표 2. 의료 분야 규제: 관리메커니즘(자료: Saltman and Busse, 2002)

● 관리메케니즘에 관한 규제 가운데 여러 국가에서 중점적으로 다루어지는 규제 내용을 Chinitz(2002)는 6가지로 정리하였는데 여기서는 우리나라에도 적용 가능한 5가지를 소개함.

① 의료의 공급능력_{capacity}에 관한 규제
  ⓐ 대부분 국가는 의료의 공급능력을 규제하게 됨. 정부가 공급에 대하여 규제를 하지 않을 경우 희소한 자원의 낭비는 물론 공급과잉에 기인하는 공급자의 유인 수요가 초래될 가능성이 있음.

  ⓑ 공급능력에 대해서 대부분 국가는 입법을 통하여 새로운 인프라와 같은 공급능력 확충의 타당성을 검토하는 기구를 설치함. 공급능력의 확충을 방지하는 규제가 쉽지 않기 때문에 중앙정부는 확충에 대한 기준 criteria for expansion을 설정함.
    - 병상 확충이 지역경제에 긍정적이라는 판단이 서면 중앙정부가 병상

을 통제하기가 힘들게 됨.
- 개별병원 입장에서 병상 확충이 병원의 경제적 이해나 명성과 관련될 경우 정부 규제와 충돌하는 갈등을 초래함.

ⓒ 병상 확충의 제한이 정부의 직접적 지시에 의하게 되면, 이 문제는 정치적 쟁점이 되어 공급자나 이해단체 등의 저항에 부딪치기도 함 (Schut, 1995; Rodwin, 1997).
- 중앙정부가 강력한 힘을 갖고 있는 경우는 병상수 확충에 대한 기준 적용이 용이하지만, 그러지 못할 경우 병상 확충을 원하는 지방의 이해에 의하여 좌절될 수 있음.
- 정부가 의료재정 조달과 의료계획에 대한 통합된 통제력을 갖추지 못할 경우, 병상수 통제는 어려워짐(Saltman and de Roo, 1989; Schut, 1995).
- 공영의료체계(NHS 또는 RHS)에서는 정부가 의료예산을 갖고 있기 때문에 지방정부도 통제 가능하여 병상수 통제가 매우 용이하지만, 건강보험 국가에서는 정부가 병상수 통제에 강력한 힘을 발휘하기 어려워지는 문제가 있음.

② 의료수가의 통제
ⓐ 의료서비스의 가격에 대한 통제는 건강보험 국가에서 당연하게 존재함.
- 수가통제 목적이 의료비 통제에 있다면 서비스 양도 같이 통제해야만 정책 효과를 얻을 수 있음.
- 경쟁 지향적인 시스템에서도 정부에 의한 수가통제는 매우 중요함. 정부가 수가를 통제하면 모든 구매자(보험자)들은 단일가격에 직면하게 되기 때문에 정부는 경쟁적인 인센티브를 사용하여 경쟁을 유지해야 함.

ⓑ 가격통제는 의료서비스에만 한정되는 것은 아니고 의약품에도 적용하게 됨. 의약품 가격의 통제를 위하여 참조가격제reference price를 택하는 국가도 있고, 의약품 지출액에 대한 상한을 설정cap하기도 함. 그 외에도 의약품 유통 단계별로 유통마진을 통제하는 방식이나 이윤율을 통제하

는 방식 등 다양한 규제 수단이 동원됨.[3]

ⓒ 건강보험에서 상환하는 의약품의 종류를 통제하기 위하여 보험의약품 목록에 등재하는 방식으로 규제하는 선별등재(포지티브) 방식이 있음.[4]

ⓓ 의료공급자에게 의료수가는 매우 중요한 기능을 하게 됨. 비록 필요도를 기준으로 의료계획에 의하여 의료체계가 운영되고 있지만 서비스 생산에 소요되는 다른 투입물은 시장에서 구매됨.
- 의료수가가 지나치게 통제되면 자원이 의료 분야로 배분되기 어려워 의료의 질 문제가 일어날 수 있음.
- 행위별수가제를 택하든 DGR제도를 택하든 상대적인 가격이 균형적이지 못하면 상대가격이 낮은 서비스로는 자원이 몰려들지 않는 문제가 있음.
- 따라서 가격통제를 위해서는 매우 정교한 전문적 기술이 요구됨.

③ 서비스 질 관리를 위한 규제
ⓐ 정부는 의료서비스의 질을 보증하기 위하여 규제를 실시하고 있음. 질 유지를 위한 규제가 모든 국가에서 가장 다양함.
- 의료가 정보의 비대칭이라는 점 때문에 소비자를 보호하기 위하여 면허와 같은 시장진입에 대한 제한으로부터 의료기관의 인력, 시설, 장비에 대한 규제를 위시하여 의료행위에 대한 규제에 이르기까지 다양함.
- 이러한 규제는 대부분 구조적 측면[5]의 규제에 속함. 이에 따라 생산요소 간의 대체성substitute of inputs을 제약하여 효율성을 떨어뜨린다는 비판을 받아 왔음. 그 대안으로 구조적 측면보다는 산출물 중심의 규제가 필요하다는 이론이 제시되고 있음(Feldstein, 1988).

ⓑ 1980년대까지는 구조적인 측면에서의 다양한 규제가 거의 받아들여

---

3 독일은 유통단계별 마진율을 통제하는 방식을 택하고 있고 영국은 이윤율을 통제하는 방식을 취하고 있음. 의약품의 가격통제에 대한 보다 자세한 설명은 이규식(2013)을 참고하기 바람.

4 우리나라는 2006년 12월 29일을 기하여 네거티브 방식에서 포지티브 방식으로 전환하여 등재의약품 수를 줄였음.

5 Donabedian(1966)은 의료의 질을 구조, 과정, 산출물이라는 3가지 각도로 정의하였음.

졌으나, 의료개혁 과정을 거치면서 질 향상을 위한 산출물 중심의 규제가 대두되었고, 이와 같은 측면에서 의료공급자의 성과provider performance에 관한 정보를 수집하고 유통시키는 규제를 함.
- 공급자의 성과에 관한 정보를 유통시키는 것은 의료이용자가 보다 질 높은 의료서비스를 공급하는 의료기관을 찾는 것을 도우기 위한 것임.
- 이러한 규제정책은 가용자료가 얼마나 충분한가에 성패가 좌우되는데 우리나라는 건강보험심사평가원이 있어 이러한 정보의 수집이 용이함.
- 그러나 공급자들은 질을 모니터링하는 것을 폄훼하거나 모니터링에 대한 협력을 싫어함. 그래서 건강보험심사평가원은 산출물에 토대를 둔 정교한 질 관리 프로그램을 개발하여야 할 것임.

ⓒ 의료 질의 다른 측면은 환자의 권리에 대한 것임. 많은 국가에서 환자 권리가 입법화되기도 하고 환자권리장전이 선포되기도 하였음.
- 환자권리장전이 제시한 기준에 미치지 못하는 의료기관을 제재할 수 있어야 환자의 권리가 제대로 보호받을 수 있음. 이렇게 되기 위해서는 환자권리장전을 실천할 수 있는 수단과 제재 방법들이 매우 구체화되어야 함.

④ 시장구조와 서비스 수준에 관한 규제
ⓐ 의료체계의 참여자들을 위한 게임의 법칙rules of game을 세우는 형태의 규제를 하여 시장의 진입과 서비스 수준을 설정하게 됨.
- 서비스 수준의 핵심은 다양한 보험자에 가입되어도 접근성이 같아야 하는 것임. 이 문제를 해결하기 위하여 정부는 중앙기금을 설치하여 모든 국민들로 하여금 이 기금의 회원이 자동적으로 되도록 하고 보험자를 선택하도록 규제하고 있음.[6]

ⓑ 보험자를 선택하도록 허용함에 따라 'cream skim' 문제가 생김. 보험자는 기본적으로 고위험을 피하려고 함.
- 이러한 위험 회피 행동을 규제하기 위하여 보험자가 가입자를 선택할

---

6 우리나라는 2000년 7월 건강보험을 통합하여 이러한 규제는 불필요함.

수 없도록 규제하고, 보험자에 대한 중앙기금의 배분을 조정된 1인당 정액방식(성, 연령, 지역, 이용률 등을 감안)으로 배정함.

- 정부는 Quality skimping(만성질환자나 노인들이 제대로 서비스를 받지 못하는 현상) 방지를 위한 모니터링에는 성공하지 못하고 있음(Schut, 1995).

⑤ 수급권에 관한 규제

ⓐ 수급권이 규제 대상이 되면 모든 국민들은 건강보험의 적용을 받게 됨. 이렇게 되면 쟁점 과제는 건강보험에서 제공하는 보험급여 패키지 구성에 놓이게 됨.

- 건강보험이 커버하지 않는 서비스의 보충적인 공급을 위한 보충적인 보험supplementary insurance에 대한 규제 문제가 남음.

ⓑ 수급권과 관련되는 다른 측면의 규제는 건강보험과 의료기관 간의 관계 설정에 관련되는 규제임.

- 우리나라는 모든 의료기관이 건강보험 환자를 보도록 당연지정하는 규제를 실시하고 있음. 당연지정방식을 유지하는 국가로는 일본과 네덜란드가 있음.

· 네덜란드는 모든 의료기관이 건강보험 환자를 보되 보험자와 계약은 개별계약을 하는 특징이 있음.

- 그러나 대부분의 사회보장국가는 계약 방식을 통하여 의료기관이 보험환자를 볼지 여부를 판단하여 계약하게 됨. 공영제 국가인 영국도 민간의료기관이 NHS 환자를 볼지 여부를 결정하여 계약할 수 있음.

- 이 경우 보험자도 의료기관과 계약을 할 조건을 내세워 조건을 총족시키지 못하는 의료기관은 계약에서 배제할 수 있음. 이때 계약조건은 보험자가 일방적으로 정하는 것은 아니고 의료기관 단체와 협의하여 결정하도록 하여 보험자가 독점자로서 역할을 할 수 없도록 함.

ⓒ 건강보험 운영의 책임을 위하여 진료비 지불을 위한 준비적립금reserve or solvency margin에 대하여 규제를 하게 됨(Finsinger, 1986).

- 적립금은 제공하는 서비스의 질과 관련을 갖게 됨. 이 문제는 특별히

민영의료보험에서 중요시됨.

ⓓ 일단 건강보험이 정착되면 급여 대상 서비스를 어떻게 급여 패키지 속
에 포함시키느냐 문제가 생기게 됨.
- 의료 분야에서 끊임없는 연구 개발로 새로운 기술이나 의약품이 등장
하게 됨.
- 새로운 기술이나 의약품을 보험급여로 하는 데 명확한 우선순위가 없
는 문제가 있음.
- 많은 국가에서 규제 노력은 국민들이 새로운 기술에 대한 접근성 제한
에 대하여 양해를 구하는 데 있음.
- 신기술의 확산에 대하여 의료체계의 여러 곳에서 특별한 개입을 하는
것 외에 규제 측면에서는 교육의 역할을 더욱 강조하고 있음.

2. 의료 분야의 규제 전략

● 1990년대의 의료개혁 과정을 거치면서 유럽에서 규제 전략은 그 선택의
범위scope of strategic options가 확대되었음. 이것은 경제의 다른 분야에서 채택
되고 있는 접근법(예컨대 수도, 가스와 같은 공공설비 분야에서 독립적인 규제기구
의 등장)을 반영한 결과임(Saltman and Busse, 2002).

● 오늘날 선택할 수 있는 규제 전략은 정부의 강력한 개입에서부터 약한 개
입에 이르기까지 연속적으로 전개됨.
- 가장 강력한 정부 개입은 명령과 통제command snd control이며 약한 개입은
간접적 규제steer and channel 방식임.

● 〈표 3〉은 의료개혁을 거치면서 정부의 규제 전략의 형태가 변화된 것을
보여 주고 있음. 대부분 국가들이 의료개혁 이전에는 주로 명령과 통제 방
식의 전략을 택하고 있었으나, 의료개혁을 통하여 간접적인 규제방식steer-
and-channel으로 전환하고 있음을 보여 줌.

● 간접적인 통제 방식에서 분권화, 자율규제, 신임제도, 독립적인 규제기

구, 부문 간 협력 등의 새로운 전략의 규제를 볼 수 있음.

  - 이러한 규제는 각기 장점과 단점이 있으며, 다양한 전략이 단독 또는 몇 가지가 조합을 이루어 사용되기도 함.

● 분권화에 관한 4가지 다른 전략은 다른 규제 전략과 함께 결합되어 활용되며, 이것은 규제기구의 조직 변화나 의사결정 권한의 변화를 반영하여 이루어짐. 분권화와 관련된 4가지 전략인 권한분산deconcentration, 권한이양devolution, 권한위임delegation, 민영화privatization는 의료개혁을 위해 선택할 수 있는 전략임.

  - 권한분산은 법률을 제정하여 규제의 힘을 중앙정부에서 독립적인 정부 기구로 이양하는 것을 의미.

  - 권한이양은 중앙정부의 규제 권한을 지방정부로 이양하는 것을 의미.

  - 권한위임은 힘을 비정부조직에 실어 주는 것으로 통상 법적인 뒷받침을 통하여 이루어짐. 규제권한의 위임은 보험자나 공급자에게 하게 되는데, 이것은 전형적인 자율규제(정부의 지도 감독하에) 내지는 강제된 자율규제의 형태임.

  - 정부재정에 의한 공영의료제NHS에서는 권한분산과 권한이양이, 건강보험제도SHI에서는 권한위임이 주로 사용됨.

  - 민영화는 공공에서 갖고 있던 힘을 민간에게 넘기는 근본적인 힘의 이동을 의미함.

Social and economic policy dimension	Strategies	Institutional management dimension
	Command-and-control(의료개혁 전)	

	Steer-and-channel(의료개혁 후)
	Decentralization
	  – deconcentration
	  – devolution
	  – delegation
	  – privatization
	Enforced self-regulation
	Accreditation
	Independent regulatory agencies
	Intersectoral cooperation	

표 3. 의료 분야의 규제 전략(자료: Saltman and Busse, 2002)

- 자율규제self-regulation는 정부가 전문가 집단에 대하여 회원들의 행동을 위한 기준을 설정하도록 권한을 부여하는 것임.
  - 이러한 자율규제는 정부가 위임하는 권한의 정도에 따라 순수 민간 조직 형태(정부 위임이 없는)에서부터 정부가 공적으로 위임한 형태에까지 다양한 형태로 나타남.
  - 자율규제의 장점: 자신들의 규칙에 대한 높은 책무, 사정에 부합하는 규칙의 제정, 정부의 비용 절감, 몸에 꼭 맞는 규제 기준으로 참여자의 합리적인 행동, 규칙의 포괄성, 빠른 적응성, 효과적인 강제화와 불만 처리, 외부 감독과의 결합의 잠재력 등.
  - 자율규제의 단점: 자기들의 잇속 차리기, 관리 의사결정에 관여, 규칙의 복잡성, 규칙 승인 비용의 과다, 폐쇄적인 규칙 제정 절차, 강제화의 어려움, 대중의 낮은 신뢰성, 문제가 많은 법적 감독, 대중의 정부 책임을 희망 등.

- 질을 위한 규제 전략으로 인증제도와 면허제도가 활용되고 있음. 두 제도의 공통점은 외부 검토와 고정된 기준을 갖추는 것임(Saltman and Busse, 2002).
  - 우리나라에서는 시장 진입을 결정하기 위해 면허제도를 도입하고 있으며, 진입된 의료기관의 서비스 제공의 표준과 안전성을 평가하기 위해 인증제도를 도입하고 있음.
  - 인증제도는 자율을 기본으로 시작되었기 때문에 비용은 인증을 받고자 하는 기관이 부담하도록 되었으나, 일부 유럽 국가들(벨기에, 프랑스)은 인증제를 국가가 강제로 비용을 부담하면서 실행하여 강제적 규제로 만들었음.

- 정부의 규제 권한을 독립적인 규제기구에 분산deconcentration시키는 방법은 의료 분야에서는 거의 사용하지 않는 방법임(Saltman and Busse, 2002).
  - 독립적 기구는 전문가 집단과 사법적 의사결정 기능이 결합되는 공공 영역에서 볼 수 있는 형태임.
  - 대부분 의료 관련 규제 활동은 중앙정부 차원에서 보건부가 하거나 반자율적인 정부기구semi-autonomous national boards에서 하고 있음.

3. 규제 활동의 틀

규제 활동은 다음과 같은 4가지의 기본 틀 속에서 이루어짐(Saltman and Busse, 2002).

1) 기업가적 기회의 자극
● 의료기관이나 전문가들 간의 경쟁 환경을 개발하기 위한 규제로, 재정의 조달과 진료비 지불 방법에 관한 규정과 같은 조치들임.

● 여기에 속하는 규제로는 고정 예산제를 서비스의 양이나 성과 기준의 진료비 지불 방식으로 전환하거나, 의료공급자에게 이윤 보유retain surplus의 허용, 어떤 서비스에 대하여 보조나 조세 감면을 하고 있음.

● 더 급진적인 개혁은 의료공급자에게 가격 설정권을 부여하고, 환자들에게는 병원 선택권, 보험자 선택권, 그리고 중요하지 않는 서비스의 선택권을 부여하는 조치를 실시하기도 함.

2) 지속가능한 경쟁시장의 촉진을 위한 규제(단기적으로 기업가적 기회 제한)
● 일반 경제에서 반독점이나 경쟁의 촉진법과 유사하게 경쟁을 촉진하는 규제(정부 개입).

● 의료 분야에서 조직 구조를 바꾸도록 하거나 경쟁 친화적인 행동을 유도하는 규제.
  - 조직 구조적인 과제로는 면허, 인증 또는 자격을 위한 요구에 최소 기준을 설정, 의료기관 소유를 용이하게 하거나, 수직적·수평적 합병에 대한 제한을 통한 독점 방지.
  - 경쟁적인 행동을 촉진하기 위해서는 보험자나 의료공급자의 역선택을 방지하기 위한 규제, 보험자(구매자) 재정의 강제적인 재분배, 보험자의 가입자 선택 금지 조치가 있음.

3) 규범적 및 사회적인 목적을 달성하기 위한 규제(근로자나 소비자를 보호하기 위하여 기업가적 행동에 대한 규제가 될 수 있음).

● 건강보험의 사회연대를 달성하기 위하여 의료 분야의 공급능력에 대한 규제, 건강보험의 수급권, 재정 조달, 진료비 지불에 관한 규제가 여기에 속함.

● 이 범주에 속하는 규제는 매우 다양함.
　- 모든 국민에게 차별 없는 의료서비스의 공급, 필요도를 토대로 하고 의료공급자의 지역 간 균형을 도모하기 위한 의료계획, 보험료를 위험을 토대로 하지 않고 소득 비례로 하거나 지역사회 전 주민에게 균등액community rating으로 부과, 누구에게나 동일하게 적용되는 보험급여 패키지 설정.
　- 국민의 건강과 안전을 위하여 의약품에 대한 규제로 의약품 광고 규제, 부작용에 대한 공개, 의료공급자의 지속적인 질 보장을 위한 조치, 새로운 기술의 급여화를 위한 의료기술 평가를 규정, 의료기술의 적정 사용을 보증하기 위한 진료지침서protocol and guideline의 사용 등이 있음.
　- 의료재정의 보호를 위하여 의료서비스 가격의 설정(의약품의 경우에는 제약산업의 적정 이윤율 설정), 보험자의 진료비 지불을 위한 적립금 규정, 공급자의 적립금의 투자에 대한 규정 등이 있음.

4) 기업가적 자유에 대한 규제(특정한 사회적 및 경제적인 목적과 직접 연관되지 않는 경우)
● 정부의 규제를 보완하거나 대체하는 자율규제로 대중의 건강이나 안전에 속하지 않는 범위에서 접근성, 질, 재정의 지속성 측면을 고려한 규제.

1. 규제에 대한 이론적 틀의 부재

- 우리나라는 규제에 대하여 이론적인 토대가 없이 제공하는 문제가 있음.
  규제는 스튜어드십의 핵심으로 윤리와 효율이라는 원칙이 중요한데 우리
  는 이러한 원칙이 무시되고 있음.

- 규제의 필요성이라든가 규제가 이루어질 때, 이러한 규제가 국민들에게
  편익이 가는지 아니면 공급자와 같은 이해당사자에게 편익이 가는지 등에
  대한 고려도 없음.

- 요양기관당연지정제의 경우, 규제가 처음 도입된 1979년만 하더라도 의
  료기관이 부족하여 저수가를 핑계로 요양기관 계약을 기피할 경우 국민들
  의 의료접근성 문제가 우려되어 당연지정의 논리적인 타당성이 있었음.
  - 그러나 의료기관(병원 및 의원을 포함)이 도시만이 아니라 농어촌의 면소
    지에도 개업할 정도로 많으며, 수가도 초기와는 달리 의료기관이 계약
    을 기피할 정도로 낮지 않기 때문에, 계약제로 전환하여도 전혀 문제가
    없는 상황이 되었음.
  - 이러한 상황에서 당연지정제의 유지는 의료공급자를 보호하는 장치로
    작용하여 오히려 국민들의 편익을 저해하는 문제가 있음. 그럼에도 불
    구하고 규제의 효과에 대한 분석을 하지 않아 당연지정제라는 공급자
    보호 규제를 지속시키고 있음.
  - 만약 계약제로 한다면 의료기관은 건강보험 환자를 진료할 것인지 여
    부를 선택할 수 있으며, 보험자인 건강보험공단은 의료기관을 선택할
    수 있을 것임.
    · 건강보험공단은 의료기관이 지켜야 할 원칙을 의료기관 단체와 협정
      을 맺고, 이러한 원칙을 지키지 않는 기관과는 계약을 하지 않을 수
      있음. 원칙 가운데는 의료사고율이나, 진료비 부당 내지는 과잉 청구
      율, 의료기관 인증 여부 등을 생각할 수 있을 것임.
    · 의료기관은 독자적으로 계약 여부를 판단하여 계약을 하지 않을 경
      우 영리병원으로 하여 높은 수가를 받는 대신에 세금은 일반 기업들

과 같은 세율로 내도록 함.
- 이렇게 할 때 의료체계의 목표 가운데 하나인 반응성 달성이 쉬울 수
  가 있을 것임.
- 다만 계약제 실시를 함에 있어서 의료공급자들이 수가 인상을 목표
  로 담합하는 행위나 보험자가 원칙에 벗어난 계약 거절 행위는 〈공정
  거래법〉에 의하여 처벌하도록 해야 함.

● 또 다른 예는 원격의료에 대한 규제임. ICT가 발전하면 이러한 기술을 국
민들의 생활에 응용하는 것이 당연하며, 이때도 국민들의 편익과 공급자
의 편익을 따져 규제를 결정하면 되는데 원격의료는 의료민영화라는 낙인
을 찍어 이론적 분석조차 막고 있는 문제가 있음.

● 의료 분야의 규제는 국민의 편익과 공급자의 편익을 이론적으로 따져 국
민들의 편익이 더 크다면 결정해야 함에도 불구하고, 걸핏하면 의료민영
화라는 실체도 없는 이념으로 낙인찍는 규제이론과는 상관없는 이념적 규
제의 문제가 있음.

2. 의료정책의 사회적·경제적 목표의 미흡

● 규제는 거시적인 측면에서 정책의 이념이나 목표와 관련되어 설정되어야
하지만, 우리는 건강보험제도를 도입하여 오늘에 이르기까지 건강보험을
국민의 기본권 보장이란 이념 설정이 미흡함에 따라 규제와 관련하여 앞
서 〈표 1〉에서 제시한 의료정책의 사회적·경제적 차원의 목표가 부재하여
제대로 된 규제도 하지 못하는 문제가 있음.

● 특히 건강보험제도를 도입하면서 의료계획마저 수립하지 않음에 따라 거
시적 차원의 명시적인 규제는 거의 도외시되고 있음. 암묵적으로는 전 국
민을 의료보장에 적용함으로써 사회적인 연대와 형평을 강조하고는 있음.
  - 그러나 이와 같은 암묵적인 목표를 달성하기 위한 수단적 정책이 보험
    료 부담의 형평성인데, 보험료 부과체계가 이원화되어 있는 등의 이유
    로 형평을 이룰 규제가 없다는 문제가 있음.

● 경제적 효율의 목표는 의료체계의 지속가능성임. 그러나 급속한 고령화에 대비하는 정책이 거의 전무하고, 의료이용을 억제하는 규제보다는 의료이용을 부추기는 정책이 더욱 일반화되어 있는 문제가 있음.

● 건강과 안전에 관해서도 산업장에 대한 규제는 있지만, 의료의 안전성에 대한 규제는 부족한 실정임.
  - 병원에서 의료사고가 빈번하게 발생하며, 감염관리가 제대로 안 되고 있는 것은 그만큼 안전에 대한 규제가 부실함을 의미함.

● 시민교화와 관련하여 국민 스스로가 자신의 건강을 지키기 위해 의료나 약에 의존하기보다 본인이 건강행태를 조성하도록 하는 개인의 책임의식을 강조하기 위한 규제 등은 거의 생각도 하지 못하고 있는 실정임.

● 개인 선택과 관련해서도 규제는 거의 생각도 못하고 있는 실정임.
  - 의료기관 선택에 자율을 허용하는 것이 최선으로 생각하여 진료권도 폐지하고, 환자의뢰체계도 무력화시키고 있음. 만성질병구조에서 대형 종합병원에 장기 입원하는 등의 행태에 대한 규제는 의료체계의 지속가능성을 위하여 필요한 규제인데 이러한 규제는 생각도 하지 못하고 있음.
  - 그리고 구매자에 대한 선택과 같은 정책 역시 생각하지 못하고 있음에 따라 구매자인 보험자의 역할이 제대로 발휘하지 못하는 등의 문제가 발생함.

● 우리는 규제라 하면 정부의 통제만을 생각한다는 문제가 있음. 규제에는 통제나 벌칙만 있는 것이 아니라 의료의 질을 높이고, 반응성을 높이는 정책목표 달성을 위한 유인책도 포함되어야 하는데, 이러한 측면의 고려가 없는 문제가 있음.

3. 관리 메커니즘에 대한 규제의 부실

● 규제에 대한 이론적인 분석 틀이 없다 보니 앞서 〈표 2〉에서 제시한 관리

메커니즘도 부실한 문제가 있음.

● 의료의 질을 향상시키기 위한 규제가 지나치게 구조적인 측면에 치중함
에 따라 규제를 지키기 위한 비용은 많이 소요되는 데 비하여 질 향상은
그렇게 개선되지 못하고 있음. 특히,

- 이러한 현상은 의료의 질에 대한 이론적인 틀이 빈약하다 보니 규제를
하기 쉬운 구조적인 측면에 치중하여 나타나는 현상임.
- 질에서 중요한 측면인 감염관리, 환자안전과 같은 문제는 규제에 따른
비용보상이 없다 보니 현장에서 거의 도외시되는 등의 문제도 있음.
- 의료계에서는 의료 질에 대한 규제가 과다함을 주장함. 그러나 현재
이루어지는 규제가 행정 편의적이 되어 실질적인 질 향상에는 기여하
지 못하는 규제가 대부분이 아닌지 전면적인 검토가 필요함.

● 의료의 질과 효과성을 향상시키기 위한 산출물 위주의 규제는 없거나 미
약하여 규제의 실질적인 효과가 제약되는 문제가 있음.

- 임상적 치료의 비용-효과성을 분석하기 위한 진료지침서와 같은 제도
의 실행에 대한 규제가 뚜렷하지 못하여 학회 수준에서 개발 단계에 놓
여 있는 실정임.
- 의료기관 인증제는 자율적인 인증으로 인증제 활용에 관한 규제가 명
확하지 못하여 실효성이 제한적임. 요양기관을 계약제로 전환한다면
계약 조건의 하나로 의료기관 인증 여부를 활용하여 환자안전이나 질
향상에 기여할 수 있겠지만 요양기관당연지정제를 유지하여 질 향상이
나 환자안전의 실질적 수단을 제한하고 있음.
- 의사의 훈련 역시 전문의 훈련에만 규제가 작동하고 있고 일반의로 개
업은 의사면허만 받으면 허용되어 1차의사의 훈련도 제대로 안 되는
문제가 있음.

● 환자의 접근성에 대한 규제는 의료이용의 억제에 놓인 것이 아니라 오히
려 의료이용을 부추기는 측면에서 규제를 하지 않는 특성이 있음.

- 문지기제도나 1차의사에 대한 리스트를 통한 관리는 생각할 수 없는
규제에 속함.

- 환자의 접근성을 규제하는 정책의 유일한 제도가 진료비본인부담제도
  인데, 이것도 의료이용을 부추기기 위한 예외적 조치가 많아 규제로서
  의 효과가 제한되고 있음.
- 접근성에 대한 규제가 고안되기 어려운 것은 의료공급자들의 이해와 상
  충되어 규제에 반대하여 제한되는 측면도 있음.

● 공급자 행위에 대한 규제는 이해단체의 힘이 강하여 실행이 어려운 제도
  에 속함. 규제가 이루어지다라도 기존 공급자의 이해를 높이기 위하여 존
  재할 가능성이 높음.
- 공공병원을 민영화한다는 것은 공공병원이 생산하는 의료를 공공의료
  로 간주하는 오도된 이론으로 인하여 생각할 수 없는 규제에 속함.
- 병원자본에 대한 차입 규제나 병원/의원/돌봄서비스의 통합과 같은
  규제는 공급자들의 이해와 맞지 않기 때문에 도입되기도 어려움.
- 건강보험의료를 공공재로 간주하지 않고 '의료를 공공성이 강한 사적
  재화'로 간주하는 한 공급자 행위의 규제는 불가능한 규제에 속한다고
  볼 수 있음.

● 보험자(구매자) 규제로는 계약원리, 규제된 시장, 수가통제, 민간보험회사
  규제 등이 있으나 현실적으로 우리나라에서는 수가규제만 작동하고 있음.
- 건강보험의 통합되어 단일지불자로 되었고, 요양기관은 당연제정제로
  운영되기 때문에 계약원리와 규제된 시장은 고려될 필요가 없는 규제
  에 속함.
- 아마 우리나라 의료 분야 규제에서 가장 잘 작동하는 규제가 수가규제
  라 하겠음. 보험수가는 매년 공급자와 보험자(구매자)가 협상을 통하여
  인상률을 결정하는 방법으로 규제를 하고 있음.

● 의약품에 대한 규제로는 대체조제, 등재제도, 가격통제 등의 방법이 있는
  데, 우리나라는 대체조제가 엄격히 통제되고 있으며, 선별등재 방식을 택
  하고 있음. 실거래가 제도를 통하여 가격을 통제하고 있음.
- 대체조제에 관해서는 소비자인 국민들의 입장이 아니라 약사와 의사
  간의 이해 대립으로 대체조제가 엄격히 통제되는 형편임.

- 선별등재방식의 제도를 통하여 보험에서 상환되는 의약품 수를 통제하고 있으나, 매년 등재되는 의약품 수가 증가하여 선별등재의 의미가 퇴색되는 문제가 있음.
- 실거래가 제도는 의약품을 소비하는 환자들이 의약품에 대한 거래에 참여하는 것이 아니라 도매상과 환자를 대리하는 의약품 소비자(약국이나 병의원) 간의 거래로 인하여 담합의 가능성이 있는 시장 구조에서 실거래가를 찾는다는 논리성 없는 규제가 되고 있음.

● 의사에 대한 규제로 면허제도, 임금수준 결정, 의료사고 범위 설정과 같은 규제가 있으나 우리나라에서 실효성 있는 규제는 면허제도에 불과함.

● 한편 Chinitz(2002)가 언급한 5가지 규제를 보면 수가에 대한 규제만 제대로 작동하지 그 외 규제는 거의 없다고 하는 것이 타당하겠음.
- 우리나라에서 의료 분야 규제가 거의 무의미해진 것은 건강보험의료를 공공재(규범적)로 간주하지 않고 공공성이 강한 사적재화로 간주함에 따라 의료를 필요도 접근이 아니라 수요접근으로 하여 의료 분야를 거의 자유방임적 상태로 관리하게 때문임(이규식, 2015).

● 건강보험은 국민의 기본권 보장을 위한 헌법적 장치로 수요접근이 아니라 필요도 접근에 의하여 의료를 제공하는 제도로 정부의 규제는 불가피함. 그럼에도 불구하고 정책적인 측면에서 강화되어야 할 규제는 다음과 같음.

첫째, 의료체계의 스튜어드십은 바로 규제로 연결됨. 따라서 규제를 통한 건강보험 의료의 이념과 정책 방향을 설정하는 노력이 강화되어야 함.

둘째, 규제를 협의적 의미로 통제로만 간주하지 말고, 광범위한 개념으로 의료정책의 목표를 달성하기 위한 정부의 개입으로 간주하여, 이해관계자들의 행위를 유도하는 인센티브와 같은 정책도 규제에 포함시키고 규제의 논리적인 틀을 개발해야 할 것임.

셋째, 현재의 고령화와 만성질병을 감안할 때, 필요한 의료의 종류와 양을 측정하여 이를 토대로 인력과 시설에 대한 계획을 수립하는 규제가 강화되어야 함.

- 〈보건의료에 관한 기본법〉에서는 의료계획을 규정하고 있으나 이를 실행에 옮기지 못하기 때문에 공급능력에 대한 규제는 생각하지도 못하고 있음.

- 건강보험제도를 유지하는 한 의료자원의 공급능력capacity에 대한 계획을 수립하여 자원 수급의 불균형을 해결하여야 함. 이 문제가 해결되지 않는다면 의료수가를 아무리 통제하더라도 의사인건비 상승이라는 가격인상 요인을 통제할 수 없는 문제가 있음.

· 예컨대, 의과대학 입학생은 통제하는데 병상 증설에 대한 통제가 없다 보니 인력의 부족이라는 현상이 생겨 의사 인건비가 상승하는 문제가 발생함.

넷째, 의료이용을 통제하는 규제가 필요함. 건강보험에서는 수요접근이 아니라는 점을 깨닫고 의료이용의 통제를 본인부담제도로 해결해서는 결코 의료의 과다이용을 해결할 수 없음.

- 건강보험수가는 시장가격이 아니라 통제가격이라서 낮을 수밖에 없음. 이렇게 낮은 수가를 토대로 본인부담률을 결정하기 때문에 본인부담률이 높다하더라도 결코 의료이용을 통제하는 장치가 될 수 없음.

- 의료이용을 본인부담제도외의 방법으로 통제하지 않는다면 고령화와 만성질병이라는 환경하에서 의료의 과다이용에 기인하여 의료체계가 붕괴될 우려가 있음.

- 따라서 의료이용을 관리하기 위하여 관리메커니즘을 강화하는 규제가 필요함. 여기에는 환자의 접근성에 대한 규제, 공급자 행위에 대한 규제, 보험자(지불자)에 대한 규제 등의 다각적인 규제가 고려되어야 할 것임.

다섯째, 의료의 질 관리를 위한 규제가 지나치게 구조적인 측면이 강조되는데, 구조적 측면의 강조는 의료서비스 생산의 효율성을 떨어뜨리는 문제가 있음. 질 관리를 위한 이론의 틀을 정립한 후에 산출물 중심의 규제가 되어 실질적인 질 향상이나 환자안전이 보장되도록 유의하여야 할 것임.

여섯째, 의료의 질이나 환자안전을 향상시키기 위해서는 의료공급자의 공급행태를 변화시키는 가격의 설정이 필요함.

- 우리나라는 서유럽 국가들에 비하여 의료이용은 2-3배 정도 높고 의사 인건비도 높은데 비하여 경상국민의료비가 GDP에서 차지하는 비중은 3/4 수준에 불과함. 이것은 그만큼 의료서비스 생산비를 낮추기 때문이라 분석됨.

- 의료이용을 많이 하는 방향에서 이용을 줄이고 수가는 높여, 의료기관에서의 감염관리가 제대로 되어 의료의 안전성을 높이고, 고품격의 의료를 공급할 수 있는 시스템으로 전환할 필요가 있음.

일곱째, 요양기관당연지정제와 같은 이념적 규제는 철폐해야 함. 대신 계약제를 도입하여 보험자가 구매자로서 행동할 수 있도록 유도하여야 함. 현재와 같이 보험자가 단순히 진료비를 지불하는 기능만 해서는 의료체계의 반응성은 엄두도 내지지 못하고, 의료의 질 관리도 형식적 수준이 그치고 말 것임. 요양기관계약제가 의료민영화를 초래할 것이라는 당치도 않는 이념적인 낙인으로 일관할 것이 아니라 계약제를 통하여 보험자를 전략적 구매자로 육성하는 전략이 필요한 시점임.

참고 문헌

이규식 (2013), 의료보장과 의료체계(제3판 수정본), 서울: 계축문화사.

Altman SH, Reinhardt UE and Shactman D (eds.) (1999), *Regulating Managed Care*, San Francisco, CA: Jossy-Bass.

Arrow K (1963). Uncertainty and the welfare economics of medical care, *American Economic Review*, 53: 941-73.

Baldwin R and Cave M (1999), *Understanding Regulation: Theory, Strategy and Practice*, Oxford: Oxford University Press.

Baldwin R, Scott C and Hood C eds. (1998), *A Reader on Regulation*, Oxford: Oxford University Press.

Chinitz D (2002), Good and bad health sector regulation: an overview of the public policy dilemmas, in *Regulating Entrepreneurial Behavior in European Health Care Systems* edited by Saltman RB, Busse R and Mossialos E, European Observatory on Health Care Systems, Copenhagen: WHO Europe.

Colton R, Frisof KB and King ER (1997), Lessons for the health care industry from America's experience with public utilities, *Journal of Public Health Policy*, 18: 389-400.

Donabedian A (1966), Evaluating the quality of medical care, *The Milbank Memorial Fund Quarterly*, 44(3): 166-206.

Edward N, Hensher M and Werneke U (1998), Changing hospital systems in *Critical Challenges for Health Care Reform in Europe*, edited by Saltman RB, Figueras J and Sakellarides C, European Observatory on Health Care Systems Series, Copenhagen: WHO Europe.

Feldstein PJ (1979), *Health Care Economics*, New York: A Wiley Medical Publication.

Feldstein PJ (1988), *Health Care Economics*(3th. ed.), Albany, NY: Delmar Publishers Inc.

Finsinger J (1986), A state controlled market: the German case in The Economics of Insurance Regulation, edited by Finsinger J and Pauly MV, New York: St. Martin's Press.

Greenberg W (1991), *Competition, Regulation, and Rationing in Health Care*, Ann Arbor, Michigan: Health Administration Press.

Haglund C.L. and W.L. Dowling (1993), The hospital, in *Introduction to Health Services*, edited by Williams SJ and Torrens PR(4th. ed.), Albany, NY: Delmar Publishers Inc.

의료개혁, 누가 어떻게 할 것인가

Majone G (1996), *Regulating Europe*, London: Routledge

Pauly MV(1978). Is medical care different? in *Competition in Health Care Sector: Past, President, and Future*, edited by W. Greenberg, Germantown, MD: Aspen System Corporation.

Peltzman S (1976), Toward a more general theory of regulation, *The Journal of Law and Economics*, 19(2): 211-240.

Posner RA (1974), Theories of economic regulation, *Bell Journal of Economics and Management Sciences*, 5(2): 335-358.

Rodwin VG (1997), Mananged care in the US: lessons for French health policy, in *Health Policy Reform, National Variationa, and Globalization* edited by Altenstetter C and Bjorkman JW, London: Macmillan.

Saltman RB and Busse R (2002), Balancing regulation and entrepreneurialism in Europe's health sector: theory and practice, in Regulating Entrepreneurial Behaviour in European Health Care System edited by Saltman RB, Busse R and Mossialos E, Buckingham: Open University Press.

Saltman RB and de Roo AA (1989), Hospital policy in the Netherlands: the parameters structural stalemate, *Journal of Health Politics, Policy and Law*, 14: 773-795.

Schut FT (1995), *Competition in the Dutch Health Care Sector*, Ridderkerk: Ridderprint.

Selznick P (1985), Focusing organizational research on regulation, in *Regulatory Policy and the Social Sciences*, edited by Noll RG, Berkely, CA: University of California Press.

Stigler GJ (1971), The theory of economic regulation, *Bell Journal of Economics and Management Science*, 2(1): 3-21.

의료개혁과
의료계획의 수립

이 규 식 연세대학교 보건행정학과 명예교수
이 신 호 차의과학대학교 보건의료산업학과 교수

Ⅰ. 서론[1]

1. 계획의 정의

● 계획planning[2]이란 달성하고자 하는 목표를 설정하고 이의 달성에 필요한 자원의 효율적 활용 및 합리적 배분이 이루어지도록 하는 포괄적인 메커니즘을 개발하는 과정으로 정의할 수 있음. 이러한 정의가 내포하는 의미는 다음과 같음.

  - 첫째, 계획은 그 결과인 산출물보다 이루어지는 과정으로서의 가치가 더욱 중요함. 따라서 계획은 시스템이 다루어야 할 다양한 측면을 조정하여 조직화하는 시도를 의미함.

  - 둘째, 계획은 모든 관련되는 변수들을 고려하는 포괄적인 접근을 하도록 함.

---

1 이 부분은 Thomas(2003)를 참고하여 기술하였음.

2 Plan은 계획 그 자체를 의미하고 planning은 계획하는 과정에 중점을 두는 것으로 우리말로서는 둘 다 계획으로 번역되고 있음. 그런데 여기서는 planning은 계획으로 표기하였으며, 특별히 계획 그 자체를 이야기할 경우에는 계획(plan)으로 표기하였음.

- 셋째, 계획이 의도하는 것은 설정한 목표를 가용한 자원의 효율적 활용과 합리적인 배분을 통하여 달성하고자 하는 데 있음.

● 의료 분야의 계획은 특정 지역이나 인구집단의 전반적인 필요needs를 측정하고, 이를 충족하기 위해 기존의 자원 및 미래에 기대되는 자원의 배분을 어떻게 하는 것이 가장 효율적인지를 결정하는 과정이라 할 수 있음. 즉 당면하고 있는 건강문제에 효과적으로 대응하기 위해 의료자원의 합리적 배치 및 조직화를 통해 의료이용의 합리성과 형평성을 추구함으로서 희소한 자원의 중복과 낭비를 최소화하고자 하는 것임.

- 계획에 대한 이와 같은 정의는 조직 차원의 계획보다는 지역사회 차원의 계획에 더욱 부합됨. 그러나 같은 개념이 조직 차원과 지역사회 차원에도 응용이 되고 있음.

2. 계획의 정치적 성격

● 이상적으로 계획은 기술적 관점에 의하여 추진되는 객관적인 과정이어야 함. 그러나 현실에서 계획은 '누군가someone' 이렇게 되어야 한다는 생각idea에 의하여 좌우되는 것이 불가피할 수 있음. 비록 계획이 집단의 합의로 추진되더라도 이것은 어느 한 집단this group의 합의이지 다른 집단의 합의는 아닐 수 있음not some other group.

- 따라서 계획이 추진되고 집행되는 데서 완전한 객관성을 띄기는 어려움. 계획은 지역사회 내의 기득권 그룹 간의 타협이 반영되거나 특정 조직 내의 경쟁적 세력 간의 타협이 반영되고 있음.
- 실제 계획에서 권장되는 것은 광범위한 참여이며, 이 방법이 그래도 정치적인 편향성을 최소화할 수 있는 길임.

● 대부분 의료와 관련되는 의사결정은 정치적이므로 계획 과정이 정치적인 데 대하여 놀랄 필요는 없음. 따라서 계획에서는 정치적·사회경제적인 배려를 통하여 특정한 의료환경에 대비하여야 함.

- 계획을 입안하는 사람들에게 계획의 기술적이고 객관적인 차원과 계획이 일어나는 현실과 균형을 취해 나가야 하는 과제가 주어짐.

3. 계획의 필요성

- 의료체계의 합리적 운영에 의료계획이 필수적인가에 대하여 논란이 있지만 의료계획이 필요한 이유를 Ettelt et al.(2009)은 다음과 같이 4가지로 요약하고 있음.

    - 첫째는 의료와 관련된 정보의 비대칭성에 기인함. 비대칭적 정보와 많은 참여자가 포함되는 복잡한 과정이 결합되면 시장 시그널에 의존하기 힘들어지므로 계획이 없으면 필요와 실제 이용 간의 불일치가 발생할 수밖에 없음. 이와 같은 상황에서 계획은 환자에게 많은 편익을 주게 됨.

    - 둘째, 계획이라는 개입이 없으면 수익을 높일 수 있는 환자만 치료하는 cream-skimming이 일어남. 개별 의료기관들은 이윤은 극대화하고 위험은 최소화하기 위하여 가급적 복합증상이 적은 환자만 진료하기를 원하게 됨. 만약 계획과 같은 정부의 개입이 없다면 합병증을 갖거나 유전적 질병을 갖는 위험도가 높은 환자들은 진료받을 곳이 없어지는 문제가 일어남(Nolte and McKee, 2008). 국가가 의료보장체계를 갖추기 수 세기 이전에도 정신질환mental disorder에 대해서는 이미 시장에서 필요도를 충족시킬 수 없었기 때문에 지방정부 차원에서 계획을 통하여 서비스를 제공하여 문제를 해결하였음.

    - 셋째, 계획이 없으면 공급자 유인 수요가 일어날 수 있음. 계획 기능이 초보적인 개발도상국가의 사례들을 보면 제공되는 의료서비스의 적정성보다는 자본투자 수익을 극대화하는 방향에서 시설에 대한 투자가 이루어지고 있음. 이러한 국가의 의료체계를 보면 기본적인 니즈는 충족시키지 못하면서 수익성이 높은 초정밀 진단 장비인 MRI 같은 장비들을 다량으로 구입하는 사례들을 볼 수 있음.

    - 넷째, 의료서비스의 공급과 진료 사이에는 상당한 시차가 존재하고 있음. 예를 들면 의과대학을 증설하는 것과 서비스 공급이 증가하는 것과는 적어도 10년의 시차가 있음. 의료시장에서 공급이 부족하다는 신호가 나타날 때 공급능력을 확충해서는 이미 시기가 늦어지는 문제가 있기 때문에 의료계획이 사전적으로 이루어져야 함.

- 한편 Thomas(2003)는 계획이 필요한 이유를 계획이 주는 이점이라는 관

점에서 다음과 같이 설명하고 있음.

- 첫째, 계획은 의료체계나 하부조직을 구성하는 여러 가지 요소 간의 조화coordination를 기할 수 있도록 하는 이점이 있음. 조화는 어떠한 계획plan이라도 이를 집행하기 위해서는 필요하며, 특히 계획 과정에서 조화가 반영되기 때문에 효율성을 높이도록 할 수 있음.

- 둘째, 계획은 자원배분을 위한 강력한 수단이 됨. 계획이 존재하는 이유raison d'etre for planning는 미래의 필요도 충족을 위하여 자원을 적절히 배정하는 데 있음. 항상 가용자원은 필요로 하는 자원보다는 적으며, 자원은 필요도 충족에 소요되는 것보다 더 많은 활용 기회가 있음. 따라서 계획은 자원이 어떻게 배분되어야 하는지를 결정하는 것은 아니고, 자원배분을 결정할 수 있는 틀을 제공하는 데 있음.

- 셋째, 계획은 논의되어야 할 과제issues들을 모두 탁자 위에 올려놓게 함. 계획의 과정은 일상의 사업 전개 과정에서 무시될 수 있는 과제들을 토론할 수 있도록 하여 사업 수행 과정에서 벌어질 수 있는 상황을 사려 깊게 전부 고려하는 기회를 제공하게 됨.

- 넷째, 계획의 과정은 사업의 우선순위를 결정하는 과정이 될 수 있음.

- 다섯째, 계획은 의료비 절감cost containment을 위한 수단으로 활용할 수 있음. 모든 계획에 내재하고 있는 조화, 효율, 책무성의 강조는 보다 비용-효과적인 조치들을 도입하는 계기가 될 것임.

- 여섯째, 계획은 의사결정의 틀을 제공하게 될 것임. 그리하여 최적의 조건에서 의사결정이 이루어지도록 할 수 있을 것임.

● 이상과 같은 연유로 캐나다 및 일본과 함께 대부분의 서유럽 국가들은 의료계획의 요소를 갖추고 있는 중앙집권적인 의료체계를 유지하고 있음[3] (Thomas, 2003). 미국도 1981년 레이건 행정부가 집권하기 이전에는 의료계획을 실시하고 있었음.

---

3 여기서 중앙집권적이라는 의미는 북유럽과 같이 지방정부(county)가 의료에 대한 책임을 지고 있는 분권화 국가라 하더라도 중앙정부가 전국적인 통일된 체계를 갖도록 법이나 제도의 틀을 정하고 있음을 의미함.

1. 의료계획의 역사

- 우리나라는 1977년 사회보험방식의 의료보험을 도입하였지만 지금까지 국가적 차원에서 의료계획을 수립한 적이 없음.

- 다만 1977년부터 제4차 경제개발5개년계획을 수립할 때, 부문 계획의 하나로 보건 및 사회보장 부문에 대한 계획이 있었으나, 이것을 본격적인 의료계획으로 간주하기는 어려운 측면이 있음.

- 이 계획도 제7차 경제사회발전5개년계획 기간 중인 1995년 1월 세계화를 선언하면서 중단되었음. 세계화를 통한 자유시장 질서와 정부의 계획을 통한 시장에 대한 정부 개입은 정합성을 갖추기 어렵다는 판단에서 5개년계획이 중단되었고, 그에 따라 의료 분야의 부문계획도 자취를 감추게 되었음.

- 김대중 정부가 집권하면서 2000년에 〈보건의료기본법〉을 제정하고 법 제15조에 매 5년 단위로 보건의료발전계획을 수립하고 다음의 내용을 포함하도록 규정하였음.
  - ① 보건의료 발전의 기본 목표 및 그 추진 방향
  - ② 주요 보건의료사업계획 및 그 추진 방법
  - ③ 보건의료자원의 조달 및 관리 방안
  - ④ 지역별 병상 총량의 관리에 관한 시책
  - ⑤ 보건의료의 제공 및 이용체계 등 보건의료의 효율화에 관한 시책
  - ⑥ 중앙행정기관 간의 보건의료 관련 업무의 종합·조정
  - ⑦ 노인·장애인 등 보건의료 취약계층에 대한 보건의료사업계획
  - ⑧ 보건의료 통계 및 그 정보의 관리 방안
  - ⑨ 그 밖에 보건의료 발전을 위하여 특히 필요하다고 인정되는 사항

- 그 이후 보건의료발전계획을 수립하기 위하여 한국보건사회연구원에서 기초적인 연구를 수행하기도 하였으며, 이명박 정부 시절에는 보건의료발

전계획을 수립하기 위한 위원회도 구성하였으나, 계획을 확정하고 이를 시행한 적이 없었음.

● 물론 1980년대 초 전국보건의료망편성KOHFAM을 위한 연구에서 진료권편성, 진료권별 소요병상수, 병원규모별 공급계획 등이 제시된 바 있으며, 현재도 〈응급의료법〉에 의한 응급의료기본계획, 〈의료법〉에 따른 병상수급계획, 〈지역보건법〉에 의한 지역보건의료계획, 〈공공보건의료법〉에 의한 공공보건의료기본계획, 〈국민건강증진법〉에 의한 국민건강증진종합계획 등 각 분야별로 계획이 수립되고 있음. 하지만 이러한 계획은 보건의료체계의 하부 구성 분야 또는 특정 서비스 영역만을 대상으로 한 것으로 여기에서 논의하는 보건의료체계 전반을 아우르는 종합계획이라고 볼 수는 없음.

2. 의료계획이 필요한 이유

글로벌 경제의 한가운데 우리나라가 있지만, 의료체계를 포괄하는 종합계획(의료계획)이 수립·집행되지 않은 관계로 특정 영역별로 단편적으로 각종 정책들이 집행되어 왔으며, 그 결과 다양한 의료정책들 간의 정합성과 일관성이 미흡하여, 오늘날 의료체계가 직면하는 많은 문제점들을 초래하게 되었음. 의료계획의 부재로 제기되는 문제점을 열거하면 다음과 같음.

● 과도한 의료이용 현상의 심화
 - 건강보험제도에서 제공되는 의료서비스 가격은 시장에서 결정되는 것이 아니라 보험자와 공급자가 협상을 거쳐 건강보험정책심의회의 심의를 통해 결정되는 관리된 가격임.
 - 이렇게 결정된 가격은 의료공급자와 보험자에게만 큰 영향을 끼칠 뿐 의료소비자인 환자에게는 큰 의미가 없음.
  · 왜냐하면 환자는 보험자가 결정한 가격에서 약간의 본인부담금만 내고 이용하기 때문에 시장형 의료체계의 환자와는 전혀 다른 상황이 되어 가격에 무관심해짐(이규식, 2015a).
 - 의료가격이 시장이 아니라 보험자가 결정하고, 소비자는 가격의 일부

만 지불하고 의료서비스를 이용하기 때문에 의료이용을 자유롭게 하도록 방임할 경우, 다른 재화와 달리 가격에 민감해질 수 없어 의료이용에서 낭비가 초래됨.

- 우리나라 의료이용률이 외래에서는 세계 1위, 입원에서는 세계 2위로 높은 것은 의료계획을 세우지 않고 의료이용을 자유롭게 방임하기 때문에 나타나는 결과라 하겠음.

- 따라서 의료의 적정 이용을 유도하기 위한 의료계획은 반드시 필요함.

● 의료시설의 과잉공급 현상을 초래

- 의료가격이 정부에 의하여 통제되는 관리된 가격이지만 정부의 통제수가에서 벗어날 수 있는 비급여 서비스, 선택진료 그리고 상급병실제도가 있다 보니 의료기관은 개별적인 경영 판단에 의하여 병상수를 매년 증가시키고 있는 문제가 있음.

- 신의료기술을 기반으로 하는 고가장비도 개별의료기관이 명성prestige을 유지하고 경영수지를 위하여 도입하다 보니 매년 증가하는 문제가 있음.

- 이러한 문제를 해결하기 위해서는 의료시설과 장비의 적정한 공급에 대한 의료계획이 필요함.

● 의료인력 적정 확보의 어려움

- 우리나라는 의과대학의 입학정원은 관리되는 데 반하여 병상수는 전혀 관리되지 못함에 따라 병상수와 의사인력 간의 부조화 문제가 대두되고 있음.

- 병상수의 증가 및 간호간병통합서비스의 도입에 따라 필연적으로 간호인력의 수요를 증가시킴. 간호대학 입학정원이 비탄력적으로 운영되고 있을 뿐 아니라 면허간호사RN만을 인정함에 따라 간호인력의 부족 문제도 대두되고 있음.

- 병상 공급과 의료인력 간의 부조화 문제를 해결하기 위해서도 의료계획이 반드시 수립되어야 함.

● 의료질 적정 확보의 어려움

- 의료질의 적정 확보는 의료수가, 의료기술의 발전 그리고 개별 의료기

관의 명성 등 경쟁력 제고를 위한 경영적인 판단과 적정한 질 확보를 위한 정부의 의지에 달려 있음.

- 이와 같이 다양한 요소가 작용하므로 적정한 의료 질을 확보하기 위한 장기적인 계획이 필요함.

- 그런데 우리는 의료 질의 유지를 심평원의 평가기능만으로 달성할 수 있는 것으로 착각하고 있음. 그러다 보니 환자안전을 위한 가장 핵심적인 장치인 의료기관 인증제마저 많은 병원들이 외면함에 따라 적정 질 유지가 어려운 문제가 있음.

● 의료체계의 발전 방향 미정립

- 인구고령화 문제는 의료체계와 직결되는 문제임. 급성기질병이 중심일 때는 의료체계는 '병원중심'이 되어야 하지만, 노인인구가 많고 질병구조가 만성질병 중심으로 바뀌면 '병원중심체계'는 불필요한 입원을 늘려 의료비 증가를 부채질하는 문제가 있음.

- 고령화에 기인하는 이와 같은 문제에 대처하기 위하여 유럽의 대부분 국가들은 1990년대 이후 장기적인 의료계획을 통하여 '병원중심체계'를 버리고 '지역사회중심체계'로 전환하였음(이규식, 2017a).

- 우리나라의 경우 고령화 속도는 세계에서 가장 빠른데도 불구하고 여전히 '병원중심 의료체계'를 유지하여 의료비가 급속하게 증가하는 문제가 있음.

- 의료체계의 발전 방향을 정립하기 위해서 의료계획의 수립이 필요함.

● 의료정책의 투명성 및 상황변화에 따른 탄력성 미흡

- 의료계획이 없다 보니 정책 방향에 대한 투명성이 없음. 전통적인 행정학 이론에 따른 관료제에 의하여 의료제도가 운영됨에 따라 한번 정해진 정책이 문제가 있어도 후임자가 정책을 바꾸려하지 않고 결정을 미루어 변화가 쉽지 않은 문제가 있음.[4]

- 예컨대 보험수가의 상대가치가 문제가 있고, 급여구조의 문제가 있다는 지적을 받아도 아무도 개혁을 시도하지 못한 것은 장기계획이 없기

---

4 이 문제는 스튜어드십이라는 주제에서 보다 상세히 다루도록 할 것임.

때문임.

- 만약 5개년 의료계획이 수립되어 있고, 이 계획에 의하여 연차적으로 추진할 내용이 제시되어 있었다면 고질적인 문제를 상당한 수준에서 개혁할 수 있었을 것임.

● 결론적으로 사회보험을 통하여 국민들의 의료를 보장한다는 것은 의료문제를 수요 접근으로 대처하는 것이 아니라 필요도 접근으로 대처함을 의미함. 필요도 접근을 위해서는 의료계획을 통하여 의료체계를 운영한다는 것은 기본 원리라 하겠음(이규식, 2015a).

- 그런데 우리는 정부가 보험급여 패키지를 정하고 가격 설정과 함께 본인부담제도만 도입하면 나머지는 시장에서 해결되는 것으로 간주하여 의료계획을 수립하지 않고 있음.

- 이로 인하여 의료자원의 수급도 제대로 되지 않고 있으며, 의료이용은 세계적으로 가장 많이 하는데도 불구하고 미충족 의료가 많은 것처럼 주장됨. 의료비 관리도 제대로 되지 않아 세계에서 가장 빠른 의료비 증가 속도를 기록하고 있으며, 의료체계는 병원중심에서 벗어나지 못하는 문제가 있음.

III. 의료계획의 수립 및 활용 방안[5]

1. 의료계획의 주요 내용

의료계획에는 Kleczkowski et al.(1984) 및 Roemer(1991)가 제안한 의료 체계 모형을 구성하는 5개의 하부구조-자원의 개발(시설, 인력, 장비, 정보 등), 자원의 조직화, 경제적 지원(재원 조달 및 사용), 보건의료체계의 관리, 서비스의 제공에 관한 사항과 이들 요소 간의 상호작용에 대한 사항이 기본적으로 포함되어야 함. 이와 더불어 우리나라의 현 상황을 고려할 때 의료계획에 필수적으로 포함되어야 할 사항을 열거하자면 다음과 같음.

● 의료체계 운영에 대한 방향 정립
: 건강보험제도에 의한 의료서비스 제공의 이념적 지향성과 의료서비스 이용의 관리에 대한 방향성의 명확한 정립.
  - 의료가 국민들의 기본적 권리가 된다는 이념에 의한 의료보장제도에서의 의료란 규범적인 공공재가 되기 때문에 시장을 토대로 하는 수요 접근이 아니라 필요도 접근에 의하여 제공되어야 함.
  · 의료보장은 의료를 기본권으로 간주하는 1942년에 발간한 〈베버리지 보고서〉가 토대가 되어 영국은 NHS 제도를 도입하게 되었고, 제2차 세계대전이 끝난 이후 1948년 12월 제3차 유엔총회에서 〈세계인권선언〉을 발표하면서 의료를 기본권으로 간주[6]함에 따라 규범적 공공재로 자리 잡게 되었음(이규식, 2016).
  - 우리나라는 건강보험제도를 도입할 때 시혜적 차원에서 접근하여 의료를 '공공성이 강한 사적재화'로 간주함에 따라 의료를 시장에서 거래되는 상품과 유사하게 국민들이나 의료계가 받아들이게 되었고, 건강보험제도와 의료제공체계가 서로 맞지 않는 정합성 문제를 야기하고 있음.

---

5 이 부분은 이규식(2015b)의 《이슈 페이퍼》 15호에 나오는 내용을 수정·보완하였음.

6 의료보장의료에 대한 이념을 명시적으로 나타내는 국가로는 프랑스가 있음. 프랑스는 1945년 〈사회보장법〉 제정을 〈베버리지보고서〉가 토대가 되었음을 언급하고 있음(Saint-Jours, 1982). 일본도 후생백서(1996)를 통하여 1946년 제정된 〈평화헌법〉의 기본권을 토대로 사회보장제도의 재건을 밝히고 있음. 그러나 대부분 유럽 국가들은 암묵적으로 기본권 개념을 인정하여 전국민의료보장을 하기 때문에 굳이 이념적 성격을 띠지지 않음. 특이한 깃은 미국으로 기본권 개념이 정립되지 못하였기 때문에 의료정책론 책에서 이 문제를 많이 다루고 있음. Barr(2007)는 UN 창설을 주도한 미국이 의료를 기본권으로 인정하지 않는다는 것은 특이한(unique) 일이라고 비판하고 있음.

- 의료보장제도에서는 의료이용을 시장형 의료체계와 같이 수요를 토대로 자유롭게 허용할 수 없다는 점을 분명히 해야 함.
  · 건강보험수가가 시장의 가격결정 메커니즘과 다르게 결정되고 소비자가 가격 민감성이 떨어진다는 점에서 의료서비스를 사적재화(비록 공공성을 강조하더라도)로 간주할 수 없으며, 공공재(규범적 차원)로 규정하여야 함.
  · 의료이용을 정부나 보험자의 적극적 개입 없이 시장에 맡길경우, 도덕적 해이로 인한 높은 의료이용으로 건강보험제도의 지속가능성을 담보하기 어렵거나 보험료 부담이 무한정 높아질 가능성이 있음.

● 고령화 등 환경의 급속한 변화에 대응한 미래의 서비스 제공 방향의 설정
  - 산업화 국가들의 경우 의료체계 발전 초기 단계에서 환자는 가정에서 의사의 왕진진료를 받았음. 그러다 의료기술이 발전하면서 점차 '병원중심'으로 바뀌었고 인구고령화와 만성질병이 중심이 됨에 따라 이제는 '지역사회중심'으로 바뀌고 있음(이규식, 2017a).
  - 이에 따라 1990년대 이후 서구 국가들은 병상수를 감소시켜 왔으며, 의사에 대한 교육 훈련 방법이 바뀌었고, 방문간호를 위한 서비스 제공체계가 마련되었음. 더불어 의료와 요양서비스social care가 통합 제공되고 있음.
  - 특히 고령화 속도가 빠른 우리나라로서는 '병원중심'의료체계를 유지할 경우, 초고령사회가 시작하는 2025년 이후에는 노인의료비 문제로 현 의료체계의 지속가능성을 담보할 수 없음.
  - 따라서 의료인력의 양성과 활용 그리고 의료서비스와 장기요양서비스의 통합 제공 등 의료서비스 제공 방식에 대한 장기발전계획이 필요함.
  - 미래의 의료제공체계가 지향할 방향을 정립하지 못하면 소요될 국민의료비를 감당할 수 없는 재앙에 직면할 것임.

● 공중보건public health 개념의 정립
  - 공중보건은 대중을 대상으로 하는 것이며, 의료medical care는 개인을 대상으로 하는 것임. 인구집단을 대상으로 하는 건강증진을 신공중보건으로 정의하면서 개인적 차원에서 이루어지는 건강행태의 개선과 혼동

되는 상황임.

- 캐나다는 인구보건population health으로 용어를 정리하였음. 공중보건은 어디까지나 대중mass을 대상으로 하며, 신공중보건은 인구집단별로 접근하여 개인의 행태를 바꾸는 것으로 개인이 대상이 되는 의료와는 구분하게 됨.

- 우리나라에서는 공공보건의료라는 한국형 용어를 사용하여 대상이 대중인지, 개인인지 헷갈리게 만들었음. 그 결과 전국의 보건소들이 사업 효과가 눈에 띄지 않는 공중보건사업 대신에 사업 효과가 당장 가시화되는 의료만 치중한 결과 메르스 사태가 발생하였을 때, 보건소의 위상을 찾기 어려웠음.

- 따라서 공중보건의 역할을 명확히 정립하고 공중보건사업과 건강증진에서 의료가 기여할 수 있는 역할 등을 명확히 하는 것이 중요함.

● 장·단기 의료이용 필요량 추계

- 지역별 또는 진료권별 필요도에 근거한 의료서비스 유형별 필요량을 추계하고 이를 제공하기 위한 공급체계의 구축 및 공급계획을 수립해야 함.

- 공급계획에는 의료인력, 의료시설뿐만 아니라 장비 등에 대한 계획이 포함되어야 함.

● 의료이용을 최적화하기 위한 의료이용체계의 합리적 방향의 설정

- 환자의뢰체계, 진료권 설정 등을 포함하여 소비자들이 적절한 시점에 최적의 의료서비스 이용과 연계가 가능한 의료이용체계의 발전 방향이 정립되어야 함.

- 불필요한 입원(사회적 입원)을 최소화하고 입원의료 이용에 대한 도덕적 해이를 최소화 할 수 있도록 '지역사회중심'의 통합의료체계를 구축할 수 있는 방안이 개발되어야 함.

- 1차의료를 강화하는 방향이 제시되어야 함.

  · 사회적 입원을 줄이고 만성질병을 갖는 노인들이 가정에서 1차의사의 진료와 방문간호사의 도움으로 의료상의 문제와 돌봄 문제를 해결할 수 있어야 함.

· 1차의사를 중심으로 방문간호사, 영양사, 물리치료사, 작업치료사 요양보호사, 가사도우미 등이 팀을 이루는 1차의료팀의 구성 및 활용 방안이 필요함.

· 이를 통해 1차의료가 현재의 의원과 다른 모습으로 주민에게 편익을 줄 때 활성화되어 실효성을 거둘 수 있을 것임.

● 건강보험급여 보상체계 등 적정보상을 전제한 발전 방향
　- 의료가격이 환자에게는 민감도가 떨어지지만 공급자에게는 매우 중요 하다는 점을 인식하여야 함. 이미 건강보험제도가 도입됨에 따라 자유 로운 의료시장은 사라졌음.
　- 의료체계가 미래의 발전 방향에 따라 원활하게 개편될 수 있도록 이에 부합되는 수가가 책정되어 적정보상이 이루어져야 할 것임.
　　· 급성기 병상의 감소 및 사회적 입원을 줄이는 목표를 설정할 경우, 만성질병으로 입원하였을 때 입원기간이 길어지면 과감하게 수가를 낮추어 병원이 장기 환자를 입원시켜서는 적자를 면하지 못하도록 하 여 병상수를 줄이도록 유도하는 등의 조치들이 계획 속에 포함되어야 할 것임.
　- 보상수준은 의료 질과 환자안전(질 관리의 핵심)과 같은 무형의 수준을 고려하여야 함.
　　· 중환자실이 다인실로 되어 있는 것도 감염관리 수가가 제대로 책정 되어 있지 못하기 때문임.
　- 무분별한 신의료기술의 도입을 방지할 수 있어야 함.
　　· 신의료기술이 법정비급여로 시작됨에 따라 의료기관의 수익성을 높 이는 수단으로 도입되는 계기가 됨.
　　· 신기술의 도입에 대한 계획이 없이 오늘날과 같이 의료기관의 의지 에 맡길 경우, 의료비의 적정한 증가를 효과적으로 관리하는 데 어려 움이 생김.

● 의료 질 관리 방향
　- 의료기관 간의 질적 차이로 인하여 환자들이 의료쇼핑을 하게 되고, 서울의 특정 대형병원으로 환자가 집중되는 문제를 초래하고 있음.

- 자유시장형 의료체계에서는 의료 질을 의료기관의 자율에 맡기는 경향이 있지만 의료보장제도를 실시하고 규범적 공공재로 의료를 규정하는 국가에서 의료기관에 질을 맡긴다는 것은 논리적으로 맞지 않는 정책임.
- 정부는 의료기관의 질 관리에 대한 발전 방향을 수립하여 장기적으로 건강보험에서 제공하는 의료 질이 모든 장소에서 균등해질 수 있도록 노력해야 함.

● 의료체계의 스튜어드십 발전 방향
  - 지금까지 의료체계의 스튜어드십에 대한 개념이 거의 없었다 해도 과언이 아니었음.
  - 스튜어드십에는 WHO가 〈World Health Report 2000〉에서 제시한 의료체계의 주요 목표[7] 가운데 하나인 반응성이 포함되어야 함.
  - 반응성은 1996년 인간중심people-centered의 원칙을 강조한 〈뉴블라나 헌장Ljubliana Charter〉[8]에 등장하는 개념임. 과거의 전통적인 관료제에 의한 명령과 통제형의 의료체계가 초래하는 의료의 관료화나 의료이용자들의 불만족 문제를 해결하기 위한 목적으로 WHO가 제시한 개념임.
  - 반응성에는 의료체계에 대한 의료소비자의 참여, 시스템의 투명성, 의료소비자의 책임의식, 1차의료의 기능과 역할, 시스템에 대한 만족도, 공급자의 반응성, 공급자 선택권, 접근성과 진료대기 등이 포함됨.

● 보험자 역할의 발전 방향
  - 1990년대 이후 유럽 국가들의 의료개혁에서 보험자의 적극적인 역할로 전략적 구매 활동이 제시되어 정부에 의한 명령과 통제형 관리 방법을 대체할 정도가 되었음.
  - 전략적 구매에는 성과를 토대로 하는 지불P4P이라든가, 질 관리 등이 포함됨.

---

7 WHO (2000)에서는 의료체계의 목표로 건강(수준과 형평성), 반응성, 재정보호(부담의 형평성과 재정의 충분성)라는 3가지를 제시하고 있음.

8 WHO는 Ljubliana Charter에서 value-driven, health-focused, people-centered, quality based, financially sound and oriented towards primary health care를 제시하였음.

- 보험자의 전략적 구매기능을 원활하게 작동시키기 위한 방안으로 건강보험제도의 스튜어드십을 바꾸어 보험급여 관리를 분권화시키는 방향도 검토되어야 함.
- 네덜란드나 독일이 중앙기금Central Fund을 설립하여 재정을 통합 관리하지만 보험급여는 분권화시켜 경쟁원리를 도입한 경험 등을 참고하여 의료체계의 반응성과 함께 효율성도 제고시킬 수 있어야 할 것임.

2. 의료계획의 종류[9]

의료계획은 계획의 위상 및 다루는 내용에 따라 전략계획과 운영계획으로 구분할 수 있음(Ettelt et al., 2009).

1) 전략계획

● 전략계획strategic planning은 의료체계가 나아가야 할 원칙을 정의하고 정책 방향을 설정하는 일임(Ettelt et al., 2009).
  - 전략계획은 주로 의료체계의 스튜어드십/거버넌스에 관한 것으로서 최고 수준인 중앙정부가 의료정책의 방향 정립 차원에서 수립.
  - 의료체계가 분권화된 북유럽 국가에서는 지역정부 차원에서 전략계획을 수립.
  - 독일이나 캐나다와 같이 연방제를 택한 국가에서 연방정부는 의료계획에 참여하지 않고 주정부가 전략계획을 담당함. 전략계획에 지방정부의 참여 정도는 지방정부의 자율성과 의사결정의 힘에 따라 좌우됨.

● 전략계획은 다음과 같은 기능을 함(Thomas, 2003).
  - 의사결정을 위한 틀frame로서의 전략적인 개념이 적용되는 계획임.
  - 의료 분야에서 합리적인 선택을 위해서는 의사결정을 위한 합의된 기준과 충족시켜야 할 목표 설정이 필요함.
  - 전략적 계획strategic plan은 변화하는 환경에 적응하기 위한 메커니즘으로 작용하게 됨. 이것은 의료 분야에서 일어나는 변화하는 목표moving

---

9 이 부분은 이규식(2015)을 수정·보완하였음.

target에 적응하기 위한 준비를 갖추는 것과 같음.
- 전략계획은 어떤 조직이 다른 경쟁조직에 비하여 더 많은 정보로 더 조직화되도록 만드는 첨단 역할을 하여야 함.
- 전략계획은 희소한 자원을 소비할수록 자원배분을 위한 기초가 되어야 함.
- 또한 전략계획은 의료체계가 공급자 네트워크, 통합적인 서비스 제공 체계 및 의뢰관계에 이끌려 가는 환경에 처해질수록 관계발전relationship development을 위한 기초를 제공해야 함.
- 전략계획에서 가장 중요한 기능은 실행action을 요구해야 한다는 점임. 전략계획은 말 그대로 조직의 전략을 구현하는 것임. 전략계획은 조직의 비전을 전달하고, 그것이 완숙해질 때 무엇을 해야 할 것인가에 대한 시나리오를 설계하는 것임.

● 전략계획의 성격은 다음과 같음(Thomas, 2003).
- 전략계획은 조직의 여러 부서를 가로지르는 횡적 성격을 갖고 있음. 그래서 조직의 여러 라인들 간의 조화coordination를 요구하고, 다른 어떠한 계획보다도 조직의 구조나 기능을 가로지르는 공개적인 협동cooperation을 요구하게 됨. 조화는 계획plan을 실행하고 발전시키는 데 필수적임.
- 전략계획은 상대적인 성격을 갖고 있음. 전략계획은 외부 환경과 그 환경 내의 다른 참여자와의 관계 속에 존재하게 됨. 전통적으로 생산 중심의 산업에서는 외부 환경과의 관계는 제한적이 되는 데 반하여, 의료와 같은 서비스 중심의 산업에서 외부 환경은 전략계획의 존재 이유가 됨.
- 전략계획은 장기적 성격을 갖고 있음. 이론적으로 전략계획은 장기적인 목표, 중기적 전략, 그리고 단기적인 전술tactics을 갖춘 5년 혹은 10년 동안의 계획이어야 함.
- 전략계획은 창조적인 성격을 가져야 함. 이것이 다른 계획과 비교되는 가장 큰 특징임. 예산계획이나 시설계획에서 창조성은 장점이 될 수 없음. 전략계획에서는 환경의 변화로 인하여 제기되는 과제를 해결하기 위해서 창조성이 필수적인 요소임.

- 전략계획은 포지셔닝에 관한 것이기 때문에 전략계획strategic plan의 비전은 계획기간 중에 변화하는 환경을 예측하여 조직이 취해야할 입장 position을 반영해야 함.

2) 운영계획

● 운영계획은 전략계획을 실천으로 옮기는 작업이기 때문에 의료서비스 제공을 위하여 관련되는 모든 범위의 일들이 포함(Ettelt et al., 2009).
 - 여기에는 예산과 자원의 배분, 서비스의 조직화, 사업 인력, 시설 및 장비의 확보 등이 포함.
 - 이러한 기능은 주로 지방정부에 의하여 수행됨.

● 계획에서 중요하게 고려되어야 할 사항은 전략계획과 운영계획을 어느 정도 통합해야 하느냐의 문제인데, 행정 계층에 따라 정치적 권한이나 책임이 다르기 때문에 이것을 명시적으로 설정하는 데 큰 어려움이 있음.
 - 어떤 경우에는 중앙정부의 계획에서 지방정부 계획을 수직적으로 통합할 것을 명기하기도 함.
 - 예를 들어 캐나다의 경우 지방정부는 주정부의 계획을 채택하여 실행할 것을 명기하고 있음.

3) 운영계획에 포함되어야 할 내용
① 의료서비스 공급 계획
 ⓐ 기존 시설에 대한 투자, 신규시설에 대한 투자, 고가 장비나 기술에 대한 투자(MRI 등), 제공될 서비스, 인력의 배치, 재원 조달 등이 포함.
 - 계획의 범위나 계획의 구체성은 국가에 따라 다름.
 - 어떤 국가에서는 기존 시설을 위주로 시설의 위치나 숫자까지 명기하기도 함.
 - 전통적으로 대부분 국가에서는 병상에 대한 계획을 중시하는데 영국과 프랑스에서는 최근에 병상 대신에 제공할 서비스의 양이나 의료 분야의 특정 활동으로 대체하고 있음(Ettelt et al., 2009).

 ⓑ 임상적 과정보다는 구조적 특성(병상수 및 CT와 같은 장비 수 등)을 중시하

고 있으며 인구분포도 고려하고 있음.

- 전문의 서비스를 포괄적으로 제공(거의 전 과목의 전문의 보유)하는 급성기병원은 약 170만 명의 인구가 필요하고,

- 응급실, 급성기의료 및 외과, 소아과 진단시설을 갖춘 병원이면 15-30만 명의 인구가 필요

- 인구 약 10만 명을 위한 지역병원이면 통원 수술, 진단, 긴급한 치료 (urgent care로 emergency와는 다름), 재활의료가 갖추어지면 됨.

ⓒ 인구분포와 결부시키기 위해서는 진료권catchment area 설정이 필요. 병원은 모든 사람이 70km 또는 60분 이동 시간의 범위 안에 급성기의료에 접근 가능하여야 함(Koppel et al., 2008).

② 자본비용 계획

ⓐ 주요한 의료 인프라와 관련된 자본 투자는 통상적인 운영 과정에 적용되는 경상운영비용과 분리되어 규제되고 계획되어야 함.

ⓑ 자본비용 계획은 장기계획과 단기계획으로 나누어짐.

- 장기계획은 전국을 대상으로 모든 진료권을 포괄하는 대규모 투자 계획으로 10년까지 내다볼 수 있는 계획이 되어야 함.

- 단기계획은 주로 진료권 내의 소규모 투자 계획으로 계획 기간은 길지 않지만, 계획 기간을 일률적으로 말하기는 어려움.

③ 인력에 대한 계획

ⓐ 서유럽의 대부분 국가들이 의사들의 진입에 대하여 규제하고 의과대학생 수를 통제하지만, 의료 분야 종사 인력이 미래에 직면하는 도전 과제에 대응하는 데는 충분치 못하다는 것을 깨닫고 있음.

ⓑ 의료인력에 관한 계획의 필요성은 수요 측면과 공급 측면에서 제기되고 있음. 즉, 인력을 둘러싼 환경으로 인구고령화, 의료수요의 증가, 유동 의료인력mobile 및 고령 의료인력의 증가, 기술배합skill mix 및 훈련 요구도의 변화 등이 있음. 그러나 의료인력에 대하여 체계적인 계획을 수

립하고 있는 국가는 많지 않음(Ettelt et al., 2009).

3 의료계획의 수립 및 활용 방안

1) 의료계획의 수립 방안

● 의료계획의 법적 근거로는 기 제정된 〈보건의료기본법〉을 활용함.

- 〈보건의료기본법〉에 규정된 대로 5년 단위로 기본계획과 15년 정도
  를 내다보는 기본 구상을 수립할 필요가 있음.
- 5개년 기본계획을 수립하더라도 실제 정책은 5년마다 실시된 대통령
  선거의 선거공약에 밀려 사문화되기 때문에 기본계획 수립을 아예 포
  기하고 있는 것이 현재의 실정임.
  · 선거공약은 표를 얻기 위하여 동원되는 응급적인 정책이 많기 때문
    에 선거공약 위주로 정책이 집행되어 오늘의 문제를 초래하였다는 점
    을 깨달을 필요가 있음.
- 선거공약에 밀려 기본정책이 흔들리는 것을 보완하기 위해서는 5개년
  기본계획 이외 15년 단위의 장기구상을 수립하여 어느 정당이 집권하
  여도 따를 수 있는 장기 전략의 제시가 필요함.
  · 장기구상은 5개년계획과는 달리 세부적인 인력계획이나 자원계획
    같은 사항을 수록하는 것이 아니라 고령화, 만성질병, 저성장 경제와
    같은 환경변화에 대처할 수 있는 장기적인 전략에 중점을 두어 우리
    나라 의료체계가 나아가야 할 길을 제시하는 수준에서 마련되어야 할
    것임.
  · 2017년 4월 영국 상원House of Lords의 NHS 지속가능위원회가 발간한
    보고서에서는 NHS의 지속가능성을 위협하는 요인의 하나로 단기적
    인 성과주의short-termism를 들고, 15-20년 앞을 내다보는 장기 전략이
    필요함을 강조하고 있는 점을 감안할 필요가 있음(이규식, 2017b).

● 의료계획의 위상 및 역할을 명시하여 다양한 보건·의료 관련계획들과의
  관계 정립.

- 현재 각 분야별로 수립 중인 각종 계획들을 살펴보면, 〈응급의료법〉에
  의한 응급의료기본계획, 〈의료법〉에 따른 병상수급계획, 〈지역보건법〉

에 의한 지역보건의료계획, 〈공공보건의료법〉에 의한 공공보건의료기본계획, 〈국민건강증진법〉에 의한 국민건강증진종합계획 등과 새롭게 수립되는 의료계획 간의 관계를 구체적으로 설정할 필요가 있음.

- 보건의료기본계획을 여기에서 제기하는 의료계획으로 간주할 경우, 보건의료기본계획은 현재 각 법령에 의해 작성되는 모든 계획을 총괄하는 상위의 계획으로 위상을 갖도록 할 필요가 있음.

- 즉 보건의료기본계획을 정점으로 위에서 예시한 세부 계획들이 관리되는 체계를 갖춤으로써 보건·의료 관련 다양한 계획들이 하나의 방향성을 갖고 서로 유기적으로 연결되어 추진되는 기반을 갖추도록 함.

- 그리고 위에서 예시하지 않았던 제약산업발전 5개년계획 및 의료 해외진출 및 해외환자 유치지원 종합계획과 같은 보건의료산업의 육성과 관련된 계획도 포괄되어야 함.

- 이를 위해서는 각 법령에 의해 작성되는 계획들은 법령별로 규정된 각종 위원회의 심의를 거친 후 최종적으로 보건의료기본계획을 심의하는 위원회 또는 검토기구의 최종 심의를 받도록 하는 관리체계를 갖출 필요가 있음.

● 의료계획 수립을 위한 거버넌스

- 〈보건의료기본법〉에는 보건의료정책심의위원회의 심의를 거쳐 국무회의에서 의결되도록 규정되어 있음.

- 의료계획에서 다루어야 할 내용의 포괄성과 정책집행의 범부처적 성격을 고려하여 계획이 국무회의 의결을 거치도록 규정되어 있으나, 2010년 보건의료정책심의위원회가 국무총리실에서 보건복지부로 변경되면서 보건의료정책심의위원회 위원장도 보건복지부 장관으로 격하되었음.

- 인구고령화와 이에 따른 건강 관련 산업의 성장 등 미래 의료환경의 변화를 수용할 의료계획의 중요성이 더욱 커질 것이므로 범부처적 참여를 통한 국가기본계획으로서 작성될 수 있어야 함.

- 따라서 의료계획에서 요구되는 전문성을 확보할 수 있도록 상시 실무조직을 갖추어야 하며, 또한 다양한 이해관계자의 참여를 보장하고 이들 간의 정치적 타협을 거친 결과물로서 사회적 위상을 갖추기 위하여

국회의 동의를 거치는 방안도 검토할 필요가 있음. 특히 현재처럼 법적 규정에도 불구하고 보건의료기본계획이 사문화되는 상황이 재연되지 않도록 하는 정치적 판단이 필요함.

2) 의료계획의 활용 방안

● 의료계획의 수립 절차와 의료계획이 갖는 사회적 위상에 따라 의료계획의 활용은 다양하게 이루어질 수 있음.

● 앞서 언급된 것처럼 5년 단위의 대통령제하에서 새롭게 출범하는 정부의 보건·의료 관련 정책을 포괄하는 위상을 갖는다면, 그리고 본 계획이 이에 소요되는 재정계획과 함께 국회의 동의절차를 밟는다면, 계획의 실현가능성과 관련 분야의 정책수립에 대한 구속력이 몹시 커질 것임.

● 그러나 현재 복지부가 수립하는 각종 계획처럼 작성된다면 의료계획의 법적 위상에도 불구하고 계획수립 과정에서 일련의 정치적 의사결정과정이 결여되어 계획과 실행이 이원화되는 현상을 근원적으로 해소하기 어려울 것임.

● 5개년 기본의료계획이 선거공약에 밀려 큰 효과를 발휘하지 못하더라도, 15년 정도의 장기구상이 있다면 정책 수립 시 정책의 방향성 내지 지침으로서 활용될 수 있을 것이며, 5개년계획도 장기구상에 맞추어 어느 정도는 정책으로 수용 가능할 것이기 때문에, 현재처럼 기본계획이 없는 것보다는 진일보한 것으로 볼 수 있을 것임.
  - 예를 들어 의료서비스를 규범적 공공재로 인지하고 이의 공급에 대한 조정 등은 권고 수준이 아니라 의무적 준수 항목으로 활용하는 등, 상황에 따른 활용상의 융통성과 다양성을 갖도록 할 수 있음.
  - 큰 이해관계가 맞물리지 않는 '지역사회중심의료체계'로의 개편과 같은 5년 안에 해결이 불가능한 정책이 실행 가능할 수도 있을 것임.

4. 의료계획이 갖는 구조적 문제점의 해결 방안

● 의료계획은 그 필요성에도 불구하고 실제 실행상의 문제점도 있음.

- 첫째, 계획을 수립할 때와 서비스가 제공될 때의 시차의 존재가 계획의 현실성을 떨어뜨림. 즉 수립된 의료계획과 현실과의 정합성이 떨어지는 문제점을 갖고 있음. 이는 실제 현실을 제대로 파악하는 것이 어려운 점과 앞으로 전개될 발전 방향을 정확히 예측하기 어려운 점이 결합되어 나타나는 현상임. 따라서 계획을 지속적으로 수정 및 보완할 수 있는 융통성을 어떻게 확보할 수 있는가가 매우 중요한 문제임.

- 둘째, 대부분 투자의 생명보다는 의료기술의 변화 속도가 빨라 계획이 융통성을 발휘하기 어려운 문제도 있음. 이것이 의료기술의 변화를 방해하고 서비스가 어떻게 제공되면 의미가 있는 변화를 이끌 것인지에 대한 예측을 어렵게 함(Rechel et al., 2009).

- 셋째, 의료계획이 제대로 수립되어졌다고 하더라도 계획대로 필요한 자원이 투입되어 실현되기가 대단히 어렵다는 점임. 의료계획은 대개 5년 내지 10년 앞을 내다보고 자원을 투입하는 것이 전제되지만, 당장 눈앞의 현실 문제를 해결하는 것이 시급한 상황에서 미래를 위한 투자를 계획대로 실행하기는 정치적으로 몹시 어려운 과제임.

● 그 결과 계획은 계획이고 현실은 현실인 상황이 초래되고 있음. 하지만 이러한 문제점이 계획수립의 필요성을 부정하는 것은 아님. 서양의 경구인 "planning without action is futile, action without planning is fatal"은 계획의 중요성을 명쾌하게 표현하고 있음. 계획과 현실과의 부조화현상을 타파하고자 다양한 노력들이 경주되어 왔음. 즉 지향 목적의 적정성, 현실 문제의 해결가능성, 재정적 실현성, 지속가능성, 우선순위 설정의 적정성 등 계획의 타당성을 확보하기 위한 전문성 확보, 정치적 지지기반인 대중성을 확보하기 위한 계획 과정에서의 다양한 이해관계자의 적극적 참여, 정치적 상황에 쉽게 좌우되지 않도록 수립된 계획이 공식적인 사회적 위상(영국에서 백서가 갖는 위상)을 갖추고, 이에 따라 모든 정책의 출발점이자 지향점으로서 기능하며, 필요한 재원이 필요한 시점에 투입될 수 있도록 하는 것이 중요함.

- 현재까지 우리나라는 의료를 '공공성이 강한 사적 재화'라는 인식을 갖고 거의 자유 방임형 의료체계를 유지하였음. 정부가 국민의 의료를 보장하는 건강보험제도에서는 환자들에게 보험수가가 전혀 가격 기능을 하지 못한다는 점을 인식하여 시장접근이 아니라 필요도 접근에 의한 계획이 필요함을 인식하여야 함.

- 그런데 공급자에게는 보험수가가 중요하다는 점만 인식하여 의료정책에서 의료를 사적재화로 착각하도록 내보내는 신호가 오늘의 많은 문제를 만들어 내고 있음.

- 이러한 수많은 보건·의료 분야 문제를 해결하기 위해서는 미래를 내다보는 보건·의료정책의 비전을 설정하고, 이와 같은 비전을 실행할 계획의 수립이 뒷받침되어야 함. 특히 건강보험제도로 의료를 보장하는 모든 국가들이 의료계획을 갖고 비전을 설정하고 정책을 수립하고 있음을 유의하여야 함.

- 의료계획을 통하여 우리나라 의료체계가 지향해야 할 목표를 정하고, 목표를 달성할 수단을 구체화한 다음에 장기적으로 접근해야 할 과제와 단기적으로 접근해야 할 과제를 구분하고, 이러한 과제를 극복할 15년 정도의 장기적인 전략 구상과 5개년 단위의 기본계획을 통하여 오늘의 얽힌 문제를 해결할 수 있을 것임.

참고 문헌

이규식 (2015a), 보건의료정책-뉴 패러다임, 계축문화사.

이규식 (2015b), 의료전달체계가 아니라 의료계획이 시급하다. 이슈 페이퍼, 제15호, 건강 복지정책연구원.

이규식 (2016), 의료보장론, 계축문화사.

이규식 (2017a), 지역사회중심의 통합서비스 제공체계의 도입. 이슈 페이퍼, 제21호, 건강 복지정책연구원.

이규식 (2017b), 한국 건강보험 40년의 역사와 성과, 보건행정학회지 27(2): 1-11.

日本 厚生省 (1996), 厚生白書, 平成 8年版.

Barr DB (2007), *Introduction to U.S. Health Policy: The Organization, Financing, and Delivery of Health Care in America*, Baltimore: The Johns Hopkins University Press.

Ettelt S, McKee M, Nolte E, Mays N and Thomson S (2009), Planning health care capacity: whose responsibility? in *Investing in Hospitals of the Future* edited by Rechel B, Wright S, Edwards N, Dowdeswell B and McKee M, European Observatory on Health Care Systems and Policies, Copenhagen: WHO Europe.

Kleczkowski BM, Roemer MI, Albert an der Werff (1984), *National Health Systems and Their Reorientation towards Health for All*, Guidance for Policy-making, Geneva: WHO.

Koppel A, Habicht T, Saar P, Habicht J and van Ginneken E (2008), *Estonia: Health System Review*, Health System in Transition, Copenhagen: WHO Europe.

Nolte E and McKee M (2008), Measuring the health of nations: updating an earlier analysis, *Health Affairs*, 27: 58-71.

Rechel B, Wright S, Edwards N, Dowdeswell B and McKee M(2009), Introduction in *Investing in Hospitals of the Future*, European Observatory on Health Care Systems and Policies, Copenhagen: WHO Europe.

Roemer MI (1991), *National Health Systems of the World*, Vol. 1, New York: Oxford University Press.

Saint-Jours Y (1982), France, in *The Evolution of Social Insurance 1881~1981*, edited by Köhler PA, Zacher HF and Partington M, New York, NY: St. Martin's Press.

Thomas RK (2003), *Health Services Planning* (2nd), New York, NY: Kluwer Academic/Plenum Publishers.

UK, House of Lords (2017), *The Long-term Sustainability of the NHS and Adult Social Care*, Select Committee on the Long-term Sustainability of the NHS, Report of Session 2016-17, HL Paper 151.

WHO (2000), *The World Health Report 2000-Health Systems: Improving Performance*, Geneva.

의료개혁, 누가 어떻게 할 것인가

펴 낸 날   1판 1쇄 2017년 10월 13일

기   획   건강복지정책연구원
엮 은 이   이규식

펴 낸 이   양경철
편집주간   박재영
책임편집   김하나
디 자 인   박찬희

발 행 처   ㈜청년의사
발 행 인   이왕준
출판신고   제313-2003-305호(1999년 9월 13일)
주   소   (04074) 서울시 마포구 독막로 76-1(상수동, 한주빌딩 4층)
전   화   02-3141-9326
팩   스   02-703-3916
전자우편   books@docdocdoc.co.kr
홈페이지   www.docbooks.co.kr

저작권 ⓒ 건강복지정책연구원, 2017

ISBN 978-89-91232-69-3 03320

책값은 뒤표지에 있습니다.
잘못 만들어진 책은 서점에서 바꾸어 드립니다.